Peter L. Berger + Thomas Luckmann
The Social Construction of Reality

現実の社会的構成
知識社会学論考

ピーター・バーガー+トーマス・ルックマン
山口節郎 訳

新曜社

Peter L. Berger and Thomas Luckmann
The Social Construction of Reality
A Treatise in the Sociology of Knowledge
Japanese translation rights arranged with Doubleday & Company,
Inc., New York through Charles E. Tuttle Co. Inc., Tokyo.

序　言

本書は知識社会学の体系的・理論的論文として書かれたものである。それゆえ、本書が企図しているのは知識社会学の発展に関して歴史的概説を行なうことでもなければ、社会学理論のあれこれの発展におけるさまざまな代表的人物について注釈をほどこすことでもなく、いわんやこうした人物や発展の間の統合はいかにして行なわれうるか、を示すことでもない。さらにまた、本書にはいかなる論争的意図もない。他の理論的立場に対する批判的注釈は（本文のなかではなく、注記のなかで）本書の主張を明らかにするのに役立つ場合にのみつけ加えておいた。

本書の主張内容の核心はⅡ部とⅢ部（「客観的現実としての社会」および「主観的現実としての社会」）にみることができよう。前者は知識社会学の問題に関するわれわれの基本的理解を内容とするものであり、後者はこうした理解を主観的意識のレヴェルに応用し、それによって社会心理学の諸問題に理論的橋渡しを行なうものである。これに対し、Ⅰ部の内容は、これを最もうまく表現するとすれば、日常生活の現実性に関する現象学的分析を用いて主張の核心に迫ろうとする哲学的プロレゴーメナである、と言えばよいであろう（「日常生活における知識の基礎」）。本来の社会学的主張のみに関心のある読者は、

i

この部分をとばしてその先を読んでみようという気持に駆られるかも知れない。しかしながら、そうした読者には、本書の全体を通じて用いられているいくつかの基本概念はⅠ部においてその定義づけがなされている、ということを警告しておかねばならない。

われわれの関心は歴史的なものにはない。しかし、われわれは知識社会学に関するわれわれの考え方が、従来、一般にこの学問によって理解されてきているものとなにほどのように異なっているのかを明らかにしておく義務があるように思われた。この作業は序論で行なってある。また、結びの部分では、われわれは社会学理論一般と経験的研究の一定の分野に対する本書の〈収支決算〉をわれわれがどのようなものとして考えているか、を示すために、若干の結論的見解を述べておいた。

われわれの主張の論理からして、ある程度の繰り返しは避けられなかった。その結果、いくつかの問題がⅠ部では現象学的な括弧づけのなかでとり上げられ、Ⅱ部では再びこれらの括弧がとりはずされてその経験的な発生への関心という点から考察され、さらにもう一度、Ⅲ部で主観的意識のレヴェルにおいてとり上げられている。われわれは本書をなるべく読みやすいものにするよう心がけてきたが、その内的な論理は崩さないようにした。それゆえ、避けられなかったこれらの繰り返しに対し、読者の御理解を乞いたいと思う。

イスラムの偉大な秘法家であったイブン・ウル─アラビは、ある自作の詩のなかで次のように叫んでいる──「おお、アラーの神よ、われわれを人名の大海から救いたまえ！」と。われわれもまた、われわれ自身の社会学理論の教科書のなかで、この叫びを何度もくり返してきている。したがって、われわ

ii

序　言

われわれの実際上の議論から一切の人名を省略することに決心した。それゆえ、実際の議論はわれわれ自身の立場を表明したものとして読んでいただいて構わない。このため、「デュルケームには賛成するがウェーバーには賛成しない」とか「ウェーバーによれば」、あるいは「われわれはここでデュルケームには誤解していたものと思う」「この点に関してはデュルケームは誤解していたものと思う」等々といったことばをたえず挿入することは省いてある。われわれの立場が無から生じたものでないことはどのページをみても明らかである。しかし、われわれはそれがその注釈的ないしは総合化的な側面から評価されるのではなく、それ自身の価値によって評価されることを望んでいる。それゆえ、われわれは参照事項はすべて巻末の注記のなかに入れておいた。これはわれわれがその恩恵に浴している原典とわれわれが共有するすべての主張（常に簡単にしか触れられてはいないが）についても同様である。このため、注記はかなり分量の多いものにならざるを得なかった。これは学術性なるものにまつわるさまざまな儀礼に対して敬意を表するということではなく、むしろ先人が残してくれた遺産に対して謝意を表するという要求に忠実に従ったまでのことである。

本書が実現することになったこの計画が最初にできあがったのは、一九六二年の夏であった。それはオーストリア西部のアルプスの麓や（ときには）その山頂で行なわれた何回かのくつろいだ話し合いのなかで生まれてきた。それを本にするための最初の計画は一九六三年の初期に立てられた。当時の予定では、この計画には他にもう一人の社会学者と二人の哲学者が加わることになっていた。結局、他の参加予定者たちはさまざまな個人的事情からこの計画に積極的に参加することはできなくなったのであるが、われわれはたえず批判的意見を寄せてくれたハンスフリート・ケルナー（現在はフランクフルト大

学に在職）およびスタンリー・プルバーグ（現在は高等実業学校に在職）の両氏に対し、深甚の謝意を表しておきたい。

われわれが後期のアルフレッド・シュッツの研究にいかに多くを負っているかは、以下の論述の随所においておいおい明らかになっていくであろう。しかしながら、われわれはここでわれわれのものの考え方に及ぼしたシュッツの教えと著作の影響をはっきりと認めておきたいと思う。ウェーバーについてのわれわれの理解はカール・マイヤー（ニュー・スクール・フォア・ソーシャル・リサーチ、大学院在職）の教えを大きく受けてきており、デュルケームとその学派の方についてはアルバート・ザロモン（同校、大学院在職）の解釈に大きく負っている。ルックマンは、ホバート大学でともに教鞭をとっていたころ、そしてまたその他さまざまな機会を通じて、多くの実りある話し合いをもつことができたことを回顧しつつ、フリードリッヒ・テンブルック（現在はフランクフルト大学に在職）の考え方に対し謝意を表したいと思う。バーガーもまた、本書のなかにみられる考え方の発展に対し批判的関心を寄せてくれたクルト・ヴォルフ（ブランダイス大学）とアントン・ザイデルフェルド（ライデン大学）に対し、謝意を表しておきたいと思う。

こうした類の企画においては、妻や子どもをはじめ、法的立場のより曖昧な個人的友人に対し、彼らから受けたさまざまな無形の協力を記して労をねぎらうのがならわしになっている。もしこのならわしに逆らえるものなら、われわれは本書をブラント＝フォラールベルクのある一人のヨーデル歌手に捧げてもよいという気になってきている。とはいうものの、やはりわれわれはブリジッド・バーガー（ハンター大学）およびベニタ・ルックマン（フライブルグ大学）に対し感謝の意を表しておきたい。しかも

序　言

それは、学問とは無関係の私的な役割の遂行に対してではなく、社会科学者としての彼女たちの批判的論評と安易な納得を峻拒するその姿勢に対してである。

ピーター・バーガー
ニュー・スクール・フォア・ソーシャル・リサーチ大学院
トーマス・ルックマン
フランクフルト大学

目次

序　言

序　論――知識社会学の問題 1

I部　日常生活における知識の基礎
1章　日常生活の現実 28
2章　日常生活における社会的相互作用 43
3章　日常生活におけることばと知識 53

II部　客観的現実としての社会
1章　制度化 74
　a　身体と活動　74
　b　制度化のはじまり　82
　c　沈澱化と伝統　104
　d　役　割　111
　e　制度化の範囲とその様式　121

2章　正当化 …… 141
　a　象徴的世界のはじまり　141
　b　世界を維持するための概念機構　158
　c　世界を維持するための社会組織　176

III部　主観的現実としての社会

1章　現実の内在化 …… 196
　a　第一次的社会化　196
　b　第二次的社会化　209
　c　主観的現実の維持と変化　222

2章　内在化と社会構造 …… 247

3章　アイデンティティ論 …… 264

4章　身体とアイデンティティ …… 275

結論──知識社会学と社会学理論 …… 281

原　注　289
新版訳者あとがき　315
序論および原注の人名索引
事項索引

装丁——加藤俊二

序論──知識社会学の問題

本書の主張の基本的論点はその表題と副題にすでに示唆されている。つまりそれは、現実は社会的に構成されており、知識社会学はこの構成が行なわれる過程を分析しなければならない、ということである。こうした主張で鍵をなすのは、〈現実〉と〈知識〉ということばである。これらのことばは日常の会話においてしばしば用いられるだけでなく、その背後に哲学的考察の長い歴史をもっている。われわれはここでこれらのことばの日常的ないしは哲学的な使用がもつ複雑な意味連関の議論に立ち入る必要はない。われわれの目的からすれば、〈現実〉とは、われわれ自身の意志から独立した一つの存在をもつと認められる現象（われわれは〈それらを勝手に抹消してしまう〉ことはできない）に属する一つの特性として、そしてまた〈知識〉とは、現象が現実的なものであり、それらが特殊な性格をそなえたものである、ということの確証として、定義しておくだけで十分であろう。これらのことばが一般の人にとっても哲学者にとっても関連をもってくるのは、（単純であるかも知れないが）こうした意味においてである。一般の人は、程度の差こそあれ、彼にとって〈現実的〉な一つの世界のなかに住んでおり、確信の度合はさまざまであれ、この世界がこれこれの性格をそなえたものであることを〈知っている〉。もち

1

ろん哲学者であれば、こうした〈現実〉および〈知識〉の究極的資格が何であるかについて問いを立てるであろう。現実的なものとは何なのか？　人はいかにしてものを知るのか？　こうした問いかけは本来の哲学的考察にとっても最も古い問いかけの一つであると同時に、人間の思索そのものにとっても古くからの問題である。こうした歴史的重みをもつ知的領域に社会学者が足を踏み入れることが一般の人の注目を引き起こすだけでなく、ともすれば哲学者の憤激をも招くことになりやすいのは、まさしくこうした理由からである。それゆえ、論を説き起こすにあたり、われわれがこれらのことばを社会学の文脈で用いることの意味を明確にし、社会学がこうした古くからの哲学的問題に対し解答をもち合わせているということを何ら自慢しようとするものではないということを、まず最初に断っておくことが重要になる。

もし以下の議論で厳密なとり扱いが必要な場合には、われわれは上に挙げた二つのことばを用いるときには必ず引用符をつけるであろうが、このことは体裁からしても見苦しいであろう。しかしながら、引用符について語っておくことは、これらのことばが社会学的文脈のなかであらわれるときのある特殊な意味合いを理解するうえで、一つの手立てにはなるかも知れない。もし望むならば、〈現実〉および〈知識〉についての社会学的理解は、普通の人間のそれと哲学者のそれとの中間あたりに位置づけられる、といってもさしつかえない。普通の人間というのは通常なんらかの問題でゆきづまりに直面しないかぎり、自分にとって何が〈現実的〉であり、自分が何を〈知っている〉か、などということで思いわずらったりすることはない。彼は彼の〈現実〉と〈知識〉とを自明のものとして受け取っている。ところが社会学者はこうした態度をとることはできない。というのも、彼は普通の人間はその所属する社会が異

序論　知識社会学の問題

なるにしたがってまるで異なった〈諸現実〉を自明のものとみなす、という事実に体系的に気づいているからである。社会学者は、他の問題についてはともかく、彼の学問の論理そのものによって、二つの〈現実〉の間の相違は二つの社会のさまざまな相違との関係において理解できるのではないか、と問わざるを得なくされているのである。他方、哲学者は職業的に何事をも自明のものとみなさないよう義務づけられており、普通の人間が〈現実〉であり、〈知識〉であると信じているものの究極的な資格が何であるかを最大限明らかにするという課題を負わされている。いいかえれば、哲学者は引用符はどこにつけるのが正しく、どの場合には省略してもかまわないか、を決定すべく、つまり世界についての正しい主張と正しくない主張とを区別すべく、仕向けられているのである。このことは社会学者にはおそらく手に負えない仕事である。

たとえば普通の人間は自分が〈意志の自由〉をもっており、したがって彼の行為に対して〈責任がある〉と確信しながら、同時に子どもや狂人に対してはこうした〈自由〉や〈責任能力〉を否認するということがある。一方、哲学者は、どのような方法によってであれ、こうした〈自由〉や〈責任〉といったことばの存在論および認識論上の資格が何であるか、を追求しようとするであろう。たとえば、人間は自由なのか？　責任とは何なのか？　責任の限界はどこに存在するのか？　これらの事柄を人はいかにして、知りうるのか？　等々といった具合である。これらの問題に対して社会学者が回答を与えられないことはいうまでもない。しかしながら、社会学者が問うことができ、また問わねばならない問題というのがある。それは、いかにして〈自由〉という概念が他の社会においてではなく、ある一つの社会において維持されているのか、そしてその〈現実〉がある社会において自明視されるに至ったのか、いかにしてその〈現実〉が

さらに興味深いのは、いかにしてこの〈現実〉が個人あるいは集団全体に再び失われるということがありうるのか、等々といった問題である。

このように、〈現実〉および〈知識〉に関する問題への社会学的関心は、まず最初それらの社会的相対性という事実によって正当化されるのである。チベットの僧侶にとって〈現実的〉であるものは、アメリカの実業家にとっては〈現実的〉でないかも知れない。犯罪者がもつ〈知識〉は犯罪学者がもつ〈知識〉とは異なっている。そこで次のように言うことができる。すなわち、〈現実〉と〈知識〉の特定の集合体は、特定の社会的文脈と関係をもっており、こうした文脈と関係の適切な社会学的分析の対象に含まれなければならないだろう、ということである。このように、〈知識社会学〉の必要性は、そこでは何が〈知識〉として自明視されているか、という点からみたさまざまな社会の間の観察可能な相違にすでに与えられているのである。しかしながらそれだけでなく、自ら知識社会学と名のる学問は、さらに人間社会において〈知識〉が〈既知のもの〉として受け容れられるときの一般的な様式をも研究対象とする必要があるであろう。換言すれば、〈知識社会学〉は人間社会における〈知識〉の経験的な多様性を研究対象としなければならないだけでなく、いかなる〈知識〉体系であれ、それが〈現実〉として社会的に確立されるに至る過程をも問題にしなければならない、ということである。

それゆえ、われわれの主張は次のようになる。すなわち、知識社会学はそうした〈知識〉の究極的な妥当性、ないしは非妥当性（それがいかなる規準によるにせよ）とは関係なく、なんであれ社会において〈知識〉として通用するものはすべてこれを対象にしなければならない、ということである。さらにまた、人間の〈知識〉が社会状況のなかで発達し、伝達され、維持されていくかぎりにおいて、知識社

序論　知識社会学の問題

会学はこれらのことが行なわれる過程を、自明視された〈現実〉がどのようにして普通の人間にとって凝結していくのか、という観点から、理解すべく努めなければならない。換言すれば、知識社会学は現実の社会的構成の分析を問題にする、というのがわれわれの主張である。

知識社会学の独自の領域に関するこうした理解の仕方は、四十年ほどまえ、はじめてこの名で呼ばれて以来この学問によって一般に意味されてきているものとは異なっている。それゆえ、われわれの実際の議論を始めるまえに、この学問のこれまでの発展について概観し、どのような仕方で、そしてまたなぜ、われわれが従来の知識社会学から外れることを必要と感じるに至ったかについて説明しておくのが有益であろう。

〈知識社会学〉（Wissenssoziologie）ということばはマックス・シェーラーによってつくり出された[1]。ときは一九二〇年代、場所はドイツであり、シェーラーは哲学者であった。これらの要素は新しい学問の誕生とそれ以後の発展を考えるうえで、すこぶる重要なものとなっている。知識社会学はドイツの精神史におけるある特殊な状況と哲学的文脈のなかで誕生した。この新しい学問は後に本来の社会学的文脈のなか――とりわけ英語使用国のなか――へ導入されることになるのであるが、それでもこの学問はその母胎となったある特殊な知的状況の諸問題によって終始特徴づけられていた。その結果、知識社会学は、一九二〇年代のドイツの思想家たちを悩ませた特殊な問題を共有しなかった社会学者一般のあいだでは、常に周辺的な関心しか呼ぶことができなかった。こうした態度はとりわけアメリカの社会学者たちに著しかった。というのも、彼らは主としてこの学問を終始一貫ヨーロッパ的な趣きをもつ境界的な特殊学問として把らえていたからである。しかしながら、これよりもっと重要なのは、知識社会学がその

誕生期の問題状況との結びつきを維持しつづけていたことが、この学問への関心が起こってきたときにさえ、かえってその理論的弱点になったということである。つまり、知識社会学は、その主唱者によってだけでなく、多かれ少なかれそれに無関心な社会学者一般からも、思想史に対する一種の社会学的解釈として考えられてきたのである。このため、知識社会学の潜在的な理論的意義に関してかなり近視眼的な見方を生む結果となった。

知識社会学の性格と守備範囲に関してはさまざまな定義が行なわれてきている。実際、これまでのこの下位学問の歴史はそのさまざまな定義の歴史であったといってもいいほどである。しかしながら、知識社会学は人間のものの考え方とそれが展開される社会的文脈との間の関係を問題にするという点に関しては、ほぼ一般的な同意がみられている。それゆえ知識社会学ははるかにもっと一般的であり考え方そのものの存在拘束性（Seinsgebundenheit）という問題の社会学的中点をなすもの、といってよいであろう。ここでは人間のものの考え方を決定するものとして社会的要因に焦点がしぼられているが、そこから出てくる理論的問題は、他の要因（たとえば歴史的要因とか心理学的ないしは生物学的要因）が決定因として提唱される場合に生じてくる問題と同様のものである。これらの場合のいずれにおいても一般的な問題は、決定因とされたものを思考が反映するにせよ、それから独立しているにせよ、それがいったいどの程度のものなのか、という問題であった。

最近のドイツ哲学界にとりわけ著しい一般的問題の提起が、十九世紀ドイツの最大の知的成果の一つであった歴史学の膨大な蓄積にその基礎づけをもっているということは、考えうることである。ここでは過去が精神史上のどの時代にも類例をみないほどめざましいばかりの思考形態の多様性を伴いつつ、

序論　知識社会学の問題

科学的な歴史学の努力によって現代精神に〈現前化〉されたのであった。この方面の研究においては自分たちが最右翼にある、とするドイツの学界の主張に異議をさしはさむことはむずかしい。それゆえ、彼らによって投げかけられた理論的問題がドイツで最も敏感な反応に出会ったとしても、決して驚くにはあたらない。この問題というのは相対性をめぐっての当惑、とでもいい表わせるものだ。この問題のもつ認識論的次元は明白である。経験的レヴェルにおいては、この問題は思想とその歴史的状況との間の具体的関係を可能なかぎり丹念に考察しようとする関心に導いた。もしこの解釈が正しいとすれば、知識社会学はもともとは歴史学によって提起された問題をとり扱っていることになる――むろんその焦点の置き方はより狭いのであるが、本質的には同一の問題に関心をもっている。

ところで、こうした一般的な問題への関心のとり上げ方も、決して新しい試みではない。さまざまな価値や世界観が社会的基礎をもつことへの洞察は、すでに古代にも見出すことができる。少なくとも啓蒙主義の時代にまで遡るならば、こうした洞察はそのころすでに近代西洋思想の主要テーマに結晶化していたのである。それゆえ、知識社会学の中心課題として多くの〈系譜学〉を主張することも十分可能であろう。あるいはまたこの問題は、パスカルの有名なことば、つまりピレネーをへだてた一方の側では真理であるものが他方の側では誤りとなる、ということばのなかに萌芽的に含まれている、とさえいえよう。しかしながら、知識社会学の直接的な知的先駆者となったのは、やはり十九世紀ドイツ思想界の三つの発展――つまりマルクス主義、ニーチェ、それに歴史主義――である。

知識社会学がその基礎的命題――つまり人間の意識は彼の社会的存在によって決定される、という命

題——を引き出したのは、マルクスがそもそもどのような形の決定を念頭においていたかについては、多くの議論が行なわれてきている。しかしながら、知識社会学の創立期だけでなく、社会学一般の〈古典期〉(とりわけウェーバー、デュルケーム、それにパレートなどの研究にあらわれているそれ)の特徴でもあったマルクスの〈マルクスとの闘い〉なるものの大部分は、本当のところは、後世のマルクス主義者たちによるマルクスの誤った解釈との闘いであった、といっておいた方が無難である。こうした言い方は、非常に重要な『一八四四年の経済学および哲学に関する手稿』が再発見されたのがやっと一九三二年になってであり、マルクス研究においてこの手稿の再発見がもつ全体的な意味を究明しうるようになったのはたかだか第二次大戦後にすぎない、ということを考えてみるならば納得がいく。いずれにせよ、知識社会学はマルクスからその中心的な問題に関する最も鋭い定式だけでなく、いくつかのその基本的な概念をも継承したのであるが、後者のなかではとくに〈イデオロギー〉(社会的利益を擁護するための武器として奉仕する観念)と〈虚偽意識〉(思想家の本当の社会的存在から疎外された思想)ということばを継承したことを挙げておかねばならない。

知識社会学は〈下部構造－上部構造〉(Unterbau-Überbau)というマルクスの対概念にとくに魅力を感じてきた。マルクス自身の考えの正しい解釈をめぐって議論が闘わされてきているのも、とりわけこの点に関してである。後世のマルクス主義は〈下部構造〉を経済構造とそのまま同一視する傾向をみせてきており、ここではやがて〈上部構造〉は経済構造の直接的な〈反映〉とみなされるようになった(たとえばレーニンの解釈など)。いまやこうした解釈がマルクスの考えを誤って提示したものであることは明らかである。というのも、弁証法的というよりはむしろ本質的に機械論的な性格をもつこう

8

序論　知識社会学の問題

した類の経済決定論は、疑念を生まずにはおかないからである。マルクスが考えていたのは、人間の思考は人間の活動（ことばの最も広い意味における〈労働〉、およびそうした活動によってもたらされた社会関係に基礎づけられている、ということであった。〈下部構造〉と〈上部構造〉は、それぞれを人間の活動と、そうした活動によって創造された世界、として解釈するとき、最もよく理解できる。

いずれにせよ、〈下部‐上部構造〉という基本図式は、さまざまな形で知識社会学によって受け継がれてきている。つまりそれはシェーラーを先駆者として、常に思考と〈底礎的〉な思考以外の現実との間にはなんらかの形の関係がある、とする考えとともに、知識社会学によって受け継がれているのである。知識社会学の大部分が明確にマルクス主義に対決する形で定式化され、この図式の二つの構成要素間の関係の性格に関してさまざまな考え方が知識社会学のなかにとり入れられてきたにもかかわらず、この図式がもつ魅力は世を風靡することになったのである。

これに比べると、ニーチェの思想はさほど明確には知識社会学のなかに引継がれはしなかった。しかし、それは知識社会学の一般的な知的背景と知識社会学がそのなかに生まれ育った〈ムード〉には大いに関係している。ニーチェの反観念論は、マルクスのそれと——形式的には似ていなくもないが——内容こそ異なるとはいえ、生存競争と権力をめざす闘いにおける道具としての人間の思想について、いくつかの補足的な視点をつけ加えることになった。ニーチェは欺瞞と自己欺瞞の社会的意味、それに生きていくための必要条件としての幻想についてのその分析のなかで、彼自身の〈虚偽意識〉論を展開した。人間の思考のある種のタイプにとって発生的要因としてはたらく〈ルサンチマン〉というニーチェの考えは、シェーラーによって直接継承された。しかしながら、最も一般的には、知識社会学はニーチェの考

いみじくも〈不信の術〉と名づけた現象の特殊な応用例である、ということができよう。それは、直接的に知識社会学の先駆、なかでもとくにヴィルヘルム・ディルタイの著作にあらわれている。ここでの支配的テーマは人間界のできごとに関するいっさいの視座の相対性、つまり人間の思考の不可避的な歴史性という争い難い観念であった。いかなる歴史的状況といえどもそれ自身の観点からみるのでないかぎり理解不可能である、とする歴史主義者の主張は、思考がおかれた社会的状況を強調する見方に容易に翻訳することができよう。いくつかの歴史主義的概念、たとえば〈立場による拘束〉(Standortsgeburdenheit) とか〈生活における位置〉(Sitz im Leben) とかいったことばは、思考の〈社会的位置づけ〉を示すものとして、直接翻訳することができよう。もっと一般的に言えば、知識社会学が継承した歴史主義の遺産は、知識社会学をして歴史への強烈な関心と本質的に歴史的な方法の採用へと導いた、ということである――ちなみに、知識社会学がアメリカ社会学という環境のもとで周辺的な位置を占めるに至ったのも、まさしくこうした理由からであった。

知識社会学、および社会学的問題一般へのシェーラーの関心は、本質的には彼の哲学者としての生涯における一つの過渡的な挿話にすぎなかった。彼の究極の目標は歴史的かつ社会的に位置づけられた特殊なものの見方の相対性を超越する、哲学的人間学を樹立することにあった。知識社会学はこうした目標を実現するための一つの手段として役立つべきものであり、その主要な目的は相対主義から生じるいくつかの困難を解決することによって真の哲学的研究の前進を可能にすることにあった。シェーラーの知識社会学は、まさしく本当の意味における哲学の侍女 (ancilla philosophiae) であり、しかも極めて特殊な哲学なのである。

序論　知識社会学の問題

こうした方向づけにしたがうかぎりにおいて、シェーラーの知識社会学は本質的には消極的な方法である。シェーラーの主張によれば、〈観念的要因〉(Idealfaktoren)と〈実在的要因〉(Realfaktoren)——こうした用語は明らかにマルクスの〈下部‐上部構造〉図式を想起させるものである——との間の関係は、単に調整的なものにすぎないという。つまり、ある一定の〈観念的要因〉が歴史にあらわれうる諸条件を調整するだけであって、後者の内容を規定するのではない、というのだ。換言すれば、社会は観念の現在形 (Dasein) は規定しても、観念の本性 (Sosein) は規定しない、ということである。それゆえ、ここでは知識社会学は観念内容の社会‐歴史的な選択を研究するための手続きであることになり、観念の内容自体は社会‐歴史的因果関係から独立しており、したがって社会学的分析の対象にはなり得ないものとして考えられている。もしシェーラーの方法を図形化して表わすとすれば、それはひたすら存在論的確実性という名の竜に手ごろな食べ物を投げ与えてやることにこそあるわけである。城塞によりうまくしのびこむことにこそあるわけである。

こうした意図的（そしてまた必然的）に謙虚な枠組のなかで、シェーラーはかなり詳細に人間の知識が社会によって整序される方法を分析した。彼は人間の知識は社会においては個人の経験にとってア・プリオリなものとして存在し、個人の経験にその意味の秩序を与えるものであることを強調した。この意味の秩序は特定の社会‐歴史的状況にとっては相対的なものにすぎないが、個人にとっては世界を眺めるときの自然的な方法としてあらわれる。シェーラーはこれを社会についての〈相対的に自然的な世界観〉(relativnatürliche Weltanschauung) と名づけたが、この概念はいまもなお知識社会学にとっては中心的なものとみなされることもある。

シェーラーによる知識社会学の〈発明〉にともなって、ドイツではこの新しい学問の妥当性、範囲、それに応用可能性などをめぐって広範囲な議論が展開された。[11]この議論のなかから、より狭義の社会学的文脈への知識社会学のおき換えを意味する一つの定式があらわれた。この定式は知識社会学が英語使用圏にも普及するようになったときのと同じそれであった。これがカール・マンハイムによる定式化である。[12]それを受け容れるか拒否するかはともかくとして、今日、社会学者が知識社会学なるものを考えるとき、彼らが通常念頭におくのはそれに関するマンハイムの定式によってである、といってまず間違いはない。アメリカ社会学においてはそれに関するマンハイムの全著作が英語で読める（実際、このうちのいくつかはドイツでナチズムが抬頭したのち、マンハイムがイギリスで教鞭をとっていたときに英語で書かれたか、あるいは英語で翻訳改訂版として出版されている）のに対し、知識社会学関係のシェーラーの著作はこれまで一度も翻訳されたことがない、ということを考えてみれば、容易に察しがつく。しかしながら、こうした〈普及〉要因は別にしても、マンハイムの著作はシェーラーの著作ほどには哲学的〈重荷〉を背負わされてはいない。このことはマンハイムの後期著作についてとくによくいえることであり、彼の主著『イデオロギーとユートピア』の英語版とドイツ語版原著とを比較すれば、よく理解できる。こうしてマンハイムは、たとえそれが彼のアプローチに批判的、ないしはさほど関心をもっていない人びとの場合でも、社会学者にとってはより〈気心のわかり合える〉人物となったのである。

知識社会学についてのマンハイムの理解はシェーラーのそれよりもはるかに射程距離が長いが、おそらくこれは彼の研究においてマルクス主義との対決がより顕著であったからであろう。ここでは社会は、

序論　知識社会学の問題

数学や、少なくとも自然諸科学の一部をのぞいて、人間の観念作用の出現を規定するのみならず、その内容をも規定するものとして考えられている。こうして知識社会学は人間の思考活動のほぼ全側面の研究に役立つ実証的な方法となったのである。

マンハイムの主たる関心がイデオロギー現象に向けられたのは意義深いことである。彼はイデオロギー概念に部分的、全体的、普遍的、の区別を設けた——部分的イデオロギーとは敵対者の思想の一部分のみを構成するものであり、全体的イデオロギーとは敵対者の思想の全体を構成するもの（マルクスの〈虚偽意識〉に類似している）であり、最後に普遍的イデオロギー（この点でマンハイムは自らマルクスを超えるものと考えた）とは敵対者の思想だけでなく、自己自身の思想をも特徴づけるそれである。普遍的イデオロギー論は知識社会学のレヴェルに到達する——つまり、ここにみられるのは、人間の思想は（上述のような例外だけを除いて）その社会的文脈のもつイデオロギー化作用を免れることはできない、とする考えである。イデオロギー論のこうした拡大によって、マンハイムはその中心的問題を政治的使用の文脈からひきはなし、それを認識論および歴史社会学の一般的問題としてとり上げるべく努力した。

マンハイムにはシェーラーのような存在論への野望といったものはなかったが、彼もまたシェーラーと同様、その思考が彼をそこへ導いていくと思われる汎イデオロギー主義には不愉快なものを感じていた。彼は自分の知識社会学における認識論的視座を表現するのに〈相関主義〉（リレイショニズム）（〈相対主義〉（レラティヴィズム）とは区別された）ということばをつくり出した——これは社会-歴史的相対性への思想の屈服を意味するものではなく、知識は常にある一定の立場から得られた知識であるはずだという醒めた認識をあらわすも

13

のであった。マンハイムの思想におけるディルタイの影響はおそらくこの点で極めて重要である——マルクス主義の問題は歴史主義を用いることによって解決されている。いずれにせよ、マンハイムが考えていたのは、イデオロギー化作用を完全に一掃することはできないにせよ、社会的に基礎づけられたさまざまな立場をできるだけ多く体系的に分析することによってそれを緩和することはできる、ということであった。ことばをかえれば、思考の対象は、それについてのさまざまに異なった見方がこうして蓄積されてゆけばますます明瞭になっていく、という考えである。これこそが知識社会学の課題がこうして人間界のできごとを正しく理解しようとする際の重要な手がかりになるのである。

マンハイムはさまざまな社会集団は自らの狭い立場をのり越えるその能力においても大いに異なっている、と考えた。彼はその主要な期待を〈自由に浮動するインテリゲンチャ〉(freischwebende Intelligenz——このことばはアルフレート・ウェーバーに由来している)に託した。これは、彼の考えによれば、相対的に階級的利害に拘束されることのない一種の間社会層である。さらにまたマンハイムは〈ユートピア的〉思考のもつ力をも強調した。これは(イデオロギーと同様)社会的現実についての歪められたイメージをも生み出すが、(イデオロギーとは異なって)そうした現実をそれについてのイメージのもとへとつくり変えるダイナミズムをもっている。

ところで、こうした紹介をするだけでは知識社会学についてシェーラーなりマンハイムなりが考えていたことを正しく伝えることができないことはいうまでもない。しかしここでのわれわれの意図は二人を正しく伝えることにあるのではない。われわれはただ二つの考え方——これらはそれぞれいみじくも

序論　知識社会学の問題

知識社会学に関する〈穏健〉な把らえ方と〈急進的〉な把らえ方と呼ばれてきている——のいくつかの基本的な特徴を紹介してきたにすぎない。ただ注目すべき点は、知識社会学のその後の発展はその大部分がこれら二つの見解に対する批判および修正から成り立っている、ということである。すでに指摘したように、知識社会学についてのマンハイムの定式化は、とくに英語使用圏の社会学で、いまもなお決定的にこの学問を理解する際の準拠用語でありつづけているのである。

知識社会学に対して真剣なまなざしを向けてきた最も重要なアメリカの社会学者はロバート・マートンである。この学問に関する彼の議論はその主著の二章にまたがっており、それは知識社会学に関心をもってきたアメリカの社会学者にとってはこの分野への便利な手引き書としての役割を果たしてきた。マートンは知識社会学の主要テーマを簡潔でしかも筋道立った形で記述することによって、知識社会学のパラダイムをつくり上げた。このパラダイムの構成というのはなかなか面白い。というのも、それは知識社会学のアプローチと構造─機能主義理論のアプローチとの統合をめざしているからである。ここでは〈顕在的〉機能と〈潜在的〉機能というマートン自身の概念が観念作用の領域に適用されており、観念の意図的・意識的な機能と無意図的・無意識的な機能とが区別されている。マートンは彼にとってすぐれた意味で知識社会学者であるマンハイムの研究に焦点をしぼっているが、一方ではまたデュルケーム学派やピトゥリム・ソローキンの業績のもつ意味をも強調した。なおマートンがアメリカの社会心理学におけるある種の重要な発展——たとえば彼が同書の他の部分で論じている準拠集団論など——が知識社会学に対してもつ意味を明らかに見落しているのは興味深い。

タルコット・パーソンズもまた知識社会学について論評を行なってきている。しかしながら、この論

評は主としてマンハイムの批判のみに限られており、パーソンズ自身の理論体系内への知識社会学の統合をめざしたものではない。たしかにパーソンズの理論体系でも〈観念のもつ役割の問題〉はかなり分析されているのではあるが、しかしそれはシェーラーやマンハイムの知識社会学のいずれともまったく異なった準拠枠組においてである。それゆえ、われわれはあえてマートンもパーソンズもマンハイムによって定式化されたような知識社会学をなんら決定的にはのり越えていない、と主張したい。同じことは彼らに対する批判者についてもあてはまる。たとえばほんの一例として最も口やかましい批評家であるC・ライト・ミルズをとり上げてみても、このことは明らかである。彼は初期の著作のなかで知識社会学をとり上げているが、ただ解説的にとり上げているにすぎず、その理論的発展に寄与するものはなにも提示していない。[16]

知識社会学を社会学一般に対する新実証主義的アプローチと統合しようとする興味ある試みは、ドイツから移住した後、スカンディナヴィアの社会学に多大の影響力を及ぼしたテオドール・ガイガーの研究にみることができる。ガイガーは社会的に歪められた思想という意味で、イデオロギーのより狭い把らえ方にかえっており、手続きの科学的規範を慎重に守ることによってイデオロギーをのり越える可能性を主張した。イデオロギー分析への新実証主義的アプローチは、もっと最近では、ドイツ語使用圏の社会学で、エルンスト・トーピッチュの研究で続けられており、彼はさまざまな哲学的立場のもつイデオロギー的基盤を強調してきている。[19]マンハイムの定義にもあるように、イデオロギーの社会学的分析は知識社会学の重要な部分を構成しているため、第二次大戦後、イデオロギーに対しては、ヨーロッパの社会学でもアメリカの社会学でも大きな関心が払われてきているのである。[20]

16

序論　知識社会学の問題

包括的な知識社会学の構築という点でマンハイムをのり越えようとする最も遠大な試みは、おそらくウェルナー・スタークのそれであろう。[21]彼もまたもう一人の亡命大陸系学者であり、これまでイギリスや合衆国で教鞭をとってきている。スタークはイデオロギー問題へのマンハイムの焦点設定をのり越えるという意味において、最も遠くまですすんでゆく。彼によれば、知識社会学の課題は社会的に生み出された歪曲の暴露にあるのではなく、知識そのものの社会的条件の体系的分析にある。簡単にいえば、主要な課題は真理の社会学なのであって、誤りについての社会学ではない、というわけだ。そのアプローチが独特のものであるにもかかわらず、スタークは観念とそれをとりまく社会的文脈との関係についての理解においては、マンハイムよりはおそらくシェーラーの方により近いといえよう。

繰り返しいうが、われわれが知識社会学の歴史についての正しい歴史的概要を提示しようとしてきたのではないことは明白である。さらにまたわれわれには意味があっても、それ自身の主唱者によってはそのように考えられてこなかったさまざまな発展のみに（イデオロギー論を後者の一部とみなしつつ）自らを限定してきたわけである。このことは一つの事実を非常に明確にした。つまり、一部の知識社会学者にみられる認識論的関心を別にすれば、関心の経験的焦点はほとんどもっぱら観念の領域、つまり理論的思考の領域におかれてきた、という事実である。このことはその主著に『観念史のより深い理解に資するためのエッセー』という副題をつけたスタークについてもあてはまる。いいかえれば、知識社会学の関心は理論的レヴェルにおいては認識論的問題に、経験的レヴェルにおいては精神史の問題に向けられてきた、ということである。

われわれはこうした二組の問題設定のもつ妥当性ならびに重要性については、なんら異存はないということを強調しておきたい。しかしながら、われわれが言いたいのは、こうしたことの結果として、知識社会学のもつ完全な理論的意味が曖昧にされてきている、ということである。

知識社会学に社会学的知識の妥当性に関する認識論的問題を含ませるのは、自分の乗っているバスを後押ししようとする努力にどこか似ている。もちろん、知識社会学が人間の思考の相対性と被規定性に関する証拠を積みあげているすべての経験的学問と同様、他のすべての科学的な知識体系と同様に社会学そのものにも関係する認識論的な問題に行きつくことはまちがいない。すでに指摘したように、この点において、知識社会学は——認識論に問題を投げかけてきた最も重要な三つの経験的学問をあげるならば——歴史学、心理学、それに生物学などにも似た役割を果たしているのである。こうした認識論的問題の論理構造は、基本的にはいずれの場合においてもまったく同一である。たとえば私がアメリカの中産階級の慣習について社会学的分析をやったとしてみよう。この場合、これを分析するために私が用いるカテゴリーがもし歴史的に相対的な思考形式によって規定されていたとすれば、あるいはまた私自身および私が考えるすべての事柄が私の遺伝的素質や心の奥深く滲み込んだ仲間に対する私の敵意によって規定されていたとすれば、そしてまた最後に、私自身が他ならぬアメリカの中産階級の一員であったとすれば、私はこの分析結果にどこまで確信がもてるであろうか。

われわれにはこうした問題を無視しようという気は毛頭ない。ただここで言っておきたいのは、これらの問題はそれ自体は社会学という経験的学問の守備範囲には属さない、ということだ。これらの問題

18

序論　知識社会学の問題

は本来は社会科学の方法論に属するもの、つまり哲学に属する一つの研究領域であり、定義からして社会学——もちろんこれはそうした研究の対象になるのであるが——の範囲外に属するものである。知識社会学は経験科学における他の認識論上の論争仕掛人とともに、この方法論的研究に問題を〈供給〉するであろう。しかし、知識社会学は知識社会学自身の本来の準拠枠組内ではこれらの問題を解くことはできないのである。

以上のような理由から、われわれは知識社会学からその二人の主要な創始者たちの頭を悩ませた認識論的問題と方法論的問題とを排除する。この問題を排除することによって、われわれはこの学問についてのシェーラーの考えからもマンハイムの考えからも異なったところに自らを位置づけるとともに、この点については両者とその考え方を共にする爾後の知識社会学者（とりわけ新実証主義的な方向をとる知識社会学者）とも袂を分かつことになる。われわれは本書の全体を通じて、それが知識社会学自身におけるものであれ、他のいかなる領域におけるものであれ、社会学的分析の妥当性に関する認識論的ないしは方法論的な問題については、すべてすっぽりと括弧のなかに入れておいた。われわれのここでの目的はいうまでもなく理論的な社会学を社会学の経験的分野の一部として考えている。しかしながら、われわれの理論化作業は経験的学問の基礎についての哲学的研究に関するものではなく、その具体的問題における経験的学問に関するものである。要するに、われわれの企てというのは社会学の方法論についてのそれではなく、社会学理論についての一つの試みなのである。われわれは本書のI部（この序論のすぐあとにつづく部分）でのみ、本来の社会学理論の範囲を越える問題を論じている。しかしそれは——そのときになれば説明するであろうが——認識論とはほとんど関係の

ない理由からそうなったのである。

しかしながら、われわれはまた経験的レヴェルにおける知識社会学の課題、つまり社会学の経験的分野と関係する理論としてのその課題、を定義しなおしておかねばならない。すでにみてきたように、このレヴェルにおいては知識社会学は観念の歴史という意味での精神史に関心をもってきた。われわれはここで再びこの問題が実際に社会学的研究にとっての非常に重要な焦点になっている、ということを強調しておきたいと思う。さらにまた、われわれが認識論的－方法論的問題を排除したのとは異なって、この問題への焦点設定が知識社会学の守備範囲に属するものであることもわれわれは承認する。しかしながら、イデオロギーという特殊な問題をも含めたうえで、〈観念〉の問題は知識社会学のより大きな問題のうちの一部を構成するにすぎず、その中心的な部分をなすものではないということ、このことをわれわれは主張しておきたいと思う。

知識社会学は社会において〈知識〉として通用しているすべてのものをとり上げなければならない。こういえば、人はただちに次のことに気がつく。つまりそれは、精神史への焦点設定は誤っているということ、あるいは、もしそれが知識社会学の中心的な焦点になるとすれば、その選択は誤っている、ということである。社会において重要な役割を果たしているのは理論的な思考や〈観念〉、あるいは世界観（Weltanschauungen）だけではない。なるほどどの社会にもこれらの現象はみられはする。しかしこれらは〈知識〉として通用しているある総体の一部をなすにすぎないのだ。どの社会にあっても理論化作業や〈観念〉にまつわる仕事、あるいはまた世界観の構築に従事しているのは、人びとのうちのごく限られた集団にすぎない。ところが、社会にあってはすべての人がなんらかの形でその〈知識〉に

序論　知識社会学の問題

は参加している。換言すれば、世界の理論的解釈に関心をもっているのはごく少数の人びとにすぎないが、人々はすべてなんらかの形の世界に住んでいる。理論的思考だけに焦点をしぼることは、ただ単に知識社会学に対して不当な制限を設けることになるだけでなく、不満足なものでもある。というのも、社会的に通用している〈知識〉のこの部分ですらもが、より一般的な〈知識〉の分析枠組のなかに位置づけられることのないかぎり、十分に理解することはできないからである。

社会と歴史における理論的思考の重要性を過大視することは、理論家たちの生来の誤りである。それゆえ、こうした主知主義的誤りを是正することはなおいっそう必要である。現実の理論的定式化は、たとえそれが科学的なものや哲学的なもの、あるいはまた神話的なものですらあったにせよ、社会の成員にとって〈現実的〉であるものをすべて汲みつくしているわけでは決してない。こうした理由から、知識社会学はまずなによりも、理論的なものであれ、前理論的なものであれ、人びとがその日常生活で〈現実〉として〈知っている〉ところのものをとり上げなければならない。ことばをかえれば、〈観念〉より も常識的な〈知識〉こそが知識社会学にとっての中心的な焦点にならなければならない、ということだ。意味の網目を織りなしているのはまさしくこうした〈知識〉であり、この網目を欠いては社会は存立し得ないのである。

それゆえ、知識社会学は現実の社会的構成をとり扱わねばならない。この現実の理論的定式化を分析することは、たしかにこうした関心の一部でありつづけはするであろう。しかし、だからといってそれが最も重要な一部をなすというわけでは決してない。われわれは認識論的－方法論的な問題は考察の対象から除外したのではあるが、われわれがここで示唆している事柄が知識社会学の範囲に関する遠大な

21

再定義を意味すること、しかも従来この学問として理解されてきたものよりもはるかに視野の広い再定義を意味することが明らかになるであろう。

ところで、上述のような意味での知識社会学の再定義が可能であるためには、どのような理論的要素が知識社会学につけ加えられなければならないのか、といった問題が生じてくる。われわれはこうした再定義の必要性に関する基本的考えをアルフレッド・シュッツに負うている。シュッツは、哲学者としてと同時に社会学者として、その研究の全体を通じて日常生活の常識的世界の構造に関心を集中した。彼は自らは知識社会学について詳しい議論は展開しなかったものの、この学問が焦点を置くべき対象をはっきりと把らえていた。

類型化されたすべての常識的思考は、それ自体、具体的な歴史的文化的生活世界（レーベンスヴェルト）の統合的要素をなしており、この生活世界にあって、それらは自明のものとして、そしてまた社会的に承認されたものとして、広く行きわたっている。類型化されたこうした思考の構造は、他のさまざまな要因とともに、知識の社会的配分するだけでなく、具体的な歴史的状況における具体的な社会的環境に対する、その知識の相対性と妥当性をも決定する。ここにこそ、相対主義、歴史主義、それにいわゆる知識社会学なるものの正当な問題が存在する。(22)

さらにまた彼はこうも言っている。

知識は社会的に配分されており、この配分のメカニズムは社会学の主題になりうる。そして実際、われわれは知識社会学と呼ばれる学問をもっている。しかしながら、ごく少数の例外を除けば、このように誤って名づけられた学問は、知識の社会的配分の問題をとり上げる場合にも、単に真理のイデオロギー的な基礎づけを社会的条

22

序論　知識社会学の問題

件への依存、とくに経済的条件への依存という面から把らえるか、あるいは知識人の社会的役割という観点から把らえるか、のいずれかにとどまっていた。この問題がもつ多くの他の理論的側面についてなにがしかの研究を行なってきているのは社会学者ではなく、経済学者と哲学者なのである。[23]

われわれにはシュッツがここで示唆しているような知識の社会的配分に中心的な地位を認める意志はない。しかし、〈こうして誤って名づけられた学問〉に対する彼の批判にはわれわれも異議はないし、知識社会学の課題が再定義されるべき方法に関するわれわれの基本的考えも、シュッツの考えに由来している。以下の考察において、われわれは日常生活における知識の基礎に関するプロレゴーメナの部分でシュッツの業績に大きく依拠しているばかりでなく、それ以後のわれわれの主要な主張がみられるさまざまな重要な部分においても、彼の研究に大きく負っている。

われわれの人間学的な諸前提はマルクスから、そしてとくにその初期の著作から、大きな影響を受けているばかりでなく、さらにはまたヘルムート・プレスナー、アーノルト・ゲーレン等によって人間生物学から引き出された人間学的な示唆をも受けている。社会的現実の性格に関するわれわれの観点は、デュルケームとフランス社会学におけるデュルケーム学派の考えに大きく負っている。もっとも、われわれはマルクスに由来する弁証法的視座の導入、それにウェーバーに源をもつ主観的意味を通じての社会的現実の構成の強調、という二点によって、デュルケーム的な社会理論を修正したのではあるが。[24]

一方、社会的現実の内在化の分析にとってとりわけ重要となるわれわれの社会心理学上の諸前提は、ジョージ・ハーバート・ミードおよびアメリカ社会学におけるいわゆるシンボリック・インタラクショニ

ズム学派による彼の業績の発展から大きな影響を受けている。われわれはこれらのさまざまな要素がどのようにわれわれの理論的定式化のなかにとり入れられているかについては、巻末の注記で示すつもりである。もちろん、われわれはこうした諸要素をとり入れるにあたり、われわれがこうしたいくつかの社会理論の流れそのものの本来の意図に対して忠実であるわけではないということ、そしてまた忠実ではあり得ないということ、このことを十分に自覚している。しかしながら、すでに述べたように、ここでのわれわれの目的は注釈的なものにあるのでもなければ、いわんや統合のための統合にあるのでもない。われわれはいく人かの思想家のものの考え方を一つの理論的定式に統合することによって——なかにはそうした統合は自分の思想とはまったく無縁のものだという人もいるかも知れないが——その思想家たちに多くの個所で暴力をふるっているということを十分に知っている。これに対しては、われわれは自己弁明のために、先人の遺産をそのまま引き継ぐことはそれ自体としては学問上の美徳ではない、ということを主張しておきたい。われわれはここでタルコット・パーソンズの若干のことばを引用しておいてよいであろう（われわれは彼の理論に対しては大きな疑念をもってはいるが、統合へのその意志は、われわれもまた完全に共有するものである）。

本書の主要な目的は、これらの著述家たちが書いたこと、あるいは彼らが書いた主題について彼らが考えたこと、に判断を下したり、その概要を紹介したりすることにあるのではない。同様にまた、本書の目的は彼らのさまざまな〈理論〉のなかに含まれているそれぞれの命題について、彼らのいってきている事柄が今日の社会学的ないしはそれとの関係分野での知識に照してみて当を得ているかどうか、を直接問い糺してみることにあるのでもない。……本書は社会理論についての研究書なのであって、さまざまな理論についての研究書なのではない。

序論　知識社会学の問題

本書の関心はこれら著述家たちの研究に見出せるバラバラでまとまりを欠いた諸命題にあるのではなく、系統立った理論的説明の一つの体系にある。

実際、われわれの目的は〈系統立った理論的説明〉に専心することにある。

知識社会学の性格とその領野に関するわれわれの再定義が、知識社会学を周辺的な学問から社会学理論の中心そのものへと移行させるであろうことは、すでに明らかであろう。われわれは〈知識社会学〉というラベルにこだわるなんら特別の理由をもっていないということを読者に確約しておいてよいと思う。われわれを知識社会学へと導き、その方法を示すことによってその問題と課題の再定義へとわれわれを向かわせることになったのは、むしろ社会学理論についてのわれわれの理解の仕方である。われわれがたどることになった進路は、社会学にとって最も有名でかつまった影響力の大きい二つの〈行進命令〉を引き合いに出すことによって、最もうまく表現することができよう。

その命令の一つはデュルケームの『社会学的方法の諸規準』によって与えられ、もう一つはウェーバーの『経済と社会』によって与えられた。デュルケームはこういっている。「第一の、そして最も基本的な規準、それは、社会的事実をモノとして考えよ、ということである(27)」。一方、ウェーバーはこういっている。「この意味での社会学、そしてまた歴史学の双方にとって、認識の対象は行為の主観的な意味連関である(28)」。これら二つの命題は矛盾するものではない。社会は実際に客観的な事実性をそなえている。そしてまた、社会はたしかに主観的意味を表現する行為によってつくり上げられている。しかも、ついでにいっておけば、ウェーバーが前者の側面に気づいていたように、デュルケームもまた後者の側面に気づいていた。デュルケームのもう一つの基本的用語を借りるならば、社会がもつ〈独特の現実性〉をつ

くり上げているのは、客観的事実性としてあると同時に主観的意味としてもあるという、まさしく社会のもつこの二重の性格なのである。それゆえ社会学理論にとっての中心的問題は次のようにいい表わすことができる——主観的意味が客観的事実性になるのはいかにして可能なのか。あるいは上に述べた理論的立場にふさわしいことばを借りるならば、次のようになる——人間の行為（Handeln）がモノ（choses）の世界をつくり出すのはいかにして可能なのか。換言すれば、社会がもつ〈独特の現実性〉を正しく理解するには、この現実が構成される仕方を研究することが必要になる、ということだ。われわれの主張からすれば、これを研究することこそが知識社会学の課題となるのである。

Ⅰ部　日常生活における知識の基礎

1章　日常生活の現実

本稿におけるわれわれの目的が日常生活の現実についての社会学的分析、あるいはより正確にいえば、日常生活における行為を導く知識の社会学的分析にあり、われわれはこれと関係するかぎりにおいてのみ、この現実がどのような形でさまざまな理論的様相をおびて知識人にあらわれるか、に興味をもっているにすぎない以上、われわれはまず社会の通常の成員の常識に把らえられるかぎりでのこの現実なるものについて明らかにすることから出発しなければならない。こうした常識的な現実が知識人や他の観念の商人による理論的構成によってどのように影響され得るか、という問題は、それ以後の問題である。このようにわれわれの試みは、なるほど理論的な性格のものではあるが、社会学という経験科学の主題を形づくる現実、つまり日常生活の世界、を理解することに向けられている。

それゆえ、われわれの目的が哲学をすることにあるのではないということが明らかになるはずである。これとまったく同様に、もし日常生活の現実を理解することが必要であるとすれば、本来の社会学的分析にすすむまえに、われわれはまずこの現実の本質的な性格が何であるかについて考えてみる必要がある。日常生活は一貫性をもった世界として人びとによって解釈され、かつまたそうしたものとして彼ら

1章　日常生活の現実

にとって主観的に意味のある一つの現実としてあらわれる。われわれは社会学者として、この現実をわれわれの分析の対象としてとり上げる。経験科学としての社会学の準拠枠組内においては、この現実を所与のものとして、つまり現実のなかで生じる特殊な諸現象を与件として扱うことは可能であり、この現実の基礎についてさらにそれ以上考える必要はない。というのも、それを考えるのは哲学の仕事であるからである。しかしながら、本稿の目的が特殊なものである以上、われわれは哲学的問題を完全に無視してしまうというわけにもいかない。日常生活の世界は社会の通常の成員によって、彼らの生活の主観的に意味のある行動のなかで、現実として自明視されているだけではない。それは彼らの思考や行動のなかにその源をもつと同時に、こうした思考や行動によって現実的なものとして維持されている世界でもある。それゆえ、われわれの主たる課題に転じるまえに、われわれは日常生活における知識の土台について、つまり間主観的な常識の世界が構成される主観的過程（および意味）の客観化について、明らかにすべく努めなければならない。

当面の目標からすれば、これは予備的な作業にすぎず、しかもわれわれにできることは、せいぜいのところ哲学的問題の正しい解決になると考えられる事柄の主要な特徴を素描することでしかない――なおまた、急いで付言しておくならば、ここでいう正しい解決というのは、それが社会学的分析の出発点として役立ち得る、という意味においてにすぎない。それゆえ、すぐあとにつづく考察も哲学的プロレゴーメナといった性質のものであり、それ自体としては社会学以前の議論である。日常生活における知識の基礎を解明するのに最もふさわしいと思われる方法は、現象学的分析の方法、つまり純粋に記述的な方法であり、――経験科学の性格についてのわれわれの理解からすれば――〈経験的〉ではあるも

I部　日常生活における知識の基礎

のの、〈科学的〉ではない方法である。

　日常生活、あるいはむしろ日常生活の主観的経験といった方がよいが、こうしたものの現象学的分析は、分析対象である諸現象の存在論的地位に関する主張はさし控えると同時に、いかなる因果的ないしは発生論的仮説をもさし控える。このことを留意しておくことは重要である。常識は日常生活の現実に関する無数の先科学的、ないしは疑似科学的な解釈を含んでおり、この現実を自明のものとみなしている。もしわれわれが常識的な現実について記述するのであれば、われわれはこの現実の自明的性格を説明しなければならないのとまったく同様に、こうした現実の解釈についても言及しなければならない──しかしそれに言及するのは現象学的な括弧のなかにおいてである。

　意識は常に志向的なものである。それは常に諸々の対象を志向するか、あるいはそれらのものに向けられている。われわれは決して意識そのものを成り立たせている推定上の基底のようなものは把らえることはできず、ただ把らえることのできるのはある何物かについての意識だけである。このことは意識の対象が外部の物理的世界に属するものとして経験されるか、それとも内部の主観的現実の要素として理解されるか、のいずれを問わずあてはまる。たとえば私（以下の例示の場合と同様、ここでも日常生活において通常の自己意識を表わしている一人称単数としての私）がニューヨーク市のパノラマを眺めていようと、心の不安に気づくようになろうと、いずれの場合にも当の意識過程は志向的なものである。この場合、エンパイア・ステート・ビルディングについての意識が不安の自覚とは異なるからといって、要点が否定される必要はない。詳細な現象学的分析は経験のさまざまな層を明るみに出すと同時に、さまざまに異なった意味の構造──たとえば犬にかまれること、犬にかまれたことを記憶していること、

1章　日常生活の現実

すべての犬に対する恐怖症等々に含まれている異なった意味の構造——を明らかにしてくれるであろう。ここでわれわれにとって関心があるのは、すべての意識に共通してみられる志向的な性格である。さまざまに異なった対象は、現実のさまざまに異なった領域の構成要素として意識にあらわれる。私は日常生活の経過のなかでつき合わなければならない周りの人びとを、私の夢のなかにあらわれる肉体をもたぬ人物のそれとはまったく異なる一つの現実に属するものとして認知する。これら二つの対象の組合わせは私の意識のなかにまったく相異なる一つの現実を引き起こし、私はそれらにまったく相異なった仕方で注目する。それゆえ、私の意識は現実のさまざまに異なった位相の間を移動してゆくことができる。換言すれば、私は世界を複数の現実から成るものとして意識しているのである。私が一つの現実からもう一つの現実へと移動するとき、私は移動に伴う緊張を一種のショックとして経験する。このショックは移動に伴う関心の移行によって引き起こされたものとして理解できる。夢から醒めるという経験は、この移行を最も端的にあらわしている。

多元的な現実のなかには、すぐれた意味で現実としてあらわれるものがある。これが日常生活の現実である。この現実がもつ特権的な地位は、それに至上の現実という名を与えている。意識の緊張が最も高まるのは日常生活においてである。つまり、日常生活は意識に対して最も重々しい、切迫した、強烈な形で、自らを課してくる。この日常生活を無視することは不可能であり、その命令的な現前を弱めることすら困難である。それゆえ日常生活は私に対し、それを完全に注視しつづけるよう強制する。私は日常生活をはっきりと目覚めた状態で経験する。日常生活の現実のなかに存在しつづけ、かつまたそれを理解しているときのこの覚醒状態、これを私は常態的でしかも自明のものとみなしている。つまりそれは私

31

Ⅰ部　日常生活における知識の基礎

の自然的態度を構成しているのである。

私は日常生活の現実を秩序立った現実として理解している。そこでの諸現象はさまざまの型、つまり私の理解から独立しているようにみえ、私の理解に対して自らを強制してくるさまざまの型にあらかじめ整序づけられている。日常生活の現実はすでに対象化されたものとして、つまりその場面への私の出現に先立ってすでに対象として、資格づけが行なわれた諸対象の秩序によって構成されたものとしてあらわれる。日常生活で用いられることばはたえず私に必要な対象化された事物の秩序を提供し、秩序を設定する。そしてこの秩序のなかでのみ、これらの事物は意味をなし、日常生活は私にとって意味をもつ。私は地理的に名称を付与された場所に住んでいる。私は罐切りからスポーツ・カーに至るまで、私の社会がもつ技術的語彙のなかで名称を付与されたさまざまな道具を使用する。またチェス・クラブからアメリカ合衆国に至るまでのさまざまな人間関係の網目のなかに住んでおり、これらもまた語彙という手段によって秩序づけがなされている。このように、ことばは社会における私の生活の座標を示すと同時に、その生活を意味ある対象によって充たすのである。

日常生活の現実は私の身体の〈ここ〉と私の臨在の〈いま〉の周りに組織されている。こうした〈ここといま〉は日常生活の現実に対する私の注目の焦点をなしている。日常生活において私にあらわれてくる〈ここといま〉は、私の意識のなかでも最も現実的なものである。しかしながら、日常生活の現実は、これら直接的な現前だけには限られない。そこには〈ここといま〉現存しない諸現象も含まれている。このことは、私が日常生活を、空間的にも時間的にも、近しさと遠さのさまざまな度合において経験する、ということを意味している。私にとって最も近しい領域は、私が直接身体によって操作しうる

1章　日常生活の現実

日常生活の領域である。この領域には私の射程内にある世界、私がその現実をつくり変えるために行動する世界、あるいはまた私がそこで働く世界、などが含まれている。私が働くこの世界に対する私の関心は、主として私が現になしていること、あるいはそこでなそうと計画していること、などによって規定されている。このように、この世界はすぐれた意味で私の世界である。もちろん私は、日常生活の現実にはこうした方法では私には近づき得ない領域があるということを知っている。しかしながら、この場合は、私がこれらの領域に対してはプラグマティックな関心をもっていないか、あるいは関心はもっていても、その関心が、それらが──潜在的に──私の操作しうる領域であるかぎりにおいて、間接的なものにすぎないか、のいずれかである。通常は、疎遠な領域に対する私の関心は、近しい領域に対するそれほど強くはなく、緊急性にも乏しいにちがいない。これに対し、私は私の日常の仕事と関係のある対象群に対しては、強い関心をもっている──たとえばもし私が自動車修理工であったならば、私は自動車修理工場の世界に強い関心をもっている。また、より直接的ではないにしろ、私はデトロイトの自動車産業の実験工場で進行中の出来事にも関心をもっている──私がこうした実験工場のどれかに足を踏み入れるなどということはまずありそうにないものの、そこで行なわれている作業のいつかは私の日常生活にも影響を及ぼすことになるであろう。あるいはまた、私はケープ・ケネディや大気圏外で進行中の事態についても関心をもつことがあるが、こうした関心は私の日常生活にとって緊急度の高い必要性の問題であるよりは、むしろ私的で〈余暇的〉な選択の問題である。

さらにまた、日常生活の現実は、私にとって間主観的な世界として、つまり私が他者とともに共有す

I部　日常生活における知識の基礎

る世界として、あらわれる。この間主観性は、私の意識の対象である他の諸々の現実から日常生活を鋭く区別するものである。私は夢の世界では一人でいるが、日常生活の世界が私自身にとってと同様、他者にとっても現実的なものであることを知っている。実際、私は日常生活においてたえず他者と行為し合い、意思疎通し合うことのないかぎり、存在することはできない。私はこの世界に対する私の自然的態度が他者の自然的態度に対応していること、彼らもまたこの世界が整序づけられている対象化された事物を理解しているということ、そして彼らもまたそこでの彼らの存在の〈ここといま〉の周りにこの世界を構成しており、そのなかで活動するためのさまざまな計画をもっていること、を知っている。もちろん、私はまた、彼らが私のものとは同一でないこの共通の世界に対して、一つの展望をもっていることを知っている。私の〈ここ〉は彼らの〈そこ〉なのである。私の〈いま〉は彼らの〈いま〉とは完全には重なり合わない。私の計画は彼らの計画とは異なるし、ときによっては対立することさえある。にもかかわらず、やはり、私は私が彼らとともに一つの共通の世界に住んでいることを知っている。しかし最も重要なのは、この世界にあっては、私の意味と彼らの意味との間には不断の照応関係が存在するということ、つまりわれわれがその現実に関して共通の感覚を分有しているということを私が知っている、ということである。自然的態度とは、まさしくそれが多くの人びとに共通する世界と関係するという理由から、常識的意識の態度である。常識的知識とは、日常生活の常態的で自明的なルーティーンのなかで私が他者とともに共有している知識である。

日常生活の現実は現実として自明視されている。それは自明で強制的な事実性として、端的にそこに存在する。私はそれが現実的であることを示すためになんら補足的な検証を要しない。

34

1章　日常生活の現実

を知っている。この現実について疑ってみることは不可能ではない。しかし、日常生活のなかで決まりきった生き方をしているかぎり、私はそうした疑いを停止することを余儀なくされる。こうした疑いの停止は極めて堅固なものであり、そうした態度を捨て去るには――たとえば私が理論的ないしは宗教的な瞑想によってそれを捨て去りたいと思うときには――極端な視座の転換が必要になる。日常生活の世界は自らを主張し、その主張に対抗しようとするときには、私は慎重で、決して容易ではない努力を払わねばならない。

自然的態度から哲学者ないしは科学者の理論的態度への移行は、このことをよく示している。しかしながら、この現実のすべての側面が等しく没問題的というわけではない。日常生活は決まりきったものとして理解されている部門と、あれこれの問題を孕みつつ私にあらわれてくる部門とに分かれている。たとえば私がすべてのアメリカ製の車に高度に精通している自動車修理工であったとしてみよう。この場合、アメリカ製自動車に関することは、すべて私の日常生活の決まりきった没問題的な局面をなしている。しかしながら、ある日、だれかが修理工場へやってきて、彼のフォルクスワーゲンの修理を私にたのんだとしてみよう。いまや私は外国製の自動車という問題的な世界へと入っていかざるを得なくなる。私は気がすすまないままにこの世界へ入っていくかも知れないし、職業的な好奇心に駆られて入っていくかも知れない。いずれにせよ、私はいまやまだ日常化していない問題に直面させられることになる。しかし同時にまた、私が日常生活の現実を捨て去るわけではないことはいうまでもない。事実、日常生活は、外国製自動車の修理に必要な知識と技術とを私がそれに追加し始めるにつれて、より豊かになっていくのである。日常生活の現実は、問題としてあらわれる状況が、まるで異質の現実（たとえば理論物理学上の現実とか悪夢のなかの現実）に属するものでないかぎり、

35

I部　日常生活における知識の基礎

こうした二種類の部門を含んでいる。日常生活のさまざまなルーティーンが中断されることなくつづくかぎり、それらは没問題的なものとして理解されているのである。

しかしながら、日常的な現実の没問題的な部門でさえも、それが没問題的であり得るのは、注目すべき新事態が出現するまでの間だけ、つまり、問題の出現によって日常的な現実の連続性が断ち切られることのないかぎりにおいて、というだけにすぎない。こうした新しい事態が生じた場合には、日常生活の現実は問題的な部門をすでに没問題的となっている部門へ統合しようと努力する。常識的な知識にはこうした統合をいかにして行なうか、についてのさまざまな示唆が含まれている。たとえば私が一緒に働いている同僚たちは、彼らが彼らにとって周知で自明のルーティーンを遂行しているかぎり——たとえば事務所の隣り机でタイプをたたいているかぎり——私にとっては問題にはならない。しかし、もし彼らがこれらのルーティーンの遂行を中断したとすれば——たとえば部屋の片隅により集まってひそひそ話をしていたとすれば——彼らは問題になる。この異常な行動の意味を考えるとすれば、ここにはさまざまな可能性がある。たとえば、私の常識的知識がそうした行動を日常生活の没問題的なルーティーンへ再統合し得るという可能性であるとか、彼らがこわれたタイプライターの修理の仕方で相談し合っているのかも知れないという可能性、あるいは彼らのうちのだれかが上司から緊急の命令を受けたのかも知れないという可能性等々である。他方また、私は彼らがストライキ突入の組合指令のように、まだ私の経験外の問題ではあるものの、私の常識的知識でも十分対処しうる問題圏に属する事柄について話し合っているのだということを知るかも知れない。とはいうものの、私の常識的知識はこうした事態を一つの問題としてとり扱い、単純にそれを日常生活の没問題的な部門に統合してしまうようなことは

36

1章　日常生活の現実

しないであろう。しかしながら、もし私が私の同僚たちは集団的に狂気に陥ってしまったのだという結論に達したとすれば、いまやあらわれつつある問題はなおいっそう異質のものであることになる。私はいまや日常生活の現実の境界を超越し、それとはまったく異なった現実とかかわる問題に直面させられることになる。実際、私の同僚は気が狂ってしまったという私の結論は、事実上、彼らがもはや日常生活の共通の世界には属さない世界へ入っていってしまったということを意味している。

日常生活の現実に比べてみると、他の諸々の現実は限定された意味の領域としてあらわれる。それらは経験の限定された意味と様式によって特徴づけられる、至上の現実内における飛び地としてあらわれる。至上の現実はこれらの飛び地をいわばそのすべての面において含んでおり、意識は常に彷徨から舞い戻るように至上の現実へと帰っていく。このことは、すでに挙げた夢のなかの現実や理論的思考における現実の例によって明らかである。これと同様の〈頭の切り替え〉は、日常生活の世界と遊びの世界——これには子どもの遊びの世界と、さらにいっそう鋭い形では、大人の遊びの世界、の双方が含まれる——との間にも起こりうる。劇場はおとなの場合におけるそうした遊びの世界について格好の例を提供する。ここでは二つの世界の間の移行は、緞帳の上げ下げによって特徴づけられる。幕が上がると観客は〈もう一つの世界へと運ばれて〉いく。この世界はそれ自身の意味と秩序とをもっており、幕が下がると、それらは日常生活の秩序と大きく関係することもあれば、関係しないこともある。そして幕が下がると、観客は〈現実へ舞い戻る〉。つまり彼らは日常生活の至上の現実へ引き戻されるのであり、この現実と比べると、ほんの数秒前までの演技がいかに生ま生ましいものであったにせよ、舞台で演じられた現実はいまや薄っぺらで束の間のものにすぎないように思えてくるのである。美的経験や宗教的経験はこの種

37

の移行を生み出す力に富んでいるが、それは芸術と宗教は限定された意味の領域の専門的な創造者だからである。

　すべての限定された意味の領域は、日常生活の現実からのまなざしの転換によって特徴づけられる。もちろん日常生活の内部でもまなざしの転換ということが起こらないわけではない。しかし、限定的な意味の領域へのこの移行は、はるかに根底的なものである。根底的な切り替えは意識の緊張のなかで行なわれる。宗教的経験の文脈においては、こうした出来事はいみじくも〈跳躍〉と呼ばれてきている。

　しかしながら、日常生活の現実は、たとえそうした〈跳躍〉があったにせよ、なおかつその至上の地位を保持しつづける、ということを強調しておくことは重要である。このことは、まずなによりもことばが実証してくれている。私が自分の経験を対象化するのに用いることのできる日常の言語は、日常生活にその基礎をもっており、たとえ私が限定的な意味の領域における諸経験を解釈するのにそれを用いることがあったとしても、ことばは常に日常生活の方を志向しつづけている。それゆえ、普通には、私が意味の限定的領域を解釈しようとして日常言語を用い始めるや否や、私はこの意味の領域の現実を〈歪曲〉することになる。つまり、非日常的経験を日常生活の至上の現実のなかへ〈翻訳〉しなおすことになるわけである。このことは夢という現実を考えてみれば容易に理解することができよう。しかしこのことはまた、理論的、美学的ないしは宗教的な意味の世界についての説明を試みている人びとにも、典型的にみられる事柄である。理論物理学者によれば、彼の空間概念はことばでは表現し得ないものだという。それはちょうど芸術家が彼の作品の意味を、そしてまた秘法家が神とのその出会いを、ことばでは言い表わせないのとまったく同様である。しかしながら、これらの人びと――夢を見る人、物理学者、

1章　日常生活の現実

芸術家、秘法家等々——もまた、すべて日常生活の現実のなかで生活しているのである。実際、これらの人びとにとって最も重要な問題の一つは、この日常生活の現実と彼らがあえてとびこんだ現実の飛び地との間の共存関係を解釈することにあるのである。

日常生活の世界は空間と時間の双方によって構成されている。空間的な構造はわれわれの考察にとってはまったく周辺的なものである。これについては次の点、つまり空間的構造もまた、私の操作可能領域が他者のそれと交差し合っているという事実から社会的次元を獲得する、ということを指摘しておくだけで十分である。ここでのわれわれの目的からみてよりいっそう重要なのは、日常生活の時間的構造である。

時間性は意識の本質的な属性をなしている。意識の流れは常に時間的に整序づけられている。この時間性は、それが主観の内部で意識可能であるかぎり、そのさまざまなレヴェルの間に区別を設けることができる。どの個人もすべて時間の内的流れについての意識をもっており、この流れはまた——それとは同一のものではないにしろ——身体の生理学的リズムにその基礎をもっている。こうした主観内での時間性のレヴェルについて詳しい分析を行なうことは、こうしたプロレゴーメナの領域を大きくはみ出すことになるであろう。しかしながら、すでに指摘してきたように、日常生活における間主観性も、やはりまた時間という次元をもっている。日常生活の世界は間主観的に通用するそれ自身の標準時間という次元をもっている。この標準時間は二つの時間の間の、つまり一方における自然の時間的継起に支えられた宇宙的時間と社会的に確立されたその暦、と、他方における先に述べた区別されたものとしての内的時間、という、この二つの間の交差点として理解することができよう。こうした時間性のさまざま

I部　日常生活における知識の基礎

なレヴェルの間には、決して完全な同時性などというものはあり得ない。このことは待機という経験が最も明瞭に示している。私の身体と私が属する社会とは、ともに私と私の内的時間に対し、待機ということをも含む一定の前後関係をもった出来事を課してくる。たとえばスポーツの競技に参加したいと思っても、ひざの打ち傷が直るまでは待たねばならない。あるいはまた競技への参加資格が公けに認められるには、私は一定の書類審査が終わるまで待たねばならない。という時間的構造が極度に複雑なものであることは容易に理解することができよう。日常生活の現前する時間性のさまざまなレヴェルはたえず相互に関係づけられなければならないからである。

日常生活の時間的構造は、私が計算に入れておかねばならない一つの事実性として、つまり私が私自身の計画をそれと同時化すべく努めねばならない一つの事実性として、私にあらわれる。私は日常的な現実のなかで、持続的でかつまとまった限定されたものとして、時間に出会う。この世界におけるすべての私の経験はこの世界の時間によってたえず秩序づけられており、実際、この時間によって包みこまれている。私自身の一生は客観的に存在する事実的な時間の流れのなかにあっては、一つの挿話でしかない。この時間の流れは私が生まれる以前からそこにあったし、私が死んだ後もそこにありつづけるであろう。私がいつか必ず死ななければならないということを知っているということは、この時間を私にとって限りのあるものにする。私の計画を実現するのに私が利用できる時間というのはある一定量に限られており、このことを知っているということが、これらの計画に対する私の態度を左右する。同様にまた私は死ぬことを望んでいない以上、いつかは訪れる死というこの知識は、私の計画のなかに一つの根本的な不安を引き起こす。こうした理由から、私は目的もなくスポーツ競技への参加をくり返しているわけに

40

1章　日常生活の現実

もいかなくなる。私は自分が次第に年老いていくということを知っている。もしかするとこれが私が競技に参加できる最後のチャンスになるかも知れない。何事かを待つという私の態度は、時間の有限性が私の計画と衝突する度合に応じて、不安なものになっていくであろう。

こうした時間の構造は、すでに指摘したように、強制的なものである。私はこの時間の構造によって課された順序というものを、勝手に逆転させるなどということはできない——〈物事は手順にしたがって〉という原則は、日常生活に関する私の知識の基本的要素をなしている。それゆえ、私はある一定の教育課程を修了する前に試験を受けるなどということはできないし、またこの試験に合格する前に専門職に就く、などということもできない。同様にまたこの時間の構造は、日常生活の世界のなかで私がおかれる状況を決定する、歴史性をも提供する。たとえば、私はある一定の日にこの世に生を享け、ある日に学校へ入学し、ある日に職業人として仕事に就く、といった具合である。しかしながら、これらの〈位置づけ〉が決定的に私のおかれる状況を形づくるのである。こうして、たとえば私が父がその財産を失った銀行倒産の大波がおしよせた年に生まれていたり、革命の直前に学校に入学していたり、大戦の勃発直後に仕事に就き始めたりするわけである。日常生活の時間的構造はただ単に個々の日の〈議事日程〉にまえもって与えられた順序を強要するだけではない。それは全体としての私の一生に対しても自らを強要する。この時間的構造が設定した座標の枠内で、私は日々の〈議事日程〉と私の生活歴の全体とを理解するわけである。時計と暦とがまさしく私が〈自分の時間を生きている人間〉であることを保証する。こうした時間的構造の枠内でのみ、日常生活は私にとってその現実性の主調を保持しつづけるのである。

Ⅰ部　日常生活における知識の基礎

して、たとえば私があるなんらかの理由で〈方向づけを失う〉ようなことになった場合（たとえば自動車事故に遭って人事不省に陥ったような場合）、私は日常生活の時間的構造のうちで自己自身を〈再び方向づけ〉ようとする、ほとんど本能的ともいえる衝動を感じるのである。私は自分の時計を眺め、今日が何日であったかを思い起こそうとする。これらの行為によってのみ、私は日常生活の現実のなかへ再び入っていくのである。

2章 日常生活における社会的相互作用

日常生活の現実は他者とともに共有されている。しかしながら、それではこれらの他者自身は日常生活においてどのように経験されているのであろうか。ここでもまたそうした経験のいくつかの様式を区別することができる。

他者の経験のなかでも最も重要な経験は対面的状況のなかで起こり、これは社会的相互作用の原型をなしている。他の一切の他者経験はすべてその派生態である。

対面的状況にあっては、他者はわれわれ双方によって共有されている生ま生ましい現前性のなかで、私にあらわれている。私は同じこの生ま生ましい現前性のなかで、私が他者にあらわれていることを知っている。こうした対面的状況がつづくかぎり、私の〈ここといま〉は彼の〈ここといま〉と相互にたえず滲透し合うことになる。その結果、ここには私の意思表出と彼の意思表出との間に持続的な相互交換がみられるようになる。たとえば私は彼に向かって微笑んでいるのを見る。ところが私が渋い顔をしているので彼は微笑むことを止めてしまう。やがて私がにっこりと微笑むと彼もまたにっこりとする、といった具合である。私が表現するものはすべて彼に向けられているが、逆に彼が表現するものも

43

I部　日常生活における知識の基礎

またすべてが私に向けられており、この表出行為の持続的な相互性はわれわれの双方にとって同時に参加可能なものとなっている。このことは、対面的状況のもとにあっては他者の主観性は最大限の徴候を通じて私に理解しうる、ということを意味している。もちろん私がこれらの徴候の一部を誤解するということがないわけではない。たとえば他者が実際には冷笑しているのに微笑んでいるものと勘ちがいすることもある。しかしながら、社会的結びつきの他のいかなる形態といえども、対面的状況における ほど主観性の徴候を豊富に再生しうるものはない。ここにおいてのみ、他者の主観性は文字通り〈近し い〉ものとなる。他者への結びつきの他のすべての形態は、程度の差こそさまざまであれ、〈疎遠〉なものなのである。

対面的状況にあっては他者は完全に現実的なものとして存在する。この現実は日常生活の全体的な現実の一部をなしており、そうしたものとして、ずっしりとした重みをもつと同時に強制的な力をもっている。もちろん、私が直接出会ったことのない人でも、私にとって現実的な存在になるような人もいる——たとえばその名声によってだとか、その人との文通経験によって、などというふうに。しかしながら、彼は私が面と向かって彼と出会うときにのみ、はじめてことばの十全な意味において、私にとって現実的な存在となる。実際、対面的状況における他者は私にとっては私以上に現実的である、という論も成り立つかも知れないのである。もちろん、私は彼を知りうる以上に〈私自身をよく知っている〉。われわれの間の関係がいかに〈緊密〉なものであろうとも、私の主観性は彼のそれならば不可能であるような仕方で、私には理解できる。また彼が彼の過去についていかに多く語ってくれようと、私が決してそれを十全には再構成し得ないほどの完璧さで、私は自分の過去を記憶のなかで再構成することがで

きる。しかしながら、私が自分自身のことを〈より多く知っている〉といっても、このためには内省行為といったものが必要になる。こうした知識は直接私に与えられているわけではないからだ。ところが、対面的状況にあっては他者はそうしたものとして現に提示されている。それゆえ、〈他者がなんであるか〉は次々に私にとって明らかになっていく。こうした他者への近づきやすさは持続的なものであると同時に、内省以前〈プレリフレクティヴ〉的なものでもある。ところが他方、〈私がなんであるか〉はこうした形で近づきうるものではない。それを理解可能なものにするには、私はいったん立ち止まり、自分の経験の不断の自然性を停止し、私の視点を意識的に自分自身に向けなおす必要がある。しかもそればかりではない。自分自身についてのそうした内省は、普通は他者が私に対して示す態度によって引き起こされるものなのだ。それは、典型的には、他者の態度に対する〈鏡像〉反応なのである。

以上のことから対面的状況における他者との関係は極めて弾力性に富んだものだ、ということができよう。消極的な言い方をすれば、対面的な相互作用の場に硬直したパターンを強要することは比較的困難だ、ということである。どのようなパターンが導入されようと、それらは進行中の極度に多彩で微妙な主観的意味の交換過程によってたえず形を変えられていくであろう。たとえば、私は他者をもともと私に対して非友好的な人間であると見、私が理解したかぎりでの〈非友好的関係〉というパターンの内部で彼に向かってはたらきかけるかも知れない。しかしながら、対面的状況の下においては、他者はこうしたパターンに反するような態度と行為によって私に向かってくるかも知れず、またおそらくは、私がそうしたパターンを役に立たないものとして放棄し、彼を友人とみなさざるを得なくなるほど、友好的にふるまうかも知れないのである。ことばをかえれば、パターンは対面的状況において私に近づきうるのである。

Ⅰ部　日常生活における知識の基礎

るような他者の主観性に関しては、決定的な確証性を維持し得ない、ということだ。これとは逆に、面と向かって他者に出会うことのないかぎり、そうした確証性を無視することははるかに容易である。たとえば交通によって保たれているような比較的〈緊密〉な関係の場合にさえ、私は他者の友誼の証を実際には私に対する彼の主観的態度を表わしたものではないとして、不都合なく無視することができる。しかもそれは、交通の場合には、直接的で、持続的で、かつまた重みをもった現実的な彼の表出行為の現前性を欠く、というただそれだけの理由からである。もちろん、対面的状況においてすら、彼が〈偽善者的〉に彼の意図をおおい隠すことがありうるようにはする。しかしながら、それでもやはり対面的な相互作用の場にあっては、〈緊密性〉のよりうすい社会関係の場におけるよりも、他者の意図を誤解するということもありはする。

他方また、対面的状況にあってすら、私は他者を類型化的な図式を用いて理解する。もっとも、これらの図式は〈より疎遠な〉形の相互作用の場合よりも、他者の干渉を〈受けやすい〉のではあるが。ことばをかえれば、対面的な相互作用の場に硬直したパターンを強要することは比較的困難なのであるが、それでもなお、この相互作用は、もしそれが日常生活のルーティーンの内部で生じるときには、最初からパターン化されている、ということである（日常生活の共通の背景をいっさいもたない完全な他所者同士の間での相互作用の場合については後にとり上げることにして、ここでは触れないでおく）。日常生活の現実には対面的な出会いの場においてそれを用いて他者が理解され、類型化的な図式が含まれている。こうして、たとえば私はある人を〈男〉として、〈ヨーロッパ人〉として、あるいはまた〈買手〉とか〈陽気な型の人間〉として理解する。類型化されたすべてのこうした図式は、関係

46

2章　日常生活における社会的相互作用

がすすむにしたがって、彼との間の私の相互作用のあり方を決定する——たとえば私が自分の作った品物を彼に売りつけようとして、街でその人と会う適当な時間を決めて知らせようとする場合などがそれである。われわれの対面的な相互作用は、こうした類型化図式が彼の側からの干渉によって問題化することのないかぎり、これらの図式によってパターン化されるであろう。こうして、彼は一人の〈男〉であり、〈ヨーロッパ人〉であり、かつまた〈買手〉でありながら、同時にまた自分に正直なモラリストであることを実証することになるかも知れないし、最初は陽気にみえた態度が、実際にはアメリカ人一般に対する、そしてまたとりわけアメリカのセールスマンに対する、軽蔑のあらわれであることがわかるかも知れないのである。もちろん、この時点において、私の類型的図式は修正されねばならないであろうし、午後の計画がこうした修正に応じて改められねばならなくなることはいうまでもない。しかしながら、こうした修正を迫られることのないかぎり、類型化図式は新たな認識が加わるまでは保持されるであろうし、状況における私の行動を決定するであろう。

対面的状況に入り込んでくる類型化図式は、もちろん相互的なものである。他者もまた私をある類型化された方法で——たとえば一人の〈男〉として、あるいはまた〈アメリカ人〉、〈セールスマン〉、〈愛想のよい男〉等々として——理解する。他者の類型化図式は私のそれが彼の干渉に応じて揺れ動くように、私の干渉に応じて揺れ動く。換言すれば、対面的状況にあってはこの二つの類型化図式が不断の〈交渉関係〉に入るわけである。日常生活における典型的な売買過程として——そうした〈交渉〉自体がある典型的な方法で——たとえば買手と売手との間の典型的な交渉過程として——前もって枠組設定されていることが多い。このように、大部分の場合、日常生活における私の他者との出会いは、二重の意味において類型的なものと

47

Ⅰ部　日常生活における知識の基礎

なる——つまり私は他者を一つの類型として理解すると同時に、それ自体が類型的である状況のなかで他者と相互作用し合うのである。

社会的相互作用の類型化図式は、それが対面的状況から遠ざかるにつれて、次第に匿名的なものとなる。もちろん類型化図式というものには、すべて萌芽的な形の匿名性が伴っている。たとえば私が友人のヘンリーをXというカテゴリー（たとえばイギリス人というカテゴリー）に属する一員として類型化するとき、私は事実上、少なくとも彼の行動の一部をこの類型化図式から生ずるものとして解釈している——たとえば食物に関する彼の好みをイギリス人に典型的なものとして解釈したり、彼の起居振舞いやその情緒的反応の一部などをそうしたものとして解釈したりしている——のである。しかしながらこのことは、友人ヘンリーのこれらの特徴や行動は、イギリス人というカテゴリーに属する者であればだれにでもみられるということ、つまり私が友人の生活様式のこうした側面を匿名的な形で理解している、ということを意味している。しかしながら、友人ヘンリーが対面的状況の豊富な表出行為のなかで私にとって接近可能である場合には、彼は匿名的なイギリス人という私の類型化図式をたえずうち壊し、ユニークで、それゆえにまた類型化し得ない個人として——つまり友人ヘンリーとして——あらわれるのであろう。

類型というものの匿名性は対面的な相互作用が過去の出来事であったり（私が大学生であったときに知り合ったイギリス人である友人のヘンリー）、表面的で一時的なものであったり（私が汽車のなかで二言三言ことばを交わすイギリス人）、あるいはまた一度も起こったことのないようなそれであったり（イギリスの私の商売敵）した場合には、明らかにこの種の個性化という作用は受けにくい。

このように、日常生活における他者の経験で重要な側面をなすのは、そうした経験の直接性ないしは

2章　日常生活における社会的相互作用

非直接性である。いついかなる時点においても、私が対面的状況のもとで相互関係にある同僚と、多かれ少なかれ詳しい想い出があるにすぎないか、あるいはただ噂によって聞き知っているにすぎない、単なる同時代人としての他者との間に区別を設けることは可能である。対面的状況にあっては私は同僚についての直接的な確証、たとえば彼の行為や彼の性格などに関する確証をもっている。ところが同時代人——彼らについては私は多かれ少なかれ信頼できる知識はもっている——の場合には、こうはいかない。さらにまた対面的状況にあっては、私は相手のことを考慮しないわけにはいかないのに対し、単なる同時代人に対しては思いをめぐらす、という程度ですませることもできる——しかもそれが義務づけられているというわけでもない。匿名性は私が前者との関係から後者との関係へとすすむにつれて強まっていく。というのも、対面的状況において私がそれを通じて仲間を理解する類型化図式の匿名性は、具体的な人間をあらわす生き生きとした徴候の豊かさによってたえず〈補充され〉ていくからである。もちろんこれで話がすべて尽きるというわけではない。単なる同時代人との私の経験にも、はっきりとしたいくつかの相違がある。たとえば同時代人のなかには私がこれまで再三再四対面的状況のもとで出会ってきており、またこれからも規則的に顔を合わせたいと思っている人がいる（たとえば友人のヘンリーなど）。またなかには（街ですれちがったブロンドの女性のように）過去の出会いによって私が具体的な人間として記憶してはいるものの、その出会いは一瞬のものにすぎず、それが再現されることはまずあり得ないような人もいる。さらにまた、具体的な人間として知ってはいるものの、多かれ少なかれ匿名化された相互に交差し合う類型化図式によってしか理解しえないような人もいる（たとえばイギリスの商売敵とかイギリスの女王など）。後者のなかでもまた、対面的状況のもとで出会うことがありう

I部　日常生活における知識の基礎

相手（イギリスの商売敵）と、潜在的には出会い得ても、それがまず実現しそうにない相手（イギリスの女王）とを区別することができよう。

しかしながら、日常生活における他者の経験を特徴づけている匿名性の度合は、他の要因によっても規定されている。私は街角の新聞売子を自分の妻でも眺めるように、毎日のように眺めている。しかしながら、私にとっては彼はさほど重要な人物ではなく、私は彼とは親密な関係を結んではいない。彼は私にとっては比較的匿名的な人物にとどまっていることがある。興味の度合と親密性の度合が重なり合って、経験の匿名性を強めたり弱めたりすることもある。あるいはまたそれらがそれぞれ独立して匿名性の度合に作用することもあるであろう。私はテニス・クラブの多くのメンバーとはかなり親密な関係を結びながら、自分の上司とはごく形式的な関係しか結ばないでいることもできる。しかしながら、テニス・クラブの仲間は決して完全には匿名的な人びとではないにもかかわらず、〈コートのなかでの人びとの群〉のなかに入ることもあるし、逆にまた上司がユニークな個人としてあらわれることもある。そして、最終的には、匿名性は個性化されることが意図されることのないようなある種の類型化の場合に、完全に近いものになるであろう。たとえば〈ロンドンのタイムズ紙の典型的な読者〉といったような場合。最後に、類型化——それゆえにまたその匿名性——の及ぶ〈範囲〉は、〈イギリスの世論〉などという言い方をすることによって、さらに一層拡大することもできる。

以上みてきたように、日常生活の社会的現実はさまざまな類型化図式の連続線上において理解されており、これらの図式は対面的状況の〈ここといま〉から遠ざかるにつれて、次第に匿名的なものになっていく。こうした連続線上の一方の極には、対面的状況において私が頻繁に、そしてまた親密に関係し

2章　日常生活における社会的相互作用

合う他者——いわば私の〈内輪のサークル〉——が存在する。そして他方の極には、その性格そのものからして対面的な相互作用の場では決して得られない、高度に匿名的な抽象物が存在する。社会構造とはこうしたさまざまな類型化図式と、そうした図式によってつくり出された反復的な相互作用のパターンの総体に他ならない。そうしたものとして、社会構造は日常生活の現実の本質的要素をなしているのである。

ところで、ここでは詳しい内容に立ち入ることはできないが、さらにもう一つ重要な問題を指摘しておかねばならない。それは、他者との間の私の関係は、親しい仲間や同時代人だけに限られはしない、ということだ。私は同時にまた私の先行者や後続者たち、つまり私が属する社会の包括的な歴史のなかで私に先立って存在したか、あるいはまた私の後につづくであろう人びととも関係をもっている。過去の仲間（たとえば亡くなった友人のヘンリー）との関係を除けば、私は先行者とは高度に匿名的な類型化を通じて関係を結んでいる——たとえば〈移住してきた私の曾祖父母〉とか、あるいはさらにいっそう匿名的ですらある〈独立戦争時の〉〈憲法起草委員〉など。また私の後続者たちは——しごく当然の理由から——これよりさらに匿名的な仕方で類型化されている——たとえば〈私の子どもの子ども〉とか〈未来の世代〉とかいうふうに。後続者についてのこれらの類型化はほぼ完全に個性化された内容を欠いた、実質的には空虚な投影にすぎないのに対し、先行者の類型化の場合には、高度に神話的なものを除けば、少なくともそうした内容の一部はもっている。しかしながら、これら二つの類型化の枠組がもつ匿名性も、それらが日常生活の現実のなかにその構成要素として入り込むことを、しかもときによっては極めて決定的な形で入り込むことを、妨げるものではない。要するに、私は憲法起草委員に対する

51

Ⅰ部　日常生活における知識の基礎

忠誠のために——あるいはまた、この点に関しては、後続世代のために——自らの生命を投げ出すということもありうるのである。

3章　日常生活におけることばと知識

人間の表現行為は客観化が可能である。つまりそれは、その表現を生み出した人と他者の双方にとって、共通の世界における要素として近づきうる人間的行為の産物のなかに、みずからを顕現することができる。こうして客観化されたものは、その創造者の主観的過程を示す多かれ少なかれ持続的な標識として役立ち、その過程の理解可能性が直接的に理解しうる対面的状況の範囲を越えて拡大していくことを可能にする。たとえば怒りという主観的態度は、対面的状況のもとにあっては、さまざまな身体的標識——顔つき、身体全体の構え、手や足の特殊な動き、など——によって、直接表現される。これらの標識は対面的状況にあってはたえず自分の目で確かめることができるのであるが、それというのも、まさしく対面的状況は、私に他者の主観性へ近づくための最も望ましい状況を提供してくれるからである。しかしなこうした標識は対面的状況の生々しい現前を越えたところでは存続することはできない。たとえば、私があるとき誰かと口論しながら、怒りは武器を用いることによって客観化することができる。たとえば、私があるとき誰かと口論しながら、怒りは武器を用いることによって客観化することができる。たとえば、私があるとき誰かと口論し、そのとき相手が私に対してはっきりそれとわかる怒りの表情を示してみせたとしてみよう。その夜、ふと目が醒めた私は、ベッドの上の壁に一本のナイフが突きささっているのを発見する。物体としての、

I部　日常生活における知識の基礎

ナイフは私の喧嘩相手の怒りを表わしている。たとえ彼がそれを投げつけたとき私が眠っていて、命中し損ねて逃げ去ったため、私は彼の姿をまったくみることができなかったにせよ、そのナイフは私に彼の主観性へ近づく道を与えてくれている。しかも、私がナイフをそのままにしておくならば、私は翌朝再びそれを目にすることができるし、またそれは再びそれを投げつけた人間の怒りを私に示すことにもなる。しかもそれだけではない。換言すれば、他の人びともまた私の家にやってきてそれを眺め、同じ結論に達することもできるのである。換言すれば、私の壁に突きささっているこのナイフは、いまや私が私の喧嘩相手とそれ以外の人びととと共有している現実の、客観的に有効な構成要素になったのである。このナイフは、おそらく私に向かって投げつけられるということをもっぱらの目標として作り出されたものではないであろう。しかしながら、それは、怒りに駆られてであるにせよ、あるいはまた食物を得るための殺害という実利的な動機によるにせよ、いずれにしても暴力という主観的意図をあらわしている。現実の世界における物体としての武器は、武器とは何であるかを知っている人であればだれにでも見当がつく、暴力に訴えるという主観的意図をあらわしつづけている。したがって、武器とは人間の産物であると同時に、人間の主観性が客観化されたものでもあるわけである。

日常生活の現実はそうした事物によって充たされているだけではない。それどころか、この現実はそうした事物によってのみ可能なのである。私は常に私の同僚の主観的意図を〈宣言している〉している諸々の対象によってとり囲まれている。もっとも、ときによっては特定の対象が〈宣言している〉ものが何であるかを確実に知ることが困難である場合もあり、とくにそれは面と向かって会っても私がよく知らない人やまるで知らない人びとによってつくり出されたものの場合には著しい。人類学者や考

54

3章　日常生活におけることばと知識

古学者であれば、だれでもさっそくそうした困難が何であるかを証明しようとするであろう。しかしながら、彼がこうした困難を解決することができ、古い陶器の破片から数千年も前に滅び去ったかも知れない社会に住んだ人間の主観的意図を再構成することができるという、他ならぬこの事実こそが、人間によって客観化されたものがもつ持続的な力を雄弁に物語っている。

客観化という行為の特殊な、しかし決定的に重要な一つのあらわれは、意味づけるという行為、つまり人間による記号の創造という行為である。記号は主観的意味の標識として役立とうとするその明白な意図によって、客観化された他の事物から区別することができる。もちろん、客観化されたものは、すべて、たとえそれらが本来そうした意図をもってつくり出されたものではない場合でも、記号として利用できることはいうまでもない。たとえば、武器はもともとは狩猟を目的としてつくり出されたものであったかも知れないが、やがては（たとえば儀式での使用にみられるように）一般に攻撃的意図や暴力を示す象徴になることもありうるであろう。しかしながら、一方ではまた、最初から、そしてまた明白に、記号として用いることを意図して客観化されたある種の事物というものが存在する。たとえば私と喧嘩をした相手は、私に向かってナイフを投げつける代わりに（この行為はおそらくは私を殺害しようとするものであったろうが、しかしまた単に、その可能性を象徴することだけを意図していたことを考えることもできる）、私の家の扉に──もしそれがわれわれがいまなお正式には敵対的状況にあることを示す記号であるとすれば──黒字のXマークを書きつけることもできたであろう。こうした記号はそれを書き記した人間の主観的意味を示唆するということ以外には何の目的ももたないのであるが、同時にまたそれは、彼と私が他の人びとと共有している共通の現実において、客観的に理解可能なも

55

Ⅰ部　日常生活における知識の基礎

のでもある。というのも、他の人びとがその意味を理解するように、私もその意味を理解するし、実際またそうした記号は、その作成者にとっては、それを作成したときの彼の最初の意図を客観的に〈想起させるもの〉としてそこにあるからである。以上のことから、客観化されたある種の事物については、その道具的な使用と意味づけ的な使用との間にかなりの流動性がある、ということが明らかになるであろう。魔術というのはこれら二つの使用法の非常に興味ある融合がみられる特殊な例なのであるが、これについてはここではとり上げる必要はない。

記号は多くの体系のなかに束ねられている。こうして、たとえば身ぶりで示す記号体系があるかと思えば定型化された身体の動きがあり、また物質的な造形物のさまざまな装置があったりするのである。主観性の直接的表現からのこの〈分離可能性〉は、身体という媒介項の存在を必要とする記号についてもあてはまる。たとえば、攻撃的意図を表わす踊りを舞うことは、怒りが爆発したときに怒鳴ったりこぶしを握りしめたりすることとはまったく異なった行為となる。後者の場合は〈ここといま〉における私の主観性を表わしているのに対し、前者の場合にはこの主観性から完全に分離することができるのである――たとえば今この時点において、私は全然怒ったり攻撃的であったりしているのではなく、踊れば報酬がもらえるという理由から、実際に怒っている他のだれかになり代わって踊りに参加しているにすぎない、ということもありうるのである。いいかえれば、踊りは、怒号を発するという行為がその行為者からは切り離し得ないのと同様に、その表現者というものを必要とするが、しかし踊り手の主観性からは切り離すことができる、ということである。踊りも怒号を発するとい

3章　日常生活におけることばと知識

う行為も、ともに身体による意思表出のあらわれでありながら、前者のみが客観的に通用する記号の性格をもちうるのである。記号と記号体系はすべて〈分離可能性〉という特徴をもっているが、それらがどの程度対面的状況から分離しうるかによって、そのなかに区別を設けることができる。このように、踊りは同一の主観的意味をあらわす物質的造形物よりも、明らかに分離可能性が低いのである。

ことば——これは、ここでは音声記号の体系として定義することができる——は、人間社会のなかで最も重要な記号体系となっている。ことばの基礎が音声による意思表出を可能にする人間身体に固有の能力にあることはいうまでもない。しかしながら、われわれは音声による意思表出が主体がおかれている状況の直接的な〈ここといま〉から分離しうるようになった場合にのみ、はじめてことばというものについて語り始めることができる。たとえば私が怒鳴ったり、ぶつぶつ言ったり、唸ったり、あるいはまたシッという声を出したとしても、なるほどこれらの音声的表現はそれらが客観的に通用する記号体系に統合しうる、という点では言語的なものになりうるとしても、まだことばというには不十分である。

日常生活においてことばとはなによりもまず私が他の仲間たちと共有していることばを伴った、そしてまたことばという手段を通じての、生活である。それゆえ、ことばを理解することは日常生活の現実を理解するうえで必要不可欠な条件となっている。

ことばは対面的状況のなかにその起源をもってはいるが、容易にこの場から分離することができる。これはただ単に私が暗闇のなかや遠くから大声をあげることができるから、とか、電話やラジオを通じて話すことができるから、あるいはまたものを書くことによって言語的意味づけを伝えることができる

Ⅰ部　日常生活における知識の基礎

から（この場合にはいわば第二段階の記号体系をなしている）、という理由によるものではない。ことばの分離可能性はもっと基本的に、〈ここといま〉の主観性の直接的表現以外の意味を伝達することができるという、その能力にある。ことばは他の諸々の記号体系とともにこの能力を分かちもっている。しかし、ことばはその無限の多様性と複雑性によって、他のどんな記号体系（たとえば身ぶりの体系のようなもの）よりも、はるかに容易に対面的状況から分離することができる。たとえば私は一度も直接的に経験したことがないような、そしてまた直接経験することは決してないと思われる事柄をも含めて、対面的状況にはまったく存在しないような無数の事柄について語ることができる。このように、ことばは意味と経験の厖大な蓄積の客観的な貯蔵庫となることができるのであり、次いでこうした意味や経験を長期にわたって保存し、それらを後続世代に伝えることができるのである。

対面的状況においては、ことばはそれを他のいっさいの記号体系から区別する、相互性という固有の性格をもっている。会話における音声記号の不断の創出は、話し相手の不断の主観的意図と感覚的に同時化されうる。私は自分が思いついたことをしゃべるのであるが、会話の相手もまたそうするのである。われわれ二人はそれぞれがしゃべることばを実際上は同時に聞くのであり、これがわれわれ二人の主観性への不断の、同時化された、そしてまた相互的な、接近——他のいかなる記号体系といえども真似ることのできない対面的状況における間主観的な緊密性——を可能にする。しかもそればかりではない。私は話しながら自分自身を聞くのであり、そうすることによって、私自身の主観的意味は私にとって客観的かつまた持続的に接近可能なものとなり、事実上、私にとって〈より現実的〉なものになるのである。換言すれば、このことを理解するには、先に行なった指摘、つまり対面的状況においては自分

58

3章　日常生活におけることばと知識

自身のことよりも他者のことの方が〈よくわかる〉という事実を想い起こしてもらえばよい、ということだ。この一見逆説的な事実は、先には次のように説明されていた。それは、対面的状況のもとでは私自身の存在が近づきやすいものになるには内省を必要とするのに対し、他者の存在については、圧倒的で、持続的で、かつまた内省以前的な近づきやすさが存在する、ということである。しかしながら、いまや私が私自身の存在をことばという手段を用いて客観化するとき、私自身の存在は、それが他者にとって近づきやすいものになるのと同時に、私自身にとっても圧倒的かつまた持続的に近づきやすいものになり、私は意識的な内省作業によって妨害されることなく、自然に私自身に対応することができるようになる。それゆえ、このことは次のようにも言いかえることができる。つまり、ことばは私の主観性を私の話し相手に対してだけではなく、私自身に対しても結晶化させ、安定化させるという、ことばがもつこの能力は、（若干の修正は伴うが）ことばが対面的状況から分離された場合でも保持される。ことばがもつこの極めて重要な特性は、人は自分自身のことがわかるようになるまで自分のことを語らねばならない、という諺のなかによくあらわれている。

ことばは日常生活のなかにその源をもっており、なによりもまず日常生活とかかわりをもっている。ことばはまず第一に私が醒めた意識のなかで経験する現実、すなわちプラグマティックな動機（つまり、現在ないしは将来の行動に直接関連する意味の一群）に支配されており、私が他者と自明のものとして共有している現実と関係をもっている。すぐあとで詳しく述べるように、たしかにことばは他の諸々の現実を指示するためにも用いられはするが、この場合にでも、ことばは日常生活の常識的な現実のなか

にその始まりをもっている。ことばは記号体系として客観性という性格を備えている。私は私の外部に存在する一つの事実性としてことばと出会い、ことばはその効力において私を強制する。ことばはそのパターンのなかへ私を強引に引き入れる。英語を話すとき、私はドイツ語の構文法を用いることはできない。家族以外の人に何かを伝えようとする場合、私は三歳になる息子がつくり出したことばを用いることはできない。また、たとえ私が自分でつくり出した〈正規外〉のことばをより好んだとしても、私はさまざまな場合にそれぞれふさわしいことばの使い方についての通念的な基準というものを考慮に入れないわけにはいかない。ことばは展開されつつある私の経験を不断に対象化するに際し、出来合いの可能性といったものを与えてくれる。換言すれば、ことばは柔軟性に富んでいて、私の生活過程のなかで生起する極めてさまざまな経験を対象化することを可能にしてくれるのである。さらにまた、ことばはこれらの経験を類型化する。こうして、私はこれらの経験を私にとってだけでなく、私の周りの人びとにとっても意味をもつ、広範なカテゴリーのなかに含ませることができるようになる。ことばが経験を類型化するとき、それは同時にまた経験を匿名化する。というのも、類型化された経験は、原理的には、当のカテゴリーに該当する人であれば、だれによっても反復されうるからである。たとえば私が義母と仲違いになったとしてみよう。この具体的で、主観的に特異な経験は、ことばのうえでは〈義母との不和〉というカテゴリーに類型化される。この類型化は匿名性を伴う。おそらくは私の義母にとっても、意味をなす。しかしながら、この類型化は私自身、他者、そしてだけでなく、(もっと正確にいえば、)義理の息子というカテゴリーに該当する人であれば、だれでも)が〈義母との不和〉を経験しうるのである。このように、私の生活史上の経験は、客観的にも

3章　日常生活におけることばと知識

主観的にも現実的である、一般的な意味の秩序のなかへたえず包みこまれていくのである。

ことばには〈ここといま〉を超越する力があるということから、それは日常生活の現実のなかにあるさまざまに異なった領域を架橋し、それを一つの意味ある全体へ統合する。こうした超越性は空間的、時間的、かつまた社会的な次元をもっている。ことばを用いることによって、私は私の生活歴の時間的機序を超越し他者のそれと同時化することができる。さらにまた、私はわれわれが対面的状況において直接出会っているのではない個人や集団について、他者と話し合うこともできる。こうした超越性の結果として、ことばは空間的、時間的、そしてまた社会的に〈ここ、そしていま〉存在しないさまざまな対象を〈現前化〉することができる。こうして、経験と意味の厖大な蓄積は、事実上、〈ここといま〉のなかに対象化することができるようになる。簡単にいえば、全世界はことばを用いることによっていついかなる時点においても実現され得る、ということだ。ことばがもつ超越性と統合力という力は、私が実際に他の人びとと話し合っていない場合でも、保存されている。ひとりもの想いにふけって〈自分自身に語りかけている〉ような場合ですら、ことばを通じての対象化によって、世界の全体はいついかなる瞬間においても私の目の前にあらわれうるのである。社会関係についていえば、ことばは物理的にいまここにいない仲間を私に〈現前化〉させてくれるだけでなく、記憶とか再構成された過去のなかでの友人や、想像上の人物として未来に投射された友人をも、〈現前化〉させてくれる。こうしたすべての〈現前性〉が日々進行していく日常生活の現実のなかで極めて大きな意味をもちうることはいうまでもない。ことばは日常生活の現実全体を超越する力をもっている。ことばは限定しかもそればかりではない。

Ⅰ部　日常生活における知識の基礎

された意味の領域に属する経験を指し示すことができるのであるが、それと同時に、それは現実から分離した領域を架橋する力をももっている。たとえば私は夢の〈意味〉を、それを日常生活の秩序のなかに言語的に統合することによって、解釈することができる。そうした統合作用は夢のなかの切り離された現実を日常生活のなかの飛び地につくり変えることによって、後者のなかに置き換える。夢はいまやそれ自身の別個の現実性によって意味をもつのではなく、むしろ日常生活における現実として意味をもつことになる。こうした置き換えによって生み出される飛び地は、ある意味では現実の二つの領域に属するものとなる。これらの飛び地は一つの現実のなかに〈位置づけられ〉てはいるものの、もう一つの現実と〈かかわりをもっている〉のである。

ところで、このように現実のさまざまな領域の橋渡しをしている意味表示的な主題は、すべて象徴（シンボル）として定義づけてもよいであろうし、こうした超越が行なわれる言語的な様式を象徴的言語と名づけてもよいであろう。それゆえ、象徴の使用というレヴェルでみれば、言語による意味づけは日常生活の〈ここといま〉から最大限の分離可能性を獲得することになり、ことばは日常生活の経験にとって実際上のみならず、ア・プリオリにも近づき得ない諸領域にまで、その勢力圏を広げてゆくことになる。ことばはいまや別世界からやってきた巨人のように、日常生活の現実の上に聳立するかにみえる象徴的表象の巨大な建物を構成する。宗教、哲学、芸術、それに科学などは、歴史的にみて最も重要なこの種の象徴体系である。これらの体系は、その構造の要請するところにしたがって、日常生活の経験から最も遠く隔たったところにあるにもかかわらず、それらを枚挙するということ自体が、すでにそれらが日常生活の現実にとって実際に重要極まりないものであるということを示している。ことばは日常経験から高度

62

3章　日常生活におけることばと知識

に抽象化されたさまざまな象徴を構成する能力があるばかりでなく、これらの象徴を日常生活のなかに〈還元〉し、日常生活における客観的に現実的な要素としてそれらを提示する力をももっている。こうして、象徴の使用と象徴的言語とは、日常生活の現実とこの現実の常識的理解の基本的な構成要素となる。

私は記号と象徴の世界のなかで毎日を生きているのである。

ことばは言語的に境界づけられた意味論の領域、ないしは意味の地帯、を形づくっている。語彙、文法、それに構文などがこれら意味論の領域の構成に統合されている。こうして、ことばは〈性〉（もちろんこれはセックスとはまったく別のものである）とか数によって対象を区別するための形式、それに社会的親密性の度合存在するものを叙述するためのそれではなく、行動を叙述するための類型化の枠組を示すための様式等々をつくり上げている。たとえば代名詞の用い方によって親密な会話と公式的な会話とを区別する言語（フランス語における tu と vous、あるいはドイツ語における du と Sie など）にあっては、この区別は親密性の地帯と名づけうる意味論の領域の座標をあらわしている。ここには tutoiement ないしは Bruderschaft、つまり君僕の間柄、という世界がひろがっている。しかもそれには私が自分の社会的経験を整理するのにたえず利用しうる豊かな意味の集まりが伴っている。もちろんこうした意味の領域は、言語学的にはより限定されたものではあるが、英語を話す人の場合にも存在する。ある いはまたもう一つ例を挙げるならば、私の職業に関して言語的に客観化されたものの総体はもう一別の意味論的領域を形づくっており、この領域は私が私の日常生活で直面するいっさいの日常的出来事を有意味的に秩序づけている。こうしてつくり上げられた意味論的領域のなかにおいては、個人の人生遍歴における経験と歴史的経験との双方を対象化し、保持し、蓄積することが可能になる。もちろんこの

63

Ⅰ部　日常生活における知識の基礎

蓄積というのは選択的なものであり、個人および社会の双方におけるすべての経験のなかで、何が保持され、何が〈忘れ去られる〉べきであるか、については、意味論的な領域がこれを決定する。こうした蓄積によって知識の社会的在庫が形成されてゆくのであり、それが世代から世代へと受け継がれていって、日常生活における個人にとって利用可能なものになるのである。私は特定の知識体系をそなえた日常生活の常識的世界のもとで暮らしている。さらにまた、私は他者がこの知識の少なくとも一部は共有していることを知っており、他者もまた私がそのことを知っているということを知っている。それゆえ、日常生活における私の他者との相互作用は、利用可能な知識の社会的在庫へのわれわれの共同参加の仕方によって常に左右されるわけである。

知識の社会的在庫のなかには、私がおかれている状況とその限界についての知識も含まれている。たとえば私は自分が貧乏人であり、したがって上流社会の人びとが多い郊外に住むなどということは期待できない、ということを知っている。いうまでもなく、この知識は自分自身が貧しい人びとと、もっと恵まれた地位にある人びととの、双方によって共有されている。こうして、知識の社会的在庫への参加は、社会への諸個人の〈位置づけ〉と、適当な方法を用いてのその〈とり扱い〉とを可能にする。このことは、たとえば外国人のように、この知識に参加していない人びとの場合には不可能である。というのも、おそらくは貧困というものについての基準が彼の社会ではまったく異なるであろうから、その外国人は私を全然貧乏人だとは認めないかも知れないからである――ちゃんとした靴をはき、飢えているようにもみえない私が、どうして貧乏人などであり得ようか。

日常生活がプラグマティックな動機によって支配されているという理由から、知識の社会的在庫のな

64

3章　日常生活におけることばと知識

かでは処方的な知識、つまりルーティーンの遂行における実用的な能力に限定された知識、が突出した地位を占めている。たとえば、私は私自身の特殊で実用的な目的のために毎日電話を使用する。私はどうすれば電話をかけられるかを知っている。同様にまた、私はもし電話が故障すればどうすればよいかを知っている——しかしこれは、その修理の仕方を私が知っているということではなく、だれに助けを求めればよいかを知っている、という意味においてである。また電話に関する私の知識のなかには、電話による意思伝達の体系に関するより広い知識も含まれている——たとえば電話加入者のなかには電話帳に記載されていない番号をもっている人びとがいるということ、特殊な状況のもとでは私は同時に遠距離にある二人の相手と通話することができるということ、あるいはまた、もし香港にいるだれかを呼び出したいと思うときには時間差というものを考えに入れなければならないということ、など。電話に関するこうした知識はすべて処理に関する知識である。というのも、そうした知識は私の現在および可能な将来の実用的な目的のために私が知っておかねばならない事柄以外のものには、なんら関心をもってはいないからである。私は電話がなぜこのように作動するのかというその原理、つまり電話器の構成を可能にしている厖大な科学的・技術的知識の体系には、なんら関心をもってはいない。また私は自分の目的以外の電話の利用法、たとえば航海通信のための短波ラジオとの結びつき、などについても関心をもってはいない。電話に関する知識と同様に、私は人間関係のはたらきに関する処方的知識をももっている。たとえば私はパスポートの交付を申請するには何をなさねばならないか、を知っている。私のすべての関心は一定の待機期間の後にパスポートを手に入れることにある。たとえばパスポートはだれの手によって、そしてどのような手続きを経て下さ機関でどのように審査されるのか、渡航許可はだれの手によって、そしてどのような手続きを経て下さ

65

Ⅰ部　日常生活における知識の基礎

れるのか、文書にはだれがどのような承諾印を押すのか等々といった事柄については何も考えないし、また何も知らない。私は政府の官僚機構について勉強しているのではない——私はただ休暇で外国へ行くことを望んでいるにすぎないのだ。パスポート入手の手続きに関する内部の機構についての私の関心は、私が最後に自分のパスポートを手に入れることに失敗したときにのみ、はじめてもちあがるであろう。このとき、ちょうど電話が故障したときに電話修理の専門家とまったく同様に、私はパスポートを入手するための専門家——たとえば弁護士、私が後援する国会議員、あるいはまたアメリカ市民自由連合等々——に依頼する。ほぼこれと同様に、知識の社会的在庫の大部分は日常的な問題に精通するための処方から成り立っている。普通には、さまざまな問題がそうした知識によって処理しうるかぎり、私は実用的な目的に必要な知識以上にそれを深追いすることにはほとんど関心をもってはいないということだ。

知識の社会的在庫は現実をその親密性の度合によって区別する。それは私がしばしば対処しなければならない日常生活のさまざまな部門に関して、複雑でしかも詳しい情報を提供する。それは日常生活により縁のうすい部門に関しては、これよりもっと一般的でしかも不正確な情報を提供する。このように、私自身の職業やその世界に関する私の知識は豊富で、しかも特定化されているが、これに対し、他者の職業の世界に関しては、私はごく概略的な知識しかもちあわせてはいない。さらにまた、知識の社会的在庫は私に日常生活の重要なルーティーンの遂行にとって必要な、類型化の枠組を提供する。つまり、それはすでに論じた他者についての類型化図式だけでなく、社会的なものと自然的なものとの双方の分野における、あらゆる種類の出来事や経験についての類型化の図式を提供してくれる。こうして、私は

3章　日常生活におけることばと知識

親類縁者、仕事仲間、それに見覚えのある公務員などから成る世界のなかに住むことになる。それゆえ、この世界にあっては、私は家族の団欒、仕事仲間との会合、それに交通巡査との出会い、などを経験する。こうした出来事の自然的な〈背景〉もまた、知識在庫の内部において類型化されている。私の世界は天気の良いときや悪いとき、枯れ草熱の出る季節、あるいはまた小さなほこりが目に入ったとき、などに用いられるさまざまなルーティーンによって構成されている。私は日常生活で出会うこうしたすべての他者やすべての出来事に関して、〈何をなすべきかを知っている〉。さらにまた、知識の社会的在庫は、自らを統合された全体として提示することにより、私自身の知識のなかのバラバラな要素を統合するための手段を提供してくれる。換言すれば、〈だれもが知っている事柄〉はそれ自身の論理をもっており、この論理は私が知っているさまざまな事柄を整理する場合にも適用しうる、ということである。たとえば私は友人のヘンリーがイギリス人であることを知っており、彼がいつも約束の時間を正確に守るということを知っている。時間を守るということがイギリス人の特徴であることは、〈だれもが知っている〉ということから、私はいまやヘンリーに関して私がもっている知識のこうした二つの要素を、知識の社会的在庫において意味をもちうるような一つの類型化へと統合することができるようになるのである。

日常生活に関する私の知識の妥当性は、さらにそれ以上の問題に気づくまでは、つまり、この知識によっては解決し得ない問題がもちあがるまでは、私自身によっても他者によっても自明のものとみなされている。手持ちの知識によって十分に物事が処理しきれる間は、私は一般にこの知識に対する疑いを停止する傾向がある。しかしながら、日常生活の現実から切り離されたある種の態度をとるような場合

67

I部　日常生活における知識の基礎

——たとえば劇場とか教会とかで冗談を言ったり、哲学的な問題を考えたりするような場合——には、私はおそらくそうした知識の諸要素に対して疑いを抱くであろう。しかし、これらの疑いは〈深刻に考えるほど〉のものではない〉。たとえば、もし私が商売人であったとすれば、他人のことなど気にかけないでいることが自分の利益に適うことを知っている。ところが、私はそうした処世訓が失敗に導くような冗談を聞いて笑うこともあれば、他人への思いやりという美徳を賞賛する俳優や僧侶に心を動かされるということもあり、またすべての社会関係は黄金律によって支配されるべきだ、とする哲学的な考え方を承認することもある。しかし、笑ったり、感銘したり、むずかしいことを考えたりしたあとで、私は再び商売上の〈真面目な〉世界へと舞い戻り、その処世訓の論理をもう一度確認しなおし、それにしたがって行動する。それらを適用するつもりでいた世界のなかで私の処世訓が〈富を引き出す〉ことに失敗した場合にのみ、それらは私にとって〈本当の意味で〉問題化しうるのである。

ところで、知識の社会的在庫は日常的世界を統合された形で、つまり親しまれた領域と疎遠な領域にしたがって区別された形で、提示はするものの、この世界の全体は不透明なままに残しておくものである。換言すれば、日常生活の現実は、常にその背後に暗闇をもった透明な領野としてあらわれる、ということだ。現実の一部の領域が照らし出されれば残りの部分は影になる、というわけである。私はこの現実について知りうるものはすべて知り尽くす、というわけにはいかない。たとえば、もし仮に私が自分の家庭において一見、全能の専制君主であり、亭主関白ぶりがひきつづき維持されてゆくこの過程のなかに侵入してくる要素をすべて知り尽くす、などということはとうていできない。私は自分が下した命令が常に守られていることを知ってはいるもの

68

3章 日常生活におけることばと知識

の、私が命令を下すこととそれが実行に移されることとの間にあるすべての段階や動機までも知り尽くす、というわけにはいかない。ここには常に〈私の背後で〉進行している出来事があるからである。このことは、家庭内での諸関係よりもっと複雑な社会関係が問題になる場合には、なおいっそうよくあてはまる——ちなみに、専制君主に特有の神経質的な性格は、こうした理由によるものである。日常生活についての私の知識は、森に道を切り拓き、そうすることによって、足もとやごく身近にある対象に一筋のか細い光を投げかけるための道具としての性格をもっている。しかもこの道の周りには、四方八方に暗闇が相変らず拡がっているのである。こうしたイメージが、日常生活がたえずのり越えられてゆく複合的な現実にとりわけよくあてはまることはいうまでもない。このことをもう一度、完璧とまではいかないまでも、詩的な表現で言い表わすとすれば、次のようになるだろう。つまり、日常生活の現実はわれわれが見る夢の半影によって被われている、と。

日常生活に関する私の知識は有意性(レリヴァンス)によって構成されている。こうした有意性のなかには直接的で実用的な私自身の利害関心によって規定されているものもあれば、社会における私の一般的な立場によって規定されているものもある。たとえば、もし妻が私の好物のシチュー料理を作ってくれたとしても、それが私の好みに合わない味加減であることが判れば、その料理は私にとっては無意味なものとなる。また私がその会社の株主でなかったならば、ある会社の株価が下がったとしても、それは私にとってはは有意性をもたない。あるいはまた、もし私が無神論者であったとすれば、カトリック教会がその教義を近代化したとしても、そのことは私にとっては意味をもたず、私にアフリカへ行きたいという気持がなければ、アフリカへノンストップで飛んでゆくことがいまや可能になったとしても、それは私にとって

Ⅰ部　日常生活における知識の基礎

は意味はない。しかしながら、私の有意性（レリヴァンス・ストラクチュア）構造は他者の有意性構造と多くの点で交差し合っており、このことの結果として、われわれはお互いに相手に話すべき〈興味ある〉話題をもっている。日常生活に関する私の知識のなかで重要な要素を占めているのは、他者の有意性構造である。こうして、私は主治医にまた自分の投資問題について話をもちかけたり、自分の弁護士に腫物の痛みについて話したり、あるいはまた自分の会計士に宗教的真理への希求を話してみても仕方がない、ということを〈よく知っている〉。日常生活と関係の深い有意性構造は、知識の社会的在庫そのものによって、出来合いのものとして私に与えられている。私は〈女同士の会話〉が男としての私にとっては意味をもたないこと、そしてまた〈実生活とは無縁の事柄をあれこれと考えること〉が行動人としての私にとっては意味がないこと等々を知っている。最後に、全体としての知識の社会的在庫もそれ自身の有意性の構造をもっている。それゆえ、アメリカ社会のなかに客観化された知識在庫からすれば、株式市況を占うために星の動きを観察することは有意性をもたないが、ある人の性生活を探り出すためにその人の失言を観察することは有意性をもっている。反対に、アメリカ以外の社会においては、占星術はその社会の経済状態を知るうえで高度の有意性をもっているかも知れず、ことばの分析などは好色心を満たすにはまったく無意味であるかも知れないのである。

最後にここで指摘しておかねばならないのは、知識の社会的配分という問題である。私は日々の生活において知識に出くわすが、それらは社会的に配分されたものとしてあらわれる。つまり、それらはさまざまに異なった諸個人や諸個人のタイプによって、それぞれに異なった形で所有されているのではなく、そこには私が他らわれる。私は自分の知識を私の同僚のすべてと同等に分かちもっている

70

3章　日常生活におけることばと知識

のだれとも共有していないなんらかの知識というものがある場合がある。私は職業上の専門知識を同僚とは共有していても、自分の家族とは共有しておらず、またトランプ遊びをするときのごまかし方についての私の知識は、だれとも共有していないかも知れない。日常的現実のある種の要素についての知識の社会的配分は、部外者にとっては高度に複雑で、ときには混乱をさえ招くようなものになる場合がある。たとえば私は自分の身体の病気を治すのにおそらくは必要と思われる知識をもち合わせていないばかりでなく、どほどに多様化した専門医師のうち、どの医者が私を苦しめている病気をその専門としているのか、とまどうほどに多様化した専門についての知識すら欠いている場合がある。そうした場合、私にとって必要なのは、専門家の助言だけではなく、専門家についての専門家の前もっての助言である。このように、知識の社会的配分は、私の同僚が知っているすべての事柄を私が知っているわけではなく、また逆に、同僚も私が知っているすべての事柄を知っているわけではない、という単純な事実に始まっており、やがてはそれが極めて複雑で秘教的な専門知識の体系にまで極限化していくのである。社会的に入手可能な知識在庫がどのように配分されているのか、ということについての知識は、少なくとも外形的には、同じこの知識在庫のなかでもとくに重要な要素をなしている。日常生活のなかで、私は、少なくとも大略的には、私が何を、だれから隠しおおせるか、私が知らない事柄について教えを乞うにはだれに問い合わせればよいか、そして一般的には、どのようなタイプの人間がどのようなタイプの知識をもっていると期待してよいか、などといったことを知っているのである。

II部 客観的現実としての社会

1章 制度化

a 身体と活動

　人間は動物界においてある特異な地位を占めている。他の高等哺乳動物と異なり、人間には種に固有の環境、つまり人間自身の本能的構造によって厳密に構成された環境、などといったものは存在しない。人間には、たとえば犬の世界とか馬の世界とか呼ぶことのできるような意味での人間の世界は存在しない。なるほど犬や馬の場合にも個別的な学習や蓄積の領域がないわけではない。しかし、個々の犬や個々の馬は、大部分は固定したその環境へのつながりをもっており、それぞれの種に属する他のすべての仲間とともに、この環境を分かちもっている。このことに含まれている一つの明確な意味は、犬や馬は人間に比べてはるかに強く特殊な地理的分布に拘束されている、ということである。しかしながら、こうした動物がおかれている環境の特殊性は、単なる地理的制限以上の意味をもっている。というのも、たとえ地理的変差というものが考えられるにせよ、環境の特殊性は環境に対するこれら動物たちの関係の生物学的に固定された特性をあらわしているからである。この意味において、人間以外のいっさいの動

1章　制度化

物は、種としてであれ、個体としてであれ、その構造がいくつかの動物種の生物学的装置によってあらかじめ決定された、閉じられた世界のなかで暮している。

これとは対照的に、人間のその環境に対する関係は、世界開放性によって特徴づけられる。人間はただ単に地上のますます大きな部分に自らの地歩を確立することに成功してきているだけでなく、周りの環境に対するその関係も、地球上のどこにおいても、人間自身の生物学的構造によっては極めて不完全にしか構成されていないのである。この後者の条件は、いうまでもなく、人間がさまざまな活動を行なうことを可能にする。しかしながら、人間がある場所では遊牧生活を維持しつづけ、他の場所では農耕生活に移行した、という事実は、生物学的過程によっては説明することはできない。もちろんこのことは、その環境に対する人間の関係には生物学的に規定された制限は存在しない、ということを意味するわけではない。人間の種に特殊な感覚器官や運動神経器官は、人間の可能性の領域に明らかな限界を設定するからである。人間の生物学的構成がもつ特異性は、むしろその本能的な構成要素のなかにある。

人間の本能的構造は他の高等哺乳動物のそれと比べると、これら発達が遅れているといえるかも知れない。もちろん、人間も本能的欲求をもってはいる。しかし、これら諸々の欲求はその分化が極めて遅れており、方向性を欠いている。このことは、人間の身体がその構造的に与えられた装置を極めて広範で、しかもたえず変化し得、実際に変化しつつある活動領域に適応することができる、ということを意味している。人間の身体がもつこの特異性は、その個体発生的な発展に基礎づけられている。実際、もし問題を身体上の発達という点からみるならば、人間の胎児期は生後一年間にまでおよぶ、ということもできるのである。(5) 動物の場合、母親の体内で完成される重要な身体的発達は、人間の子どもにおいて

75

Ⅱ部　客観的現実としての社会

は子宮からの分離の後に起こる。しかしながら、この時点において、人間の子どもはただ単に外的世界のなかにいるだけでなく、多くの複雑な方法によって、この外界と相互に関係し合ってもいるのである。

このように、人間の身体というものは、一方ですでにその環境との関係のなかに立ちながら、なお生物学的にみて成長をしつづける。換言すれば、人になる過程というのは環境との相互関係のなかで起こる、ということだ。このことばの意味は、この環境は自然的なものであると同時に人間的なものでもある、ということを考えてみれば明らかになる。つまり、成長しつつある人間は特殊な自然的環境と相互に関係し合うだけでなく、彼の監督を担当する意味ある他者によって媒介された特殊な文化的－社会的秩序とも関係し合っているのである。人間の幼児の生存は一定の社会的装置に支えられているだけでなく、その身体的な発達の方向もまた、社会的に規定されているのである。生まれおちた瞬間以来、人間の身体の発達とその生物学的存在そのものの大部分は、不断の社会的干渉を蒙るのである。

しかし、こうした二重の意味での環境との相互関係のなかで、さまざまに可能で、しかも異なった方法を通じて、人間になってゆくとき、こうした人間へのなり方には明らかな生理学的限界というものが存在する。しかし、それにもかかわらず、人間の身体というのは、自己にはたらきかけてくる環境の力への反応という面で、測り知れないほどの柔軟性を備えている。このことは、とりわけさまざまな社会－文化的規定因の支配下におかれたときに人間の生物学的構成がみせる柔軟性をみれば、明らかである。人間へのなり方、そしてまた人間としてのあり方、が人間の文化と同じほど多種多様であるということは、すでに民俗学での常識となっている。人間としてのあり方は社会－文化的条件によって変わりうるのである。換言すれば、社会－文化的形成物の可変性を決定する生物学的に固定した土台、という意味でのある。

76

1章　制度化

　人間性などというものは存在しない、ということだ。そこにあるのは人間の社会－文化的形成物を限界づけ、かつまたそれらを可能にする、人間学的定数（たとえば本能的構造の世界開放性と柔軟性）という意味での人間性だけである。しかしながら、こうした人間としてのあり方を自己の枠組に合わせて形づくっていく特定の型というものは、こうした社会－文化的な諸形成物によって規定されており、またその無数の変形と相関関係にある。人間には本性がある、と主張することは不可能ではないが、人間は自らの本性をつくり出す、あるいはもっと簡単に、人間は自己自身をつくり上げる、といった方がより意味がある。⑦

　人間の身体がもつ柔軟性と社会的に規定された干渉に対するその感応力は、性の問題に関する民俗学的な裏付けによって最も明白に示されている。⑧たとえば、人間もまた他の高等哺乳動物のそれと比較しうるほどの性的衝動をもってはいるが、人間の性欲は高度の融通性によって特徴づけられる。それは比較的、時間的リズムから独立しているばかりでなく、それが向けられる対象やその表現様式においても弾力性をもっている。民俗学的研究の示すところによると、性の問題に関しては、人間はほとんどなにごとでもなしうるという。たとえば人間はその性的想像力を気も狂わんばかりの欲望の極にまで昂進させることができる。ところが、どこか他の文化圏においてはすでに既成の規範になっているか、あるいは少なくとも苦もなく受け容れられるべき出来事に該当しないような性行動についてのイメージを心に想い描く、などということは、まずできそうにもないことなのである。もし〈常態〉ということばがその反意語も、ともに十全な意味において、人間の性行動のさまざまな形態に適用することは不可能であ間学的にみて基本的な事柄とか文化的に普遍的な事柄のいずれかを意味するとすれば、このことばもそ

る。しかし、同時にまた、人間の性行動のあり方が、どの特定文化においても、ある一定の方向づけを与えられており、ときには厳格に形づくられていることはいうまでもない。どの文化も性の問題についての明確な構図——つまり、それ自身の特殊化された性行動のパターンと性の領域におけるそれ自身の〈人間学的〉前提とをそなえた構図——をもっている。こうした構図の経験的相対性、その無限の多様性、そしてその豊かな着想は、これらが人間自身の社会 - 文化的形成活動の産物であって、生物学的に固定した人間本性の産物ではないということを物語っている。

　人間の身体がその環境との相互関係のなかでその完成へと向かって発達していく時期は、同時にまた人間の自我が形成されていく時期でもある。それゆえ、自我の形成はたえず進行していく身体の発達と、自然的環境と社会的環境が意味ある他者によって媒介される社会的過程との、双方との関係において理解されなければならない。自我にとっての発生学的諸前提は、いうまでもなく出生時に与えられている。

　しかしながら、成長するにつれて主観的にも客観的にも認知可能なアイデンティティとして経験される自我は、決して出生時に与えられるものではない。身体の完成を規定するこの社会的過程は、同時にまた自我をもその特定の、文化的に相対的な形で、生み出すのである。社会的産物としての自我の特徴は、個人が自己自身として自らを現認する（たとえば人が自分自身を〈一人の男〉として、しかもこうしたアイデンティティが当の文化のなかで規定され、形成されるような、ある特定の仕方によって、自己を現認する）特定の社会状況とのみ関係するだけではない。それは同時にまた、特定の社会状況に追加条件として作用する包活的な心理的装置（たとえば〈男らしい〉感情、態度、それに場合によっては肉体的反応）とも関係する。それゆえ、身体についてはもちろんのこと、さらにそれ以上に、自我はそれ

1章　制度化

らが形づくられる特定の社会的文脈を離れては正しく理解できないことはいうまでもない。社会的に規定された環境における人間の身体と自我との間の特殊人間的な関係と結びつきをもっている。この関係は離心的なものである。というのも、一方では、人間は他のすべての動物生体についていえるのと同様の意味で、一つの身体である。他方、人間は一つの身体をもっている。つまり、人間は自己自身を一つの統体として経験する。しかもこの統体は彼の身体と同一のものとしてあるのではなく、逆にその身体を自分の意のままにできるものとして存在する。換言すれば、人間が自己自身を経験するということは、身体であることと身体をもつこととの間のバランス——このバランスはその度ごとに回復されなければならない——のなかを常に彷徨する、ということなのである。自己自身の身体についての人間の経験にみられるこの離心性は、物質的な環境のもとにおける行動としてあると同時に、主観的意味の外化としてもある人間の活動を分析する際に、ある重要な意味をもってくる。人間にまつわる諸現象を正しく理解するには、これら二つの側面を同時に考慮する必要がある。というのも、それらは基本的な人間学的諸事実に基礎づけられているからである。

以上のことから、人間が自己自身をつくり出すということが、決してある種のプロメテウス的な孤立した個人という見方を意味するものではないということが明らかになるにちがいない。人間の自己創造行為は常に、そして必然的に、社会的な企てである。人間は社会‐文化的および心理学的形成物の総体を伴うところの人間の環境を、他者とともに創造する。これらの形成物は、どれ一つとして、すでに述べたように、人間の生物学的構造は人間の創造活動にとって外的限界を設定するにすぎないからである。孤立状態のなかでは人

II部　客観的現実としての社会

が人として発達することはまったく同様に、孤立した人間にとっては人間的環境を創造することは不可能なのである。孤立状態にある人間は動物的なレヴェルにおける存在にすぎない（もちろん人間はこのレヴェルでの存在を他の動物たちと共有してはいるのであるが）。特殊人間的な諸現象に目を向けるや否や、ただちにわれわれは社会的なものの領域に足を踏み入れることになる。人間に特有の人間性とその社会性は、相互に切り離しがたく結びついている。ホモ・サピエンスは常に、そしてまた同じ程度に、ホモ・ソキウス（社会人）でもあるのである。

人間の身体は人間の行動に安定性をもたらすのに必要な生物学的手段を欠いている。人間の存在は、もしそれが身体的資質によって身体的資質のもとに投げ返されるならば、ある種の無秩序のなかでの存在になるであろう。しかしながら、そうした無秩序は、たとえ理論的には考えられるとしても、経験的にはあり得ないものである。経験的には、人間の存在は秩序と方向と安定性の文脈のなかにその位置づけをもっている。そこで次のような問題が生じてくる。それは、経験的に実在する人間的秩序の安定性は一体何に由来するのか、という問題である。この解答は二つのレヴェルで与えられるであろう。まず最初に指摘できるのは、所与の社会的秩序はいかなる個人の身体的発達にも先行する、という明白な事実である。つまり、世界開放性は、人間の生物学的構造に固有のものである一方、常に社会的秩序によって先取りされている、ということだ。あるいは、もしこういってよければ、人間存在の生物学的に固有な世界開放性は、社会秩序によって相対的な世界閉鎖性へと変形されるのが常であり、また実際にこの意味において〈人為的〉な性格をもつ、ということである。この再閉鎖は、それが人間によって生み出され、決して動物の存在

1章　制度化

における閉鎖性と等しいものにはなり得ない。しかしながら、それは、ほとんどの場合、人間の行動のより大きな部分に対して方向と安定性を与える力をもっている。つまり、社会秩序そのものはいかにして生じるのか、という問題はもう一つのレヴェルへと押し進められる。つまり、社会秩序そのものはいかにして生じるのか、という問題が起こってくるのである。

この問題に対する最も一般的な解答は、社会秩序は人間の産物であるということ、あるいはもっと正確にいうと、社会秩序はたえず進行中の人間の活動の産物である、という解答である。社会秩序は人間によって不断に進行中のその外化過程において創造される。社会秩序は生物学的に与えられたり、経験的にあらわれるなんらかの生物学的与件から導き出されたりするものではない。つけ加えるまでもないことだが、社会秩序はまた人間の自然的環境のなかに与えられているものでもない——もっとも、自然的環境の特殊なあり方は社会秩序の一定の特徴（たとえばその経済機構や技術的装置など）を規定する要因にはなりうるのであるが。社会秩序は〈事物の本性〉の一部でもないし、〈自然の法則〉から導き出せるものでもない。社会秩序は人間の活動の産物としてのみ存在する。社会秩序にはこれ以外のいかなる存在論的地位も認めることはできないし、このことを否定するような試みはその経験的なあらわれを空しく混乱させるだけである。その始まり（社会秩序は人間の活動がそれを創造しつづける場合にのみ）においても、あらゆる瞬間におけるその存在（社会秩序は過去の人間的活動の結果である）においても、そしてその限りにおいて、社会秩序は人間の創造物なのである。

人間の外化活動の社会的産物は、その身体上の文脈とも環境上の文脈とも異なったある独特の性格をもつのであるが、外化活動そのものは人間学的に必然的なものであることを強調しておくことは重要で

81

ある。[15] 人間の存在は静止した内面性の閉じられた領域においては不可能である。人間はたえず自己自身を活動のなかに外化しなければならない。この人間学的な必然性は人間の生物学的装置に基礎づけられている。[16] 人間はその身体に固有の不安定性によって、人間自身が自らの行動のために安定した環境を整えることを余儀なくされる。人間は自己自身で自らの衝動を特定化し、それに方向づけを与えなければならない。こうした生物学的な諸事実は、社会秩序の創造にとって必要不可欠な前提条件として作用する。換言すれば、既存のいかなる社会秩序も生物学的与件からは導出し得ないが、社会秩序そのものの必要性は人間の生物学的構造に由来している、ということである。

社会秩序の出現、維持、それに継承などに関して生物学的定数が規定するのとは別の原因を理解するには、結局は制度化論に帰着する一つの分析を行なわねばならない。

b 制度化のはじまり

人間のすべての活動は慣習化を免れ得ない。どのような行為であれ、それはしばしば繰り返されると一つのパターンに変化し、次いでこのパターンは労力の節約ということで再生が可能になり、事実上、その行為の遂行者によってその範型として理解されるようになる。さらにまた、慣習化は当の行為が将来、同様の仕方と同様の労力の節約によって再び遂行されうる、ということをも意味している。このことは社会的活動と同様に、非社会的活動についてもあてはまる。無人島に一人で住む人間の話がよくもち出されるが、彼でさえもその活動を慣習化する。朝起きて木切れでいかだを作る作業に再びとりかか

1章　制度化

　習慣化された行為も個人にとってはその有意味的な性格を保持しつづけることはいうまでもない――もっとも、そこに含まれた意味は彼の一般的な知識在庫、つまり彼によって自明視されており、手もとにあって彼の将来の計画実現のために役立つ知識在庫、のなかにルーティーンとして貯えられることになるのではあるが。習慣化は選択範囲を狭めるという重要な心理学的結果をもたらす。理論的には木切れからいかだを作るという計画を実現するには無数の方法があるかも知れないにもかかわらず、習慣化はこれらの方法を一つに限定してしまうのである。このことは個人を〈すべてのこうした決断〉の重荷から解放し、だれに教えられたのでもない、人間の本能的構造にその基礎をもつ、心理学的な救済手段となる。習慣化は人間の生物学的構造に欠如している活動の方向づけと特定化を可能にし、そのことによって、方向づけを欠いた諸々の衝動から生じる緊張の蓄積を解消する。さらにまた、習慣化は人間の活動がほとんどの場合、最小限の意思決定でもって遂行しうるような安定した背景をも提供することによって、場合によっては必要になるかも知れない意思決定のためにエネルギーを解放するのである。
　いいかえれば、習慣化された活動の背景は熟慮と刷新のための前景を開いてくれるのである。極めてさまざまな状況が前もって人間によってその活動に付与される意味という点からみると、習慣化はそれぞれの状況を新しく、その度ごとに定義しなおすという苦労からわれわれを解放してくれる。与えられたその定義のもとに包摂される、ということがありうるわけである。こうした状況の下で行な

るとき、彼は〈さて今日もまた始めるか〉などとひとりごとを言いながら、たとえば十段階からなる作業工程の一つにとりかかるのである。ことばをかえれば、ひとりきりの生活を送る人間ですら、少なくともその作業工程における仲間をもっている、ということだ。

83

II部　客観的現実としての社会

われた活動は、やがては予想可能なものになる。代替的な行動でさえもが標準的な重さを与えられることになるわけである。

習慣化のこうした過程はすべての制度化に先行するものであり、実際、この過程はいっさいの社会的相互作用から切断された、仮定上のひとり暮しの人間の場合についてもあてはまる。ひとりぽっちになったそうした人間でさえ——彼がすでに一個の自我として形成されていたと仮定すれば（木切れでいかだを作る人間の場合、われわれは彼をそうしたものとして考えたいのだが）——彼の活動をひとりきりになる以前の社会制度という世界の個人史的な経験に沿って習慣化するであろうという事実は、ここでは考える必要はない。経験的にみて、人間の活動の習慣化のなかでもより重要なのは、活動の制度化と同じ拡がりをもつ部分である。そこで問題は、制度化はいかにして生じるのか、ということになる。

制度化は習慣化された行為が行為者のタイプによって相互に類型化されるとき、常に発生する。いいかえれば、そうして類型化されたものこそが制度に他ならないのである。ここで強調しておかねばならないのは、制度的に類型化されたものの相互の類型性だけでなく、制度のなかにおける行為者の類型性をも含むということ、そしてこの場合の類型性とは行為者の類型性をも含むということ、である。制度を構成する習慣化された行為の類型化は、常に共有されたそれである。これらの類型化は問題になっている特定の社会集団のすべての成員に通用し、制度そのものが個々の行為と同様に個々の行為者をも類型化する。制度は、Xというタイプの行為はXというタイプの人間（たとえば法制度は、特定の状況の下では特定の仕方で斬首刑が執行されることを定めており、特定のタイプの人間（たとえば死刑執行人、不浄カーストの成員、一定の年齢以下の処女、あるいは神託によって指名された者、

84

1章　制度化

など）がその刑を執行することを定めている。

さらにまた、制度は歴史性と統制をも意味している。行為の相互的な類型化は共有された歴史過程のなかで形成される。これらの類型化は短時間で作り出せるようなものではない。制度は常に歴史をもっており、それらは歴史の産物なのである。制度はそれが生み出された歴史的過程を理解することなしには、正しく理解することはできない。また制度は、それが存在するという、ただそれだけの事実によっても、人間の行動を規制する。つまりそれは、あらかじめ規定されたさまざまな行動範型を提示することによって人間の行動を回路づけるのであり、こうした範型は理論的に可能な他の多くの方向にではなく、一つの方向へと人間の行動を統制するのである。こうした統制的な性格が制度化そのものに固有のものであるということを強調しておくことは大切である。つまり、この性格はある制度を維持するためにとくに設置されたいかなる制裁機構にも先立って存在するか、それとも制裁機構とは無関係に存在するか、のいずれかなのである。こうした制裁機構（これらの全体が一般的に社会統制の体系と呼ばれるものを形成している）が多くの制度やわれわれが社会と名づける諸制度のすべての集まりにみられることはいうまでもない。しかしながら、第一次的な社会統制は制度そのものの存在のなかにすでに与えられてあとでもう一度触れるように、これらの機構がもつ効力は副次的なものか補助的なものにすぎない。るのだ。人間の活動の一部が制度化されたということは、すでに人間の活動のこの部分が社会統制のもとに組み入れられた、ということに等しいのである。追加的な統制機構は制度化過程が必ずしも完全には成功していない場合においてのみ、要請されるにすぎない。こうして、たとえば近親相姦タブーを破る者は斬首刑に処せられることが法律で定められていたりするのである。こうした規定は人間がこのタ

II部　客観的現実としての社会

ブーを犯すような例があったからこそ、必要とされるのであろう。しかしながら、こうした制裁手段の発動がいつも要請される、と考える必要はない（ただし、近親相姦タブーによって特徴づけられる制度そのものが解体過程にあるのでないかぎり。しかしこれは特殊な場合であって、ここでは詳しく扱う必要はない）。それゆえ、人間の性行動はだれかの首をはねることによって統制される、とする主張は、ほとんど意味をなさない。むしろ人間の性行動は、問題となっている特定の歴史過程のなかにおけるその制度化によって社会的に統制されるのである。あるいはまた、もちろんこうつけ加えてもよいであろう。つまり、近親相姦タブーは類型化された一連の行動様式の否定的側面以外の何ものでもなく、そうした行為の類型化こそが、まず最初にどの性的行為が近親相姦に該当し、どれがそれに該当しないかを決定する、と。

実際の経験においては、制度は一般にそれ相当の成員数をもった集合体においてあらわれる。しかしながら、相互間の類型化の制度化過程は、二人の人間が新たに相互関係に入る場合においてさえあらわれる、ということを強調しておくことは理論的にみて重要である。制度化は、時間的に持続するものであれば、どのような社会状況のなかにもその発端をもっている。たとえばまったく異なった社会的世界からやってきた二人の人間が相互関係をもち始める場合を考えてみよう。〈人間〉と呼ぶことによって、すでにわれわれはこの二人の人間が自我を形成してきているということ、つまり、いうまでもないことだが、社会的過程においてのみ起こりえた何ものか、を前提にしている。それゆえ、ここではしばらくのあいだ、アダムとイヴの例や未開のジャングルの空地で顔を合わせることになった二人の〈野生〉児のような例は除いておくことにしよう。われわれが考えているのは、相互に何の連絡もないまま歴史的

86

1章　制度化

に形成されてきた二つの社会的世界からその出会いの場所へとやってきた二人の人間であり、それゆえ、その相互作用が、当事者のいずれにとっても制度的に規定されたことのないような状況の下で起こる、という場合である。あるいはまた無人島で木切れからいかだを作っている例の男にマン・フライデイ〔ロビンソン・クルーソーの忠僕の名……訳者〕が加わる場面を想定してもよいであろうし、前者をパプア人に見立て、後者をアメリカ人に見立てる、ということもできるであろう。しかしながら、この場合には、そのアメリカ人がロビンソン・クルーソーの物語を読んだ経験があるか、あるいは少なくともそれについて聞いたことがある、ということが考えられ、もしそうだとすれば、それは、少なくとも彼にとっては、状況を前もって規定しておくための手段を与えることになるであろう。そこで、われわれはこの二人の人間を単純にAとBというふうに名づけておくことにしよう。

どのような方法によってであれ、AとBが相互関係に入れば、ただちにそこには類型化が生み出されるであろう。AはBが行動するのを眺める。彼はBの行為に動機を認め、その行為が繰り返されるのを見て、その動機を反復的なものとして類型化する。Bがその行為を反復しつづけるとき、Aはやがて〈ああ、またやっているな〉と自分に言い聞かせることができるようになる。と同時に、AはBが自分に対して同じ動作を繰り返している、と考えることもできる。彼らの相互作用の過程において、これらの類型化は特定の行動パターンの相互性を仮定しているのである。つまりAとBはそれぞれその相手に対して役割を演じ始めるであろう。こうした役割遂行は、たとえ双方が相手のそれとは異なる行為を遂行しつづけたとしても、生じるであろう。相手の役割を取得するという可能性は、双方によって遂行される同一の行

II部 客観的現実としての社会

為に関してあらわれるであろう。つまり、AはBによって繰り返される役割を密かに自分のものにするのであり、それを自分自身の役割遂行のためのモデルに仕立て上げるのである。たとえば食事の準備するという行為におけるBの役割は、Aによって役割そのものとして類型化されるだけでなく、食事を準備するときのA自身の役割のなかへ構成要素として入ってくるわけである。こうして相互に類型化された行為の集まりが生じることになり、これらの行為はそれぞれの役割のなかに習慣化され、あるものは個々別々に遂行されるであろうし、またあるものは共同で遂行されるであろう。(22) こうした相互の類型化は、それだけではまだ制度化というには足りない(というのも、それはまだここには二人の人間がいる、ということを意味するだけであって、行為者の類型学の可能性は存在しないからである)、が、制度化がすでに核の形においてあらわれていることは明らかである。

この段階において、われわれはこの発展から二人の人間がどのような成果を獲得するか、について問うことができる。最も重要な成果は、それぞれが相手方の行為を予測できるようになるであろう、ということだ。これと平行して、両者の相互作用が予測可能なものとなる。〈またやっているな〉は〈われわれはまたやっている〉となる。こうした予測可能性は両者にかなりの程度の緊張から解放する。彼らは彼らが別個に、あるいは共同して、携わるあらゆる外的作業において、時間と精力とを節約できるばかりでなく、それぞれの心理学上の経済においても時間と精力の倹約が可能になる。彼らの共同生活は、いまや拡大されつつある自明化したルーティーンの領域によって規定されるようになる。さほど注意力を払わなくても多くの行為が可能になる。それどころか、逆に出来事の大部分は、両者にとってそれが日常生活化す険性の源になることはない。

1章　制　度　化

る平凡さという性格を帯びるようになる。このことは、二人の人間が上に述べたような意味での一つの背景をつくり上げつつある、ということを意味している。つまり彼らは自分たちの個別的な行為やその相互作用をともに安定化するはたらきをもつ、一つの背景をつくり上げつつあるのである。ルーティーンというこの背景の形成は、一方ではまた両者の間での分業を可能にし、より高度の配慮を必要とする刷新のために道を拓くことになる。分業と刷新は新しい習慣形成に道を拓き、二人の人間が共有する背景をさらにいっそう拡大することになるであろう。いいかえれば、社会的世界は形成過程のなかに置かれることになり、その過程のなかには拡大されつつある制度的秩序の基礎もまた含まれるであろう、ということだ。

一般的にみて、一度ならず繰り返された行為というものは、すべてある程度習慣化される傾向をもっている。それはちょうど他者から眺められた行為が、すべて必然的にその観察者の側でのなにがしかの類型化を引き起こすのと同様である。しかしながら、いま述べたような形での相互の類型化が生じたためには、二人ないしはそれ以上の人間の習慣化された行為が相互に関連し合うような、持続的な社会状況が存在しなければならない。ではこういうふうに相互に類型化されやすい行為というのは、どのような行為であろうか。

一般的に答えるとすれば、それはAとBの双方にとって、その共通の場で意味をもちうるような行為である。こうした形で有意性をもちやすい領域は、いうまでもなく状況が異なるにしたがって変化する。たとえばそれはAとBが彼らのこれまでの人生で出会ったものである場合もあるであろうし、またことによっては、それは自然的・前社会的な環境の結果である場合もあるであろう。これらすべての場合に

Ⅱ部　客観的現実としての社会

おいて習慣化されねばならないと考えられるのは、AとBの間における意思疎通の過程である。労働、性行動、それに領有権なども類型化と習慣化の焦点になりやすい領域である。これら様々な領域においてAとBが置かれている状況は、より大きな社会のなかで生起しつつある制度化の一つの範例をなしている。

われわれはこの範例をもう一段進めて、AとBが子どもをもっていたと仮定してみよう。この段階においては、状況は質的に異なったものとなる。第三者の出現はAとBとの間で進行しつつある社会的相互作用の性格を変えるであろうし、さらにそれ以外の人間がこの関係にたえず加わってくるようになると、事態はなおいっそう変化するであろう。AとBとの最初の状況のなかに萌芽状態で存在していた制度的世界は、いまや他者にも継承されていくことになる。この過程において、制度化は自らを完成する。AとBの共通した生活のなかで生まれた習慣化と類型化、つまりこの時点に至るまではなお二人の人間によるそのときどきの発案という性格をもっていた諸形成物は、いまや歴史的な制度となる。歴史性という性格を得ることによって、こうした形成物は同時にまたもう一つの決定的な性格を獲得する。あるいはもっと正確に言えば、一つの性格を完成し始めたとき、ただちにあらわれ始めていたものである。この性格こそが客観性という性格である。これは次のことを意味している。それは、いまや結晶化された諸制度（たとえば子どもを前にしての親のあり方についての制度）は、そのとき〈たまたま〉その制度を具現化することになった諸個人の上に、そしてまた彼らを超越して、存在するものとして経験される、つまり個人に対して外的で、かつまた強制力のあるそれ自身の現実性をもつものとして経験される、ということである。換言すれば、制度はいま

1章　制度化

事実として対峙する、一つの現実性をもつものとして経験されるのである。

ところで、萌芽期にある制度がAとBの相互作用のなかでの形成され、維持されている間は、これらの制度の客観性という性格は——たとえそれらがその形成という単なる事実だけによっても一定の客観性は獲得するとはいえ——まだ貧弱で、容易に変化し得、ほとんど遊戯にも等しいものにとどまっている。言い方を少し変えれば、AとBの行為のルーティーン化された背景は、かなりの程度AとBの意識的な干渉の射程内にとどまっている、ということだ。もちろん、ルーティーンというのは一度形成されると持続するという傾向をそれ自身のなかにもっている。しかしながら、場合によっては廃止してしまうこともできる、という可能性は、意識のなかに保持されている。この世界を形成したことに責任を負っているのはAとBの二人だけなのである。AとBにはなお依然としてこの世界をつくり変えたり廃止したりすることができるという可能性が残されているのだ。しかもそればかりではない。この世界は彼ら自身がその想起しうる共有の生活史の過程のなかで形成したものである以上、こうして形づくられた世界は、彼らにとっては完全に透明なものとしてあらわれる。彼らは彼ら自身がつくり上げた世界をよく知っている。ところが、新しい世代への引き継ぎ過程においては、こうした事情はすべて一変する。制度的世界の客観性は子どもにとってばかりでなく、(鏡像効果によって)親にとってもというものだ〉となる。こうしたものとして考えられた世界は、意識のなかで固定性を獲得する。世界はますます重みを増すような形で現実的なものとなり、もはや容易には変革しえないものとなる。子どもたち、なかでもとくにこの世界への社会化過程の初期段階にある子どもたちにとっては、この世界

II部 客観的現実としての社会

が世界そのものとなる。一方、親にとっては、この世界はその遊戯的な性格を喪失し、〈真面目なもの〉となる。子どもたちにとっては、両親から受け継いだこの世界は完全に透明なものでなくなっている。この世界を形成することになんら参加してきていない以上、それは彼らにとってはあたかも自然のように、少なくともその位置づけが不透明な、一つの与えられた現実としてあらわれる。

この時点に達したときにのみ、はじめて社会的世界について語ることが可能になる。つまり個人にとって自然的世界の現実にも似た姿をとってあらわれる、包括的な所与としての現実、という意味で、それについて語ることができるのである。社会的形成物はただこうした方法によってのみ、つまり一つの客観的世界としてのみ、新しい世代への引き継ぎも可能になる。社会化の初期段階にある子どもたちには自然的現象の客観性と社会的形成物の客観性とを見分ける能力はまったくない。たとえば社会化の最も重要な項目としてことばをとりあげてみよう。子どもにとってはことばは物事の本性に属する事柄としてあらわれるのであり、彼はその便宜的性格という考えを理解することはできない。事物はそれが名づけられているところの当のものであり、それ以外には名づけようのないものなのである。すべての制度もこれと同様の仕方でもってあらわれる。つまりそれらはすでに与えられており、変革のしようがなく、自明のものとしてあらわれる。あるいはまた経験的にはあり得ようのないわれわれの例、つまり親たちが制度的世界を新しくつくり出したような場合でさえ、この世界の客観性は、子どもたちの社会化という過程を通じて、親にとってもより強固なものになるであろう。というのも、子どもたちによって経験される客観性は、親自身のこの世界の経験の仕方に逆に影響を及ぼすだろうからである。もちろん、経験的には、大部分の親から伝承される制度的世界は、すでに歴史的かつ客観的な現実という性格をも

1章　制度化

っている。継承過程というのは、実際、親の現実感覚を強化するものであり、このことはたとえば——大ざっぱに言えば——〈これが物事のしきたりというものだ〉と人が言うとき、それがしばしばその人自身が信じているところを言い当てていることからも明らかである。

いずれにせよ、このように制度的世界は一つの客観的現実として経験されている。それは個人の出生に先立って存在しており、彼の生活史上の記憶では追跡しえない一つの歴史をもっている。それは彼が生まれる以前からそこにあり、彼が死んだ後にもそこにありつづけるであろう。しかもこの歴史自体が既存の制度の伝統として、客観性という性格をもっている。個人の生涯というのは、社会の客観的な歴史のなかに位置づけられた一つの幕間劇として理解できるのである。諸々の制度は歴史的かつ客観的な事実性として、個人にとって否定できない諸事実としてあらわれる。制度は、彼がそれを好むと好まざるとを問わず、その現実性を保持しつつ、そこ、つまり彼の外部、に存在する。それらを取っ払うなど、ということはできない相談なのである。制度はそれに手を加えたり、そこから逃れようとする彼の試みに抵抗する。制度は彼に対する強制力を二重にそれ自らの内にもっている。一つは、その事実性という全き力によって、そしてもう一つは、制度の最も重要な要素として通常認められている、その統制という機制を通じて。制度のもつ客観的現実性は、たとえ個人がその制度の目的とかその機能の仕方を理解していなかったとしても、そのことによって減じるものではない。彼は社会的世界の大部分を理解不能なものとして、そしておそらくはその不透明さによって抑圧的なものとして、経験することがあるかも知れない。しかし、それでもなお、それを現実的なものとして経験するであろう。制度は外在的な現実として存在する以上、個人はそれを内省という方法によって理解することはできない。彼は自然につ

Ⅱ部　客観的現実としての社会

いて学ぶときに必要とされるのとまったく同様に、それについて学ばねばならない。たしかに社会的世界は人間によってつくり出された現実である以上、潜在的には自然的世界の場合には不可能なような方法で理解することは可能である。しかし、それでもやはり上に述べたことが真実であることに変わりはない。[27]

制度的世界の客観性は、いかにそれが個人にとって絶対的なものとしてあらわれようと、やはり人間によって生み出され、人間によって構成された客観性であることに留意しておくことは重要である。人間の活動の外化された創造物が客観性という性格を獲得する過程は、客観化の過程である。制度的世界は客観化された人間の活動であり、どの制度もすべてそうしたものとして存在する。ことばをかえれば、人間の経験において社会的世界という性格を帯びてあらわれはするが、だからといって、社会的世界がそれを生み出した人間の活動から独立した存在論的地位を獲得するわけではない、ということだ。人間は、やがては自分がそれを人間の創造物以外の何ものかとして経験するような世界を生み出すことができる、という逆説については、後にとりあげることになるであろう。ここでは創造者である人間と、その創造物である社会的世界との間の関係が弁証法的なものであり、常にそうしたものであり-つづける、ということを強調しておくことが重要である。つまり、人間（もちろんひとりきりで生活している人間）とその集団生活における人間）とが弁証法的なはたらきかけもする。創造物は創造者に対して逆にはたらきかける。外化と客観化とは不断の弁証法的過程における契機をなしている。この過程における第三の契機、つまり内在化（これによって客観化された社会的世界は社会化過程のなかで意識のなかへ投げ返される）については、後にかなり詳しく論じるつ

1章　制度化

もりである。しかしながら、ここでもすでに社会的現実におけるこれら三つの弁証法的契機の基本的関係について理解することはできる。これら三つの契機のそれぞれは、社会的世界の本質的な特徴づけに対応している。社会は人間の産物である。社会は客観的な現実である。人間は社会の産物である。以上のことから、また次のこともすでに明らかであろう。つまり、これら三つの契機のいずれかを等閑視するような社会的世界の分析は歪んだものになるであろう、ということだ。あるいはまたこうつけ加えてもよいかも知れない。すなわち、新しい世代への社会的世界の引き継ぎ（つまり社会化のなかで遂行される内在化）を通じてのみ、基本的な社会の弁証法はその全体性においてあらわれる、ということである。繰り返せば、新しい世代の出現とともにのみ、人は真に社会的世界について語ることができる、ということだ。

　これと同じ時点において、制度的世界は正当化(レジティメーション)を要求する。つまり制度的世界はそれを〈説明〉し、弁明することのできる方法を要求する。これはなにも制度的世界がより現実性に乏しいものとしてあらわれるから、という理由によるものではない。すでにみてきたように、社会的世界の現実はその継承過程において圧倒的な重みを獲得する。しかしながら、この現実は歴史的なものであり、それが新しい世代にあらわれるのは個人史的な記憶としてではなく、伝統としてである。われわれの典型例でいえば、社会的世界の最初の創設者であるAとBは、彼らの世界とそのすべての部分がそこで形成された諸状況をいつでもつくり変えうる状態にある。つまり、彼らは自分たちの記憶力をはたらかせることによって制度の意味に到達しうるわけである。ところが、AとBの子どもたちはこれとはまったく異なった状況の下に置かれている。制度の歴史に関する彼らの知識は〈伝え聞き〉によるものである。制度のもとも

II部　客観的現実としての社会

との意味は、彼らにとっては記憶によってはたどれない。それゆえ、この制度の意味をそれを正当化するさまざまな図式を用いて彼らに説明してやることが必要になる。これらの図式が新しい世代に納得のゆくものであるためには、それらは制度的秩序との関係において首尾一貫性をもち、包括的なものでなければならないだろう。いってみれば、同じ内容の話をすべての子どもたちに語り聞かせてやる必要があるわけである。ここから次のような結果が生じる。それは、拡大しつつある制度的秩序は、やがてそれに対応したさまざまな正当化図式からなる天蓋を発達させ、認識上の解釈と規範的解釈の双方を防禦する天蓋を自らの上に張りめぐらすようになる、ということだ。これら諸々の正当化図式は、新しい世代を制度的秩序のなかに社会化していくのと同じ過程のなかで、彼らによって習得されていく。これについてもまた、後に詳しく論じるつもりである。

ところで、さまざまな制度が歴史化され、客観化されていくにしたがって、社会統制の特殊な機制の発達が必要になってくる。というのも、ひとたび制度が、それが発生してきた具体的な社会過程でのその本来の意味連関から独立した現実になってしまうと、制度的に〈プログラム化された〉行為手順からの逸脱が起こりやすくなるからである。もっと簡単に言えば、人間は自分自身もその作成に手を貸したプログラムから逸脱するよりは、他者によって設定されたプログラムから逸脱することの方がより多いということだ。新しい世代は制度の遵守という問題を引き起こし、制度的秩序への彼らの社会化にはさまざまな制裁措置の確立が必要になる。制度はなんらかの特定の状況に対して個人が付与する主観的意味とは関係なく、彼に対する権威を主張しなければならず、また実際に主張もする。状況に関する制度上の定義の優位性は、定義の手直しを企てる個人の試みを抑制し、終始一貫維持されなければならない。

1章　制　度　化

子どもたちには〈振舞の仕方を教え〉ねばならず、一度教えれば〈手順を守らせ〉なければならない。もちろん、おとなにとってもことは同様でなければならない。行動が制度化されればされるほど、それはより予測しやすいものとなり、より統制しやすいものとなる。制度への社会化が効果的に行なわれた場合には、公然たる強制手段の適用も節制や選択が可能になる。ほとんどの場合、行動は制度的に設けられた回路のなかで〈自発的に〉行なわれるであろう。意味のレヴェルからみれば、行動が自明視されればされるほど、制度上の〈プログラム〉に対する可能な代案はよりいっそう予測しやすく、統制しやすいものになるであろう。

原理的には、制度化は集団生活に関連した行動であれば、どのような領域においてでも起こりうる。実際の場面では、一連の制度化過程は同時に進行する。これらの過程が必ず機能的に〈相互に関連し合っている〉と考えねばならないア・プリオリな理由はどこにも存在しないし、いわんや、それらが論理的に首尾一貫した体系としてあらねばならないという理由もない。このことを知るために、われわれは仮定の状況に若干の変更を加えて、もう一度かの典型的な例にもどって考えてみることにしよう。今度は萌芽期にある両親と子どもという家族ではなく、興味深い三者関係、つまりAという男性と両性志向的な女性B、それにレスビアン好みのCという女性、の三者関係を考えてみよう。これら三者の性についての有意性構造は一致しないであろうという点については共有されていない。A─B間の有意性構造の結果として生まれた習慣化は、B─C間およびC─A間の有意性構造の結果として生まれた習慣化はCによってはなんら関係をもつ必要はない。要するに、愛欲関係の習慣化の二つの過程──一つは異性間のもので、もう一つはレ

Ⅱ部　客観的現実としての社会

スビアン的なもの──は、相互に機能的に統合されることのないかぎり、ともには起こり得ない、とか、あるいは、共有された関心、たとえば花の栽培（あるいはなんであれ、積極的な異性好みの男性と積極的な同性好みの女性の双方にとってともに有意であるような企画）に基礎づけられた第三の習慣化と統合されることのないかぎり、それは不可能だ、などと考える理由はどこにも存在しないのである。いいかえるなら、習慣化、あるいは初期段階にある制度化、の三つの過程は、それらが社会現象として機能的ないしは論理的に統合されていなくても起こりうる、ということである。これと同じ論理は、その有意性構造の内容の如何を問わず、A・B・Cを個人としてでなく、それぞれを一つの集団として考えた場合にもあてはまる。同様にまた、習慣化なり制度化なりの過程をわれわれの例で仮定したような相互に別個の個人や集団に適用するのではなく、一人の同じ人間や一つの同じ集団に限定して考える場合にも、機能的ないしは論理的な統合をア・プリオリに想定することは不可能である。

しかしながら、それにもかかわらず、さまざまな制度が〈相互に関連し合う〉傾向をもつという経験的な事実には変わりはない。もしこの現象を自明視してはならないのだとすれば、その理由を説明することが必要になる。それはどのように説明できるであろうか。まず第一に、なんらかの有意性構造が集団の全成員によって共有されているからだ、とする議論があるかも知れない。しかし、他方、行動の多くの領域は一定のタイプにとってのみ意味をもつ、ということも考えられる。後者の場合には萌芽的な形での分化が含まれている。つまり、少なくともこれら諸々のタイプには何がしかの相対的に安定した意味が付与されている、というような形で、分化を含んでいる。こうした意味付与は、たとえば性別のように、前社会的な条件の相違に基づいている場合もあれば、分業の結果もたらされた相違のように、

1章　制　度　化

社会的相互作用が進行するなかで発生した相違に基づいている場合もある。たとえば豊穣祈願の占いに関心をもつのは女性のみ、ということもありうるであろうし、洞窟壁画を描くのは猟師だけ、ということもありうるであろう。あるいはまた、雨乞い儀式を行なうのは老人のみ、ということもありうるであろうし、母方のいとこと床を並べることが許されるのは武器製作者だけ、ということもありうるであろう。彼らの外的な社会的機能からすれば、こうしたいくつかの行動領域は必ずしも一つのまとまった体系に統合されている必要はない。これらの行動領域は相互に独立して遂行されても、それを基礎にして共存しつづけることはできるのである。しかしながら、たしかにこれらの行動は別個に遂行されうるのではあるが、それらの意味は、少なくとも最小限の一貫性には向かおうとする傾向がある。たとえばある人が自分の経験をふり返ってみるようなとき、彼はそれらの契機の意味を首尾一貫した伝記的な枠組のなかにうまくはめ込もうと努力する。こうした傾向は、その人が他者とともにその意味とそうした伝記的な統合とを共有するようになればなるほど、なおいっそう強くなる。意味を統合するというこの傾向が心理学的欲求に基礎づけられている、ということも十分にありうることであり、一方またこの心理的・生理学的構造のなかにはまとまりを求める固有の〈欲求〉があるのかも知れないのだ（つまり人間の心理・生理学的構造のなかに意味ある相互性の分析に基づいている人間学的仮説に基づいているのではなく、むしろ制度化過程における意味ある相互性の分析に基づいている。

以上のことから言えるのは、制度の〈論理〉について云々する場合には、常に細心の注意が必要である、ということである。論理は制度とその外的機能のなかにあるのではなく、それらについて反省する

II部　客観的現実としての社会

ときのそのとり扱われ方のなかにこそあるのである。ことばをかえれば、反省的な意識は制度的秩序に論理性を付与する、ということだ。

ことばは客観化された社会的世界に対する論理付与の土台となる。さまざまな正当化図式から成る体系はことばを基礎にして築かれており、その基本的な道具としてことばを利用する。こうして制度的秩序に付与された〈論理〉は社会的に入手可能な知識在庫の一部をなすことになり、そうしたものとして自明視されることになる。社会化が順調に行なわれた人間の場合には、この社会的世界が首尾一貫した全体であることを〈知っている〉以上、彼はその世界の機能の仕方の良し悪しをこの〈知識〉によって説明せざるをえなくなるであろう。それゆえ、いかなる社会の観察者にとっても、彼がその観察対象としている社会の諸制度が〈予想〉通りうまく機能しているかどうか、そしてまた統合がゆきとどいているかどうか、を判定することは極めて容易なことである。

ところで、さまざまな制度は事実上は統合されている。しかし、諸制度の統合といっても、それはそうした制度を生み出す社会過程にとっては機能的要件ではない。むしろそれは派生的なものとしてもたらされるものにすぎない。人びとはそれぞれの生活史の文脈内で個々別々の制度化された行為を遂行する。この生活史は反省された一つの全体をなしており、ここでは個々別々の行為はバラバラの出来事としてではなく、相互に関連し合った諸部分として考えられている。つまりこれらの行為は、主観的に意味ある世界——この世界の意味は個人に特定のものとしてあるのではなく、社会的に分節化され、共有されたものとしてある——における相互に関連した諸部分として考えられている。こうした社会的に共有された意味の世界という迂路を通じてのみ、われわれは制度的統合への要求に到達するのである。

1章　制　度　化

このことは社会現象のいかなる分析にとっても重大な意味をもっている。もし制度的秩序の統合がその成員が秩序についてもっている〈知識〉によってのみ理解しうるとすれば、そうした〈知識〉の分析は当の制度的秩序の分析にとって必要不可欠な条件になるであろう。しかしながら、ここで強調しておかねばならないのは、こう言ったからといって、それは制度的秩序の正当化に奉仕する複雑な理論体系だけをもっぱらの研究対象にすべきだとか、あるいは何を措いてもまず第一にそうした体系をとり上げるべきだ、などということを意味するわけではない、ということだ。もちろん、さまざまな理論もまた考慮されるべきであることはいうまでもない。しかしながら、理論的知識というのは社会のなかで知識とみなされているもののなかでもごく小さな部分を占めるにすぎないのであって、決して最重要の部分をなしているわけではないのである。理論的に洗練された正当化図式は、制度史上のある特定の時点においてはじめてあらわれる。それは社会的世界についてへだれもが知っているもの〉の総体であり、格言、道徳、万人周知の知恵の束、価値や信条、それに伝統等々の総体である。ホメロスから最近の社会学体系の樹立者に至るまでの長年にわたる英雄的な統合家の歴史が示すように、これらの要素を理論的に統合するには並々ならぬ知的努力が要求されるのである。しかしながら、理論以前のレヴェルにおいては、どの制度もすべて伝承された処方的知識の体系、つまり制度的にみて正しい行動準則を与えてくれる知識の体系をもっている。[32]

こうした知識は制度化された行動を動機づける原動力となっている。それは行動の制度化された領域を規定し、その領域内に入るすべての状況を指定する。それはこの制度の文脈内で遂行されるべき役割

Ⅱ部　客観的現実としての社会

を規定し、構成する。事実上、それはそうした行動のいっさいを統制し、かつまた予言する。この知識は知識として、つまり現実に関して一般的に妥当する真理の体系として、社会的に客観化されたものである以上、制度的秩序からの基本的な逸脱は、すべて現実からの離脱としてあらわれる。こうした逸脱は道徳的堕落としてみられることもあれば、精神的な疾患としてみられることもあり、またときによってはまったくの無知のせいにされることもある。こうした微妙な区別は逸脱行為のとり扱い方に明白な結果をもたらすのであろうが、一方、こうした区別そのものは、特定の社会的世界の内部にあっては、すべてより劣性の地位しか共有していない。こうした径路を経て、特定の社会的世界はそのものとなる。社会において知識として自明視されている事柄は、およそこの世において知りうる事柄と外延において等しくなるか、あるいは、いずれにせよいまだ知られていない事柄が将来その枠内で知られるようになる、枠組を提供することになる。これが社会化の進行過程で習得される知識というものであり、社会的世界の客観化された構造についての個人の意識の内部における内在化を媒介する知識なのである。この意味において、知識は社会の基本的な弁証法の中心に位置するものである。それは外化が客観的世界を創造する回路を〈立案〉する。それはことばとことばに基礎づけられた認識装置によってこの世界を対象化する。つまりそれは、この世界を現実として理解されるべき対象のもとへと整序づける。そしてまたそれは、社会化の過程において客観的に妥当する真理として、内在化されていく。この⑶ように、社会についての知識は、ことばの二重の意味において客観的に、つまり客観化された社会的現実の理解という意味と、この現実をたえず創造しつづけるという意味において、実現化（realization）なのである。

1章　制度化

たとえば、分業の進行過程においてはそれと関連する特定の行為と結びついた知識の体系が発展させられていく。その言語的な基礎においては、この知識はこれらの経済活動の制度的〈段どり〉にとっては、すでに必要不可欠のものになっている。たとえばそこにはさまざまな狩猟方式や使用武器、それに獲物となる動物等々を指示することばというものがあるであろう。さらにまた、そこには正しく猟をしようとすれば学ばねばならない一連の技法というものがあるであろう。こうした知識は行動に回路を指示し、それを統制する力そのものとしてはたらくものであり、この行動領域を制度化するうえで必要不可欠な要素となっている。狩猟の制度が結晶化し、時間的にも存続するようになると、この知識の総体は狩猟に関する客観的な（そしてまた、ついでに言えば、経験的に実証可能な）記述としての役割を果たすことになる。社会的世界のあらゆる部分はこの知識によって対象化されるのである。こうして、ここには狩猟経済の客観的現実に照応した狩猟に関する客観的な〈科学〉が成立することになるであろう。ここでいう〈経験的実証〉とか〈科学〉とかいうことばは、近代科学の基準からみて、という意味で理解されているのではなく、経験のなかで生み出され、やがてはまとまりをもった一つの知識体系として組織化が可能になるような知識、という意味で理解されているということ、このことについてはここで詳しく説明する必要はない。

ところで、この知識の体系もまた次の世代へと受け継がれていく。それは社会化の過程において客観的な真実として習得されていき、こうしてまた主観的な現実として内在化もされていく。この現実もまた、個人を形成する力をもっている。それはある特殊なタイプの人間、つまり猟師、を生み出すであろうが、猟師としての彼のアイデンティティと経歴は、上に述べた知識の体系によって構成された世界の

II部　客観的現実としての社会

なかでのみ、全体として（たとえば狩猟社会の場合のように）、あるいは部分的に（たとえば猟師たちが彼ら自身の下位世界への参加を通してそれをともに形成する、われわれ自身の社会の場合のように）意味をもってくる。換言すれば、狩猟の制度化という場合、そのいかなる部分も、この行為に関連して社会的に生み出され、客観化されてきた特定の知識を欠いては存在し得ない、ということである。狩猟に携わることと猟師であるということは、こうした知識の体系によって規定され、統制された社会的世界のなかに存在する、ということを意味している。若干の変更を加えれば、同じことは制度化された行動のいかなる領域についてもあてはまる。

c　沈澱化と伝統

人間の経験全体のうちで意識のなかに保持されている部分というのは、ごく小さなものにすぎない。こうして保持された経験は、沈澱化するようになる。つまりそれらは確認したり想起したりすることのできる総体として、記憶のなかに凝結する。(34) こうした沈澱化が起こらなければ、人間は自分の歩んできた道の意味もわからなくなってしまうであろう。幾人かの人間が同じような経歴を共有する場合には、間主観的な沈澱化が起こり、そうした経歴の経験は共通の知識在庫のなかに統合されるようになる。間主観的な沈澱化は、それがあるなんらかの形の記号体系に客観化されるようになったとき、つまり共有された経験を反復して客観化できるという可能性が生じたときにのみ、はじめて真の意味で社会的であるということができる。このときはじめて、これらの経験が一つの世代から次の世代へ、そして一つの

1章　制　度　化

集団からもう一つの集団へ、受け継がれるという可能性が生まれる。理論的には、共通の活動は記号体系がなくても継承の基礎にはなりうる。しかしながら、経験的にはこういうことは起こりにくい。客観的に通用しうる記号体系は、沈澱化した経験を最初の具体的な個人の経歴の文脈から切り離し、それらを当の記号体系を共有する、あるいは将来共有することになるかも知れない、すべての人びとに一般的に接近可能なものにすることによって、これらの経験に萌芽的な匿名性という地位を与える。さまざまな経験は、こうして容易に伝承可能なものになるわけである。

原則的には、いかなる記号体系もすべてこうしたはたらきをもつのであろう。しかしながら、通常、決定的な記号体系をなしているのは、いうまでもなく言語的なそれである。ことばは共有された経験を客観化し、それらを言語共同体に属するすべての人びとの手もとに供することによって、集団的な知識在庫の基礎になると同時に、その道具にもなる。さらにまた、ことばは既存の知識在庫のなかへの新しい経験の統合を可能にすることによって、新しい経験を対象化するための手段にもなり得、客観化、対象化された沈澱物が当の集団の伝統のなかへ継承されていくときの最も重要な手段になる。

たとえば、狩猟社会の成員のなかでも、武器をなくし、素手で野獣と闘わねばならなくなったという経験をもつ者は、一部の者だけに限られている。この恐ろしい体験は、それが勇敢さ、巧みさ、そして手ぎわのよさ等々においてどのような教訓を残そうと、それを経験した人間の意識のなかにはっきりと沈澱化されている。もしこの経験が何人かの人間によって共有されていた場合には、それは間主観的に沈澱化されるであろうし、場合によっては、おそらくこれらの人びとの間に強い絆を形成することにもなるであろう。しかしながら、もしこの経験がことばによってあらわされ、伝達されたとすれば、それ

II部　客観的現実としての社会

は、そうした出来事を一度も経験したことのない人びとにも近づきうるものになるばかりか、おそらくはその人たちにとっても大いに意味のあるものになるであろう。ことばによる指示（狩猟社会においては、それは実際、非常に明確で精巧なものだと考えてよいであろう——たとえば〈たった一人で、大きな獲物、片手で、雄の犀を〉とか〈一人で大きな獲物、両手で、雌の犀を〉、といった具合に）は、経験をその個人史的な出来事から引き離す。それはだれにとっても客観的に可能なものになるか、あるいは、いずれにせよ、ある一定のタイプに属する人間のすべて（たとえば完全に手ほどきを受けた特定の猟師）にとって、客観的に可能なものになる。つまりそれは、たとえその経験がいぜんとしてある特定の個人の功績と結びついているにせよ、原則的には匿名化するのである。自分自身の将来の生活でこうした経験に遭遇することなどおよそ考えられもしないような人びと（たとえば将来の夫として望ましい男性という経験を禁じられている女性など）にとってさえ、それは派生的な形で意味をもつこともある（たとえば将来の夫という経験の対象化（つまり一般的に入手可能な知識対象への経験の変形）は、さまざまな方法を通じて、より大きな伝統体系のなかへの経験の統合を可能にする。たとえば道徳教育、激励的な詩文、宗教的寓話等々によって。こうして、より狭い意味における経験とその付加物であるより広い意味づけは、ともにそれらを新世代に属するすべての人間に教育することも可能になり、また場合によっては、まったく異なった集団（たとえば生業の全体にまったく異なった意味を付与しうる農耕社会）へ、普及させていくこともできるようになる。

ことばは集団的な沈澱物の大きな塊の貯蔵所となる。この沈澱物は無批判的に獲得されうる。つまり

106

1章 制度化

それはまとまりをもった総体として、しかもそれが形成されるに至った当初の過程を再構成することもなく、獲得されていく。ここでは沈澱物の実際の源はすでに重要なものではなくなっている。それゆえ、伝統がこれとはまったく異なった起源をつくり出し、しかもそのことによって客観化された事柄の内容を傷つけることもない、ということも起こりうる。換言すれば、正当化図式はその集団の沈澱化された経験にそのときどきに新しい意味を付与することによって相互に交代し合える、ということである。社会の過去の歴史は、必ずしもその結果として制度的秩序を混乱におとしいれることなく、解釈しなおすこともできるのである。たとえば、上の例でいえば、〈大きな獲物〉は聖者の行為として正当化されることになるかも知れず、人間によるその行為の繰り返しは、すべて神話的な原型の模倣として正当化されることもありうるのである。

こうした過程は制度化された行為だけにみられるものではなく、すべての客観化された沈澱物の基礎にあるものである。たとえばそれは、特定の状況とは直接関係をもたない他者についての類型化図式を継承する場合にも、みられるであろう。たとえばわれわれは他の人びとを〈背が高い〉とか〈背が低い〉、〈肥っている〉とか〈やせている〉、〈頭が良い〉とか〈頭が悪い〉、という具合に類型化する。しかし、このように類型化したからといって、これらの類型になんらかの特殊な制度的意味が与えられるわけではないのである。この過程はいうまでもなく、これまで与えられてきた制度についての説明図式に照応する、沈澱化した意味の継承の場合にもあてはまる。制度の意味の継承は、その制度が当該集団がかかえる〈永遠の〉問題に対する〈永遠の〉解決法として社会的に認知される、ということに、その基礎をもっている。それゆえ、制度化された行為の潜在的な遂行者は、体系的にこれらの意味に通暁していな

II部　客観的現実としての社会

けれDBならない。そしてこのためには、あるなんらかの形の〈教育〉過程が必要になる。制度の意味は強烈に、そして忘れ去られることのないように、個人の意識に印象づけられなければならない。人間というものはしばしば無精で物事を忘れやすいものであるに、これらの意味を繰り返し印象づけ、想起させることのできるさまざまな手段をもまた必要になる――もし必要ならば強制的で一般に不快な手段を用いてでも。また人間はしばしば愚かでもあるから、制度の意味を継承過程のなかで単純化される傾向がある。それを単純化することによって、制度的な〈諸定式〉の集まりを後続世代に容易に習得させ、記憶させようとするわけである。制度の意味がもつ〈定式〉的な性格は、その記憶の容易さを保証する。われわれはこの沈澱化された意味というレヴェルにおいて、われわれが制度化について論じた際にすでに指摘しておいたのと同様の、ルーティーン化と平凡化という過程をもつことになる。ここでも再び、英雄的な武勲が伝統化する場合の定型化した形式が便利な例となる。

制度的行為の客観化された意味は〈知識〉として受けとめられ、そうしたものとして継承されてゆく。この〈知識〉のなかには全員にとって意味ありと考えられるものもあれば、ある一定タイプの人間にとってしか意味をもたないものもある。意味が継承されるためにはある種の社会的装置が必要になる。つまりある一定タイプの人間は伝統的〈知識〉の送り手とみなされており、他のタイプの人間はそうした知識の受け手とみなされているわけである。もちろんこの装置がもつ特殊な性格は社会が異なるにしたがって変化する。さらにまた、ここには伝統が既知者から未知者へと伝えられていく際の類型化された手続きというものがあるであろう。たとえば狩猟に関する技術、呪い、道徳等々の知識が、特定の通過儀礼という手続きを経て、母方の伯父から一定の年齢に達した甥に伝えられていく場合などがそれである。

108

1章 制度化

既知者と未知者の類型学は、両者の間に伝えられていくと考えられる〈知識〉と同様、社会的な規定上の問題である。〈知っている〉ということと〈知らないでいる〉ということは、ともに社会的な現実として規定されたものと関連する事柄であって、認識の妥当性に関するなんらかの社会外的基準を指示するものではない。粗っぽい言い方をすれば、母方の伯父はこの特定の知識在庫を、彼らがそれを知っているから伝えるのではなく、彼らが母方の伯父であるために知っているからこそ（つまり、彼らは既知者として規定されているからこそ）それを伝えるのである。もし制度的に指定された母方の伯父が特殊な事情によって当該知識の伝達能力に欠けることが判明した場合には、彼はもはやことばの十全な意味において母方の伯父であることはなくなるのであり、実際、この地位の制度的承認がとり下げられることもありうるのである。

あるタイプの〈知識〉がもつ有意性の社会的範囲とその複雑性、それに特定の集団内におけるその重要性の如何によって、〈知識〉はそれを象徴する対象（たとえば物神や軍の紋章）および/あるいは象徴的行為（たとえば宗教的儀式や軍事的儀式）によって確認しなおされることが必要になる場合がある。いいかえれば、物理的対象や行為が記憶力を高めるための手段として用いられることがある、ということだ。すべての制度的意味の継承には明らかに統制と正当化の手続きが含まれている。こうした統制や正当化の手続きは制度そのものに付与されたものであり、それらは引き継ぎの担当者によって管理され制度に含まれている知識の伝承形式との間には――機能性ということはもちろんのこと――ア・プリオリな一貫性が存在すると考える必要はない、ということである。論理的な一貫性の問題はまず最初、正

当化のレヴェルにおいて(つまり、さまざまな正当化図式やそれらの管理担当者の間に抗争や競合がみられる場合に)発生し、次いでそれは社会化のレヴェルにおいて(つまり、交代していく制度的意味や競合し合っている制度的意味を内在化していく際に実際上の困難が生じる場合に)発生する。先ほどの例に戻っていえば、狩猟社会に由来する制度的意味を農耕社会に普及させてはならないというア・プリオリな理由は存在しない、ということである。しかもそればかりではなく、外部の観察者にとっては、これらの意味は拡散期における狩猟社会においても不明瞭な〈機能性〉しかもっておらず、農耕社会においてはまったく〈機能性〉などもたないように感じられることさえある。ここに生じてくる問題は、正当化担当者の理論的活動と新しい社会における〈教育者〉の実践的活動と関連し合っている。理論家たちは狩猟を司る女神たちが農耕を司る神々の神殿の住人になったとしても不思議はない、ということで自らを満足させねばならず、一方また教育者たちは、女神たちの伝説的な活動を狩猟など一度も目撃したことのない子どもたちに説明しなければならないという課題を負わされる。正当化を担当する理論家たちは論理を通すことに望みを託す傾向があり、一方、子どもたちは物事に反抗するという傾向をもっている。しかしながら、これは抽象的な論理とか技術的な機能性とかの問題ではない。むしろそれは一方では才覚の、そして他方では信じやすさの問題なのであって、どちらかというと問題の立て方が違うのである。

d 役割

制度化

1章

 すでにみてきたように、いかなるものであれ、制度的秩序の始まりは自己自身と他者の行動を類型化することにある。このことは人が他者とともに特定の目標や相互に絡み合った行動の諸局面を共有するということ、そしてさらには、ただ単に特定の行為が類型化されるだけでなく、行為の形態までもが類型化される、ということを意味している。つまり、ここではXというタイプの行為を遂行しつつある特定の行為者を見ることができるだけでなく、当の有意性構造の共有を当然要求できる人物であればいかなる行為者によっても遂行されうるものとしてある、Xというタイプの行為を見ることができるであろう、ということである。たとえば、人は勝手気ままな振舞いをする自分の子どもを義兄が打擲するのを見て、この特殊な行為が他の伯父と甥との組合わせにふさわしい行為の一形態にすぎないこと、つまり、まさしくそれが母系制社会にあっては一般的に観察可能なパターンにすぎないことを知るであろう。この後者の類型化が支配的になりさえすれば、この出来事は社会的に自明視された経過をたどるようになり、父親は伯父の正当な権威行使を邪魔することのないように、この場面からわざと身を引くことになるであろう。

 行為形態の類型化はこれらの行為が客観的意味をもつことを必要とするが、この客観的意味もまた、ことばによる対象化を必要とする。つまり、ここにはこれらの行為の諸形態を指し示す語彙というものが存在するであろう、ということだ〈たとえば〈甥の打擲〉ということばがそれであり、これは親族関

係とそのさまざまな権利・義務関係を指し示すより大きなことばの体系の一部をなすであろう）。こうして、原理的には、行為とその意味は、行為の個々の遂行やそれらと関連した可変的な主観的過程から分離して理解することが可能になる。自己も他者もともに客観的で、一般的に知られた行為の遂行者として理解することができるのであり、これらの行為はそれに適したタイプの行為者であれば、だれによっても、反復され、繰り返し可能なものとなるのである。

このことは自我の経験にとって非常に重要な意味をもっている。行為が行なわれているとき、そこには自我と行為の客観的意味との同一化が存在する。つまり、現に遂行されつつある行為は、その間、行為者の自己理解を規定するのであり、これまで社会的にこれに与えられてきた客観的意味において、規定するのである。しかもそれは、その行為に対しこれまで社会的に与えられてきた客観的意味において、規定するのである。もちろんここには直接行為には関与していない自己の身体と、自我の他の側面についてのマージナルな意識というものが存在しつづける。しかし、行為者は、その行為の遂行中は、自己自身を本質的には社会的に客観化された行為との同一化において理解する（たとえば〈自分はいま甥をぶっている〉という理解がそれであり、これは日常生活のルーティーンにおける一つの自明化した小事件である）。行為が行なわれた後、行為者が自らの行為の跡をふり返る場合には、この一つの自明化した小事件である）。行為が行なわれた後、行為者が自らの行為の跡をふり返る場合には、この行為の遂行者として対象化されるのであり、それとともに、全体としての自我は再び遂行された行為から相対的に自らを距離化しだすのである。つまり、自我をただ部分的に行為に関与したにすぎないものとして把らえることが可能になるわけだ（要するにわれわれの例におけるこの人間は、甥をぶつ人間である以外に、他の何者かでもあるわけである）。

こうした対象化の過程が蓄積される（たとえば〈甥をぶつ人〉、〈妹の後見人〉、〈新入りの兵士〉、〈雨乞

1章 制度化

い踊りの名手〉等々というふうに）と、自己意識の部分がそっくり対象化されたこれらのものによって構成されるようになる、ということを理解することは困難ではない。換言すれば、自我の一部は本来の意味に通用している類型化図式によって対象化される、ということである。こうした部分こそが本来の意味における〈社会的自我〉であり、これは全体としての自我から明確に区別されるものとして、そして場合によっては、それに対立すらするものとして、主観的に経験されるのである。この重要な現象——これは自我のさまざまな部分間における内的〈対話〉を可能にする——については、後に社会的に構成された世界が個人の意識のなかに内在化される過程を考えるとき、再びとりあげられるであろう。さしあたり重要なのは、この現象と客観的に通用している行動の類型図式との間の関係である。

要約していえば、行為者は中は社会的に客観化された行動の諸類型に自己を同一化するが、その後、彼が自己の行為を反省するとき、彼はそうした諸類型との間に再び距離を確立する。行為者と彼の行為との間のこの距離は、意識のなかに保持しつづけることが可能であり、いつか再びその行為が繰り返されるとき、そこに投射することも可能である。このように、行為しつつある自己と行為しつつある他者は、ともに独特の個人として理解されるのではなく、さまざまなタイプとして理解される。定義からして、これらのタイプは相互に交換も可能である。

この種の類型化が行為者の集団に相互に共通する対象化された知識在庫の文脈内において生じるとき、われわれははじめて本来の意味で役割なるものについて語り始めることができる。役割とはそうした文脈内における行為者の諸類型に他ならない。役割の類型学の構築が行動の制度化にとってなくてはならない相関物であることは、容易に理解することができよう。諸々の制度は役割を通じて個人の経験のなかに

113

具象化される。ことばによって対象化された役割は、いかなる社会にあっても、その客観的に現前する世界を構成する必要不可欠な要素となっている。役割を遂行することによって、個人は社会的世界に参加する。これらの役割を内在化することによって、この世界は彼にとって主観的なものになるのである。

共通の知識在庫のなかには社会の全成員にとって近づきうる、あるいは少なくとも当該役割の潜在的遂行者にとって近づきうる、役割遂行の規準というものが存在する。この一般的な接近可能性自体もまた、同じ知識在庫の一つの構成部分をなしている。つまり、ただ単にXという役割の規準が一般的に知られている、というだけでなく、これらの規準が知られているということもまた、知られているのである。したがって、Xという役割の行為者は、すべてこの規準の遵守という責任を負わされうるのであり、この規準は制度的伝統の想定上の一部として教えこまれ、すべての役割遂行者の身元証明のために利用されると同時に、同じ理由から、社会統制にも役立てられるのである。

役割の起源も、制度の起源と同様、習慣化と客観化という基礎的過程のなかにある。役割は行動の相互の類型化を含む共通の知識在庫が形成過程に入るや否やあらわれるものであり、この過程は、すでにみてきたように、社会的相互作用に固有のものであると同時に、本来の制度化に先立ってあらわれる。どの役割が制度化されるようになるか、という問題は、どのような行動領域が制度化されやすいか、という問題と同一のものであり、またその解答も後者と同じ論法で与えられよう。すべての制度化された行動は役割の制度化を含んでいる。こうして、役割は制度化がもつ統制的な性格を分かちもつことになる。行為者が役割遂行者として類型化されるや否や、彼らの行動は事実上、強制力の下におかれることになる。

1章　制度化

社会的に規定された役割基準の承認や否認は、恣意的選択の問題ではなくなるわけである。もちろん、制裁の厳しさがそれぞれの場合によって異なってくることはいうまでもない。

役割の遂行は役割的秩序を表現する。[38] こうした表現は二つのレヴェルにおいて行なわれる。まず第一に、役割は制度自体を表現する。たとえば、裁判を行なうことは裁判官の役割を表現する。判決を下しつつある個人は〈彼自身の意図によって〉判決を下しているのではなく、裁判官として判決を下しているのである。第二に、役割は制度的に定められた行動の網目の全体を表現する。裁判官の役割は他の諸々の役割と関連し合っており、こうした役割の総体が法制度を構成しつつある制度を代表するものとして行為する。遂行される役割におけるそうした代表性を通じてのみ、制度は実際の経験のなかに顕現することが可能になる。〈予定表に記された〉行為の総体としてある制度は、ちょうど文字のないドラマの台本のようなものである。ドラマを現実化するのはあらかじめ割り当てられた役割を何度も繰り返し上演する、生きた俳優たちの演技である。俳優は与えられた舞台の上で役割を表現することによって役割を具現し、ドラマを現実化する。ドラマも制度も、ともにこうした現実化の繰り返しを欠いては、経験的には存在しえない。それゆえ、役割は制度を表現する、ということは、役割は制度が生きた諸個人の経験のなかに一つの現実として繰り返しあらわれることを可能にする、ということを意味している。

制度はこれ以外にもさまざまな方法によって表現される。たとえば言語を通じてのその対象化——その単純なことばによる指示から高度に複雑な現実の象徴化への統合に至るまで——もまた、経験において制度を表現する（つまりそれらを現前化する）。さらにまた、制度は自然的および人為的な物理的対象

115

によって象徴的に表現されることもある。しかしながら、こうしたすべての表現も、それらが実際の人間の行動によってたえず〈活性化〉されることのないかぎり、〈死んだもの〉となる（つまり主観的現実性を喪失する）。このように、役割のなかにおける、そしてまた役割による、制度の表現は、すぐれた意味における代表的具現（レプリゼンテーション）そのものであり、他のあらゆる代表的具現も、すべてこのことにその基礎を置いている。たとえば法制度もまた、法律用語、法規範、法理論、そして最後に、倫理的、宗教的、あるいは神話的な思考体系における制度とその規範の究極的な正当化図式、などによって表現されることはいうまでもない。さらにまた、法の執行にしばしば伴う威嚇的な道具立てのような自然的現象——これは罪人判別法に基づく裁判において神の審判として解釈されたり、場合によっては究極的な正義の象徴としてさえ考えられたりすることもある——も、制度を表現している。しかしながら、すべてのこうした表現手段がその持続的な意味や、ときにはその明快ささえをも引き出すことができるのは、それらが人間の行動において役立てられているからこそである。もちろんここでいう人間の行動が、法の制度的役割のなかで類型化されたそれを意味していることはいうまでもない。

ところで、諸個人がこれらの問題について考え始めるとき、彼らは一つの課題に直面する。それは制度を代表するさまざまな表現手段を意味をなすであろう一つの首尾一貫した全体のなかに統合する、という課題である。具体的な役割の遂行は、すべて制度の客観的意味と結びついており、それゆえにまた、こうして他の補助的な役割遂行や一つの全体としての制度の意味とも関連し合っている。このようにして関係づけられたさまざまな役割遂行や表現手段の統合化という問題は、基本的には正当化のレヴェルにおいて解決されるのであるが、一方ではまたそれは、一定の役割を通じて解決されることもある。すべての役割

1章　制　度　化

は、上に述べたような意味で、制度的秩序を表現する。しかしながら、一部、一部の役割は他の諸々の役割よりも、その秩序をその全体性においてより象徴的に表現する。そうしたあれこれの制度は社会にあって非常に大きな戦略的重要性をもっている。というのも、これらの役割は単にあれこれの制度を表現するばかりでなく、一つの意味ある世界への全制度的統合をあらわしているからである。

これらの役割が社会の成員の意識と行動における統合の維持に役立っていることはいうまでもない。つまり、これらの役割は社会の正当化装置との間にある特殊な関係をもっているのである。役割のなかには一つの統合された全体性としての制度的秩序をこうして象徴的に表現すること以外には、なんらの機能をももたないものもあれば、それらが日常的に果たしているさほど高尚ではない諸機能の他に、場合によっては、こうした象徴的機能を同時に果たしているものもある。たとえば、裁判官が、ときによってはある特別に重要な裁判において、こうした形で社会の全体的な統合を表現する場合もある。君主は常時こうした機能を果たしつつあるし、立憲君主制の下においては、その機能が普通の人に至るまでの全社会層にとっての〈生きた象徴〉であることに尽きる、ということもあるであろう。歴史的には、制度的秩序の全体を象徴的に表現する役割は、最も一般的には、政治的秩序と宗教的秩序のなかにあらわれてきている。⁽⁴⁰⁾

われわれの当面の考察にとってこれよりもっと重要なのは、共通の知識在庫の特殊な諸部門間を媒介するものとしての役割の性格である。個人は自らが遂行する役割によって、社会的に客観化された知識の特定の分野へ導入されてゆく。しかもこの場合、知識というのは狭い認識的な意味でのそればかりではなく、規範、価値、さらには情緒に関する〈知識〉という意味でのそれをも含んでいる。裁判官であ

117

II部　客観的現実としての社会

るためには法律に関する知識をもっていることが必要であることはいうまでもないが、そればかりでなく、おそらくは法律と関係する人間的事象のずっと広い範囲についても、知識をもち合わせていることを必要とする。しかしながら、裁判官であることは、また裁判官にとってふさわしいと考えられる価値や態度についての〈知識〉をももっている、ということを意味しており、こうした知識には、さらに裁判官の妻としてそれをもっていることが普通一般にふさわしいと考えられている価値や態度までもが含まれることさえある。さらにまた、裁判官は感情の領域においてもそれにふさわしい〈知識〉をもっていなければならない。たとえば、裁判官という役割を遂行するのに重要でなくはない心理的条件というものを考えれば、彼はどのような場合に自己の同情心を抑制しなければならないか、を知っている必要があるであろう。このように、各人が分担するそれぞれの役割は、社会の全知識在庫のうちのある特定部門への参加を可能にする。役割を習得するには、その〈表向き〉の遂行に直接必要とされるルーティーンを習得するだけでは十分ではない。それには同時にまた、この役割を遂行するのに直接おとび間接的に役立つ知識体系のさまざまな層――認知上のそれや、ときには感情的な層までも――について手ほどきを受けることが必要なのである。

このことは知識の社会的配分という問題を意味している。(41) ある社会の知識在庫は社会全体にとって有意味的な知識と、特定の役割にとってのみ意味をもつにすぎないような知識によって構成されている。

このことはどんな単純な社会状況であろうと、すべての場合についてあてはまる。たとえばそれはわれわれが先に例示したような社会状況――つまり一人の男と両性志向の女性、それにレスビアンの三人の間で進行中の相互関係によって生み出されるそれ――についてもあてはまる。ここには三人全員にとっ

118

化

制度化

1章

意味をもつような知識もあれば（たとえばこの関係を経済的に維持するのに必要な手続きに関する知識）、三人のうちの二人にとってのみ意味をもつような知識もある（たとえばレスビアンの技法であるとか、他の場合であれば、異性をひきつけるための知識の技法、など）。ことばをかえれば、知識の社会的配分は、一般的に有意味なものと役割に特殊なそれへの知識の二分化をもたらす、ということである。

社会における知識の歴史的蓄積という事実から考えると、われわれは分業の発達によって、役割に特殊な知識の方が全員にとって意味をもち、近づきうる知識よりも、容易に習得でき、伝授しうる、規格化された解決法を必要とする。分業によってもたらされた特殊な作業の増大は、これらの解決法に関する専門化された知識と、それによって状況が社会的に規定される、手段‐目的関係に関する知識とを必要とする。いいかえれば、専門家が増大し、それとともにそれぞれの専門家は自己の特定の作業の遂行にとって必要と思われるものであれば、なんでも知っていなければならなくなるであろう、ということだ。

役割に特殊な知識を蓄積するには、一定の諸個人が彼らの専門領域に専念できるような形に社会が組織されていなければならない。たとえば、もし狩猟社会において一定数の個人が刀鍛冶の専門家になろうというのであれば、他の全成人男子に義務づけられている狩猟活動を彼らには免除してやるためのとり決めがなければならないであろう。これよりもっと抽象的な形の専門化された知識、たとえば秘法家とか他の知識人などがもっている知識も、これと同様の社会的組織を必要とする。これらすべての場合において、専門家たちは、社会的に彼らに割り当てられた知識在庫の諸部門について、その管理者になるわけである。

119

II部　客観的現実としての社会

ところで、これと同時に、社会の全員にとって関係のある知識のなかで重要な部分を占めているのが、専門家の類型学である。専門家たちはそれぞれの専門分野について詳しい人びととして規定されているが、一方で、すべての人はその専門知識が自分たちにとって必要になった場合に、だれがその道の専門家なのか、ということを知っていなければならない。一般の人間は豊作をもたらしたり厄払いをしたりするときの祈禱について、詳しい内容を知っているとは考えられていない。しかしながら、彼が知っていなければならないのは、こうしたいずれかの祈禱が必要になった場合、どの祈禱師にそれを依頼すればよいのか、ということである。このように、専門家の類型学（最近の社会事業家たちがいうところの照会的手引（レフェラル・ガイド））は社会の全員にとって関係があり、また近づきうる知識在庫の一部をなしているが、専門知識を構成する知識はそうではない。ある種の社会において生じうる実際的な困難（たとえば専門家の集団がいくつかあって競争し合っている場合とか、専門化が複雑になりすぎて素人が混乱させられるような場合）については、ここでは考える必要はない。

このように、役割と知識との間の関係は二つの有利な観点から分析することができる。まず第一に、制度の秩序という観点から眺めると、役割は制度的に客観化された知識の集まりの制度的表現および媒介物としてあらわれる。第二に、いくつかの役割の観点から眺めると、それぞれの役割は社会的に規定された知識という付加物を伴ってあらわれる。もちろん、この二つの観点が、社会の本質的な弁証法である総体的な現象そのものを指し示していることはいうまでもない。第一の観点は社会は諸個人がそれを意識しているかぎりにおいてのみ存在する、という命題によって要約することができ、第二の観点は個人の意識は社会によって規定される、という命題によって要約することができよう。このことを役割

1章 制度化

の問題だけに限ってみれば、われわれは次のようにいうことができる。つまり、一方で制度的秩序は遂行される役割において実現されるかぎりにおいてのみ現実的なものとして存在し、他方、役割は役割の性格（知識というその付加物をも含めたうえで）を規定し、役割がその客観的意味をそこから引き出す制度的秩序を表現する、ということである。

役割の分析は知識社会学にとってとりわけ重要な意味をもっている。というのも、それは社会のなかに客観化された意味の巨視的な世界と、これらの世界が諸個人にとって主観的に現実的なものとなる、そのなり方との間の媒介機制を明らかにしてくれるからである。こうして、たとえば一定の集団（階級、人種集団、あるいは知識人のグループ等々）における宗教的世界観の巨視的な社会的基盤を分析することが可能になると同時に、個人の意識のなかにおけるこうした世界観のあらわれ方を分析することも可能になるわけである。この二つの分析は、個人が自己の社会的活動の全体において、当該集団とどのようにして関係を結ぶかを研究する場合にのみ、統合することができるであろう。そうした研究は必然的に役割分析という作業になるであろう(42)。

　　e　制度化の範囲とその様式

　これまでのところ、われわれは社会学的定数として考えてよい基本的な特徴を挙げて、制度化について論じてきた。われわれにとっては、たとえ概説的な形にせよ、これらの定数の歴史的なあらわれや結びつきにおける無数の変型について、この論稿でとり扱うことは不可能である——そうした作業は社会

121

学的理論の観点から一つの世界史を書くことによってのみなしうるであろう。しかしながら、諸制度の特性には多くの歴史的変型があり、それらは具体的な社会学的分析にとっても極めて重要であるから、少なくとも大ざっぱにはそれらについて触れておく必要はあろう。もちろん、われわれの焦点がこれまでと同様、制度と知識との間の関係に置かれていることはいうまでもない。

それがどのようなものであれ、われわれが具体的な制度的秩序を考える場合、われわれは次のような問いかけをなすであろう。それは、一定の集団における社会的行為の全体のなかで、制度化が及ぶ範囲はどのようなものであるのか、という問いである。ことばをかえていえば、制度化されないまま放置されている部門と比べた場合、制度化された活動の部門はどれほどの広さをもつものなのか、という問題である[43]。もちろん、この問題には歴史的な可変性というものがあることは明らかであり、社会が異なるにしたがってそれらが許容する制度化されない行為の範囲もまた、それぞれ大きさが異なってくる。一般的にみて重要なのは、制度化の及ぶ範囲の大小を決定する要因は何であるのか、という問題である。

ごく形式的に言えば、制度化の及ぶ範囲は有意性構造の一般性によって決まってくる。もしある社会の多くの、あるいは大部分の有意性構造が一般的に共有されているならば、制度化の及ぶ範囲は広いものになるであろう。しかしながら、ごく一部の有意性構造しか一般的に共有されていないような場合には、制度化の及ぶ範囲は狭いものになるであろう。後者の場合には、さらに制度的秩序が高度に分節化されているという可能性がある。つまり、ここでは一定の有意性構造が社会のなかの諸集団によって共有されていながらも、全体としての社会によっては共有されていないのである。

ここでは理念型に基づいた極端な事例によって考えてみるのが発見学的に有益であろう。その一つと

1章 制度化

して、制度化が生活の全面に及んでいるような社会を考えてみることができる。そうした社会においては、すべての問題は人びとにとって共通の問題となり、これらの問題に対するすべての解決法は社会的に客観化されており、すべての社会的行為は制度化されている。制度的秩序は社会的生活の全体を包み込んでおり、その生活はちょうど複雑で高度に様式化された儀式をたえず行なっているようなものとなる。ここでは役割に特殊な知識の配分はまったく存在しないか、あるいはほとんど存在しないに等しい。それというのも、すべての役割はすべての行為者にとって同等の有意性をもつ状況のなかで遂行されるからである。全面的に制度化された社会というこの発見学的モデル（そのうち説明するように、こうした社会は悪夢にとって格好の主題となる）は、若干これを修正して、社会的行為のすべてが制度化されている——しかも共通の問題に関してだけ制度化されているのではない——状態として考えることもできる。そうした社会がその成員に課すであろう生活様式も同等に厳格なものになるであろうが、しかし一方で、そこには役割に特殊な知識の配分という点では、大きな程度の差がありうるであろう。いってみれば、多くの儀式が同時に進行中、という事態もありうるのである。いうまでもないことだが、制度化が全面に及んでいるようなモデルもその修正モデルも、歴史のなかには見出せないことはもちろんである。しかしながら、実際の社会はこの極端な類型へのその近似性によって考えることはできる。それゆえ、未開社会は文明社会よりもはるかにずっとこの類型に近い、ということもできよう。あるいはまた、古代文明の発展のなかには、この類型からの漸進的な離脱の動きがみられる、とさえいってよいかも知れない。⑮

これとまったく逆の極端な例は、ただ一つの共通の問題しか存在せず、制度化もこの問題と関係のあ

行為に関してのみ生じるような社会であろう。そうした社会においては、共通の知識在庫などというものもほとんど存在しないであろう。ほとんどすべての知識は役割に特殊化なものとなるであろう。大きな規模をもつ社会を眺めてみても、この類型に類似したものさえ、歴史的には見出すことはできない。しかしながら、これより小さい社会諸形態においては、これとある程度似通ったものは見出すことはできる——たとえば、共通の関心事が経済活動の調整のみに限られているような絶対自由主義者たちの租界集団の場合とか、唯一共通の問題が戦争を行なうことにのみあるような、多くの部族や人種の単位から成る遠征軍の場合など。

刺激的な社会学的空想はともかくとして、そうした発見学的仮説は、それらへの接近を促進する諸条件を明らかにするのに役立つ限りにおいてのみ、有益なものである。そうした条件のうちで最も一般的なものは、制度の分化を伴う分業の発達程度である。(46)分業がますます進行しつつあるような社会は、すべて上に述べた第一の極端な類型から離脱していく過程にある。こうした第一の条件と密接に関係するもう一つの一般的条件は、経済的余裕の存在である。これは一定の個人ないしは集団が、生存とは直接関係しない特殊化された活動に従事することを可能にする。(47)すでにみてきたように、これらの特殊化された活動は、共通の知識在庫における専門化と分節化とをもたらす。さらにまた後者は、いかなる社会的有意性からも主観的に独立した知識、つまり〈純粋理論〉を可能にする。(48)このことは、一定の諸個人が(先の例に戻るならば)武器を製造するためだけでなく、伝説をつくり上げるためにも、狩猟活動から解放される、ということを意味している。こうしてわれわれは〈理論的生活〉というものをもつことになる。つまり専門化された知識体系の贅沢な増殖過程に携わり、その社会的威信が理論化すること以

1章 制度化

〈理論的生活〉をもつのである——このことから多くの分析的問題が生じてくるが、これについてはまた後にとり上げることになるであろう。

しかしながら、制度化の過程というのは——制度は一度形成されると存続する傾向があるのは事実であるが——再びもとに戻ることが不可能な過程ではない。制度化された行為の領域はさまざまな歴史的理由によって小さくなることもある。社会生活の一定領域では、脱制度化が起こることもある[50]。たとえば、近代産業社会のなかであらわれてきた私的生活の領域は、公共生活の領域に比べると、かなりの程度、脱制度化されている[51]。

ところで、制度的秩序がそれとの関係で歴史的に変化するもう一つの問題がある。それは、行為の遂行とその意味というレヴェルからみた場合、さまざまな制度間の相互関係はどのようなものとしてあるのか、という問題である[52]。すでにふれた第一の極端な類型にあっては、どの個人の主観的生活史のなかにおいても、制度的行為と意味の統一というものが存在している。ここではすべての人が知識の社会的在庫の総体が、すべての個人の生活史のなかで現実化されている。ここではすべての人がすべてのことを行ない、すべてのことを知っている。意味の統合の問題（つまり、さまざまな制度間の意味ある関係という問題）はもっぱら主観上の問題となる。制度的秩序の客観的意味は各個人に対してすでに与えられ、かつまた一般的に知られたものとして社会的に自明のものとして、あらわれる。もしそこに問題が起こるとすれば、それは社会的に合意が成立している意味を内在化するにあたって、個人が直面しうる主観的困難によるものである。

こうした発見学的モデルからのズレが大きくなるにしたがって（ズレの程度は同じではないが、実際の社会がすべてこうしたモデルからの逸脱であることはいうまでもない）、制度的意味の所与性に重要な修正が加えられることになるであろう。こうした修正の最初の二つについては、すでにわれわれは指摘しておいた。一つは、ある一定タイプの人間だけが一定の行為を遂行する、という形での制度的秩序の分節化であり、もう一つは、その結果として生じる、一定タイプの人間だけに所有されることになる役割に特殊な知識、という意味での知識の社会的配分である。しかしながら、これらが発展するにしたがって、一つの新しい布置状況が意味のレヴェルにおいてあらわれる。つまり、ここにはいまや社会全体のなかにおける意味の包括的統合ということに関して、一つの客観的な問題があらわれるであろう。この問題は、たとえばある人が自分のこれまでの生き方について、自分がそれに与える意味と社会によって与えられる意味とを調和させる、といったような、単に主観的な問題とはまったく異なる問題である。この相違は、他者を説得する宣伝活動を行なうことと、自己自身を納得させる回顧録をものにすることとの相違と同じほど、大きいものである。

男─女─レスビアンというこの三者関係においてわれわれがやや詳しく指摘しておいたのは、それぞれ異なった制度化の諸過程が〈相互に調和する〉ものとア・プリオリに決めてかかることはできない、ということであった。男と女によって共有されている有意性構造（A─B）は、女とレスビアンによって共有されている有意性構造（B─C）と統合させる必要はないし、あるいはまたレスビアンと男によって共有されているそれとも統合される必要はないわけである。個々の制度的過程は全体的な統合が欠けていても共有されつづけることは可能である。その場合、われわれが主張したのは次の点であった。そ

1章　制度化

れは、諸制度が相互に関連し合っているということをア・プリオリに想定することはできないが、実際には現につながり合っている、というこの経験的事実は、ただいくつかの制度についての自らの経験に一定の論理を付与する、諸個人の反省的意識に関連づけてのみ説明しうるということ、これである。われわれはいまやこの主張をもう一歩先にすすめることができる。それには例の三人のうちの一人（われわれはそれをAという男と仮定してみよう）が状況におけるその調和の欠如に満足しえなくなった場合を想定してみるとよい。このことは、彼が共有している有意性構造（A—BおよびC—A）が彼にとって変化したことを意味するわけではない。むしろそれは、彼がこれまで共有してこなかった有意性構造（B—C）がいまや彼の悩みの種になる、ということである。これはたとえば、B—Cの有意性構造が彼自身の利益を無視するような場合〔CがBと愛を交歓するのに多くの時間を使いすぎ、彼との間の花の手入れという活動を阻害したり〕、あるいはまた彼が理論的な問題に強い関心をもったりすることなどによって引き起こされるであろう。いずれにせよ、彼は三つのバラバラな有意性構造とそれらに伴う習慣化の過程を、つながりをもった一つの意味のある全体——つまりA—B—C関係——へと統合することを望むのである。この統合はどうすればできるであろうか。

われわれは彼が宗教的才能の持主であったと仮定してみよう。ある日、彼は他の二人に対して新しい神話を語りきかせる。その神話によれば、世界は二つの段階を経てつくり出された。まず第一の段階で、創造神がその姉と交わることによって乾いた土地がつくり出され、次いで、後者とその双生の女神との間の相互の自慰行為のなかで海がつくられた。そして世界がこのようにしてつくり出されたとき、創造神は双子の女神に加わって大きな花の舞いを舞い、かくして乾いた土地の表には植物と動物が生まれ

ことになった。こうしてみれば、異性関係、レスビアン関係、それに花の栽培という既存の三者関係は、神々の祖型的行為の人間による模倣以外の何物でもないことになる。なかなかよくできた話ではある。比較神話学にいくらかの知識がある読者ならば、宇宙開闢に関するこうした小話の歴史的対応物を見出すことに、何の苦労も要しないであろう。われわれの件の男は話をつくりあげることよりも、その話を他の二人に納得させることの方に、より苦労するかも知れない。そこで彼は宣伝という問題に直面することになるだろう。しかしながら、もしBとCもまた、彼女たちのさまざまな計画を実行しつづけていくうえでいくつかの実際上の困難に直面していたと仮定すれば、あるいは〈可能性はより小さいのだが〉彼女たちが天地創造に関するAの話を聞いて何事かを教えられる、というようなことがあったとすれば、彼が自分の理論図式を彼女たちに受け容れさせることに成功するチャンスは十分にある。ひとたび彼がこれに成功し、三者のすべてが、彼らのいくつかの行為が大きな社会（つまりA—B—Cという社会）を維持していくうえでともに役立つということを〈知る〉ならば、この〈知識〉はその状況のなかで進行する事態になんらかの形で影響を及ぼすことになるであろう。たとえばCは、いまやより素直な態度で、彼女がもつ二つの主要な企画の間に、公正な仕方で時間の割りふりを考えるようになるかも知れないのである。

もしわれわれの例をこのように拡大するのが無理だと思われるなら、われわれはそれを宗教的才能の持主であるこの男の意識における世俗化過程を考えてみることによって、より身近なものに近づけることもできよう。この場合には、神話はもはや説得的なものとは思われない。状況は社会科学者によって説明されなければならない。もちろんそれは至極簡単なことだ。つまり〈社会科学者に変化したこの宗教

1章 制度化

的才能の持主にとっては）状況のなかで進行中の二種類の性的行為が、当事者たちの深層的な心理的欲求をあらわしていることは明らかである。彼はこれらの欲求を充足させないでおくことが〈機能阻害的〉な緊張をもたらすであろうということを〈知っている〉。他方、われわれの三人組がココヤシを得るために島の他の一端で彼らがつくった花を売っていることもまた、一つの事実である。とすれば、問題はこれで解決する。というのも、A─BおよびB─C間の行動パターンは〈パーソナリティ体系〉からみれば、機能的なものであり、一方また、C─A関係も〈社会体系〉の経済的部門からみれば機能的なものだからである。A─B─C関係は体系間レヴェルでの機能的統合の合理的産物以外の何物でもないわけである。さらにまた、もしAが彼の二人の女性に対してこの理論を宣伝することに成功するならば、彼らの状況のなかに含まれている機能的要件に関する彼らの〈知識〉は、彼らの行動をなんらかの形で統制するはたらきをもつことになるであろう。

これを準用すれば、同じ主張は、もしわれわれがそれをわれわれの例における対面的な牧歌的状況から巨視社会的なレヴェルへと置きかえたとしても、成立するであろう。制度的秩序の分節化とそれに伴う知識の配分は、社会的の全体を包括し、個人の分節化された社会的経験と知識に対し客観的意味の全体的文脈を提供する、統合的意味の提示という問題に導くであろう。しかもそればかりではない。ここでは社会全体の有意味的な統合ということが問題になってくるばかりでなく、あるタイプの行為者が遂行する制度的行為を他の諸々のタイプの行為者に対して正当化することの必要性、という問題も起こってくるであろう。われわれは、ここには戦士、農夫、商人、祈禱師等々の行為に対して客観的意味を付与する制度的意味の世界というものが存在する、と考えてよい。このことは、こうしたさまざまのタイプの行

129

II部　客観的現実としての社会

為の間には利害関心の対立は存在しない、ということを意味するものではない。たとえ共通の意味の世界に住んでいようとも、たとえば祈禱師たちは場合によっては自分たちの行為の一部を戦士たちに〈説明〉しなければならない、という問題に直面することもありうるのである。そうした正当化の方法もまた、歴史とともに変化する。[53]

制度の分節化がもたらすもう一つの結果は、社会的に隔離された意味の下位世界の成立可能性ということである。こうした意味の下位世界は役割の専門化がすすみ、役割に特殊な知識が共通の知識在庫に対してまったく秘教的な性格をもつようになったときに生じてくる。そうした意味の下位世界は世間の目から閉ざされて見えなくなるような場合もあれば、そうでない場合もある。場合によっては下位世界の秘教の認知的内容だけでなく、下位世界やそれを支える集団の存在さえもが神秘に閉ざされてしまうこともある。意味の下位世界はさまざまな規準——たとえば性、年齢、職業、宗教的傾向、美的趣好等——をもとにして社会的に構成されうるであろう。下位世界の出現するチャンスが、分業がすすみ、経済的余裕が大きくなるにしたがって、着実に増えていくことはいうまでもない。自給自足経済に支えられた社会は、一般にアフリカやアメリカ・インディアンの間にみられる〈秘密社会〉におけるように、男と女、あるいは老戦士と青年戦士との間に認知上の区別を設けることができる。そうした社会は、さらにまた若干の僧侶や祈禱師のような秘儀に従事する人間を養えるだけの余裕をもっている場合もある。ヒンズー教のカースト、中国の文士官僚制、あるいは古代エジプトの僧侶集団などによって特徴づけられる意味の下位世界が成熟しきるには、経済的問題のよりいっそう発展的な解決が必要とされるのである。

1章　制度化

他のすべての意味の社会的構成物と同様、下位世界もまた、ある特定の集団によって〈担われ〉なければならない[54]。つまりそれは、たえず当の意味を生み出すとともに、そのなかにおいてこれらの意味が客観的現実性をもつ集団によって担われなければならない。こうした集団の間には、問題となっている当の専門家に対する余剰資源の配分に関して、争いが起こることもある。最も単純なレヴェルにおいては、抗争や競争関係が存在することもある。たとえば、正式には一体だれが生産労働を免除されるべきなのか、それとも首長の家庭内にあって家事の手伝いをする人間だけなのか。あるいはまた、だれが当局から一定の報酬を受けるべきなのか、それは薬草で病人を治す人間なのか、それとも夢幻境へ誘い込むことによって病を癒す人間であるべきなのか。こうした社会的抗争は、己れ自身の地位を確立し、競争相手の知識体系を一掃するとまではいかないまでも、その信用の剥奪を狙う、競合的な思想の学派間の抗争に容易に置きかえることができる。現代社会においては、われわれはたえずそうした対立抗争(それは物事の見方に関する抗争であると同時に、社会経済的な抗争でもある)を正統派医学とその競争相手、たとえば指圧療法、同種療法、あるいはクリスチャン・サイエンス、などとの間に見出すことができる。大勢の人間がそのすべての時間をまったく不明瞭な目的のために費すことを許容できるだけの大きな経済的余裕をもつ発達した産業社会においては、考えうるかぎりでのあらゆる種類の下位世界の間で多元的な競争がくり返されることは、あたりまえのことになっている[55]。

意味の下位世界が確立されるにつれて、社会全体に関するさまざまなものの見方が生まれ、それぞれが社会をある一つの下位世界の視角から眺めるようになる。たとえば指圧療法家は社会に関して医科大

131

Ⅱ部　客観的現実としての社会

学の教授とは異なった視座をもっており、詩人は実業家とは異なった視座をもっている。ところで、こうした視座の多元化によって、社会全体を蓋うた異教徒とは異なった視座をもっている。ところで、こうした視座の多元化によって、社会全体を蓋う安定した象徴の天蓋の確立という問題が極めて切実なものになることはいうまでもない。それぞれの視座はそれがどのような理論、あるいは世界観(ヴェルトアンシャウウング)などという付属物を伴ってあられようと、それをもっている集団の具体的な社会的利害と結びつくようになるであろう。しかしながら、このことは、理論とか世界観とかはもちろんのこと、さまざまな視座が社会的利害の機械的な反映以外の何物でもない、ということを意味するわけではない。とりわけ、理論的レヴェルにおいては、知識が知識の持主の経歴と結びついた利害や社会的利害から大きくかけ離れる、ということもまったく可能なのである。たとえば、ユダヤ人たちがなぜある種の科学研究に熱心に携わるようになったかを説明してくれる、はっきりとした社会的理由を見つけ出そうとするのであれば、それは見つからないかも知れない。しかしながら、それをユダヤ人が支持するか、それともユダヤ人以外の人間が支持するか、によって、学問上の立場というものを予測することは不可能なのである。ことばをかえれば、科学上の意味の世界はそれ自身の社会的基盤に対して極めて大きな自律性を獲得しうる、ということだ。実際には大きな変差もあるのであろうが、このことは理論的にはいかなる知識体系についてさえ——社会を認識するときの視座についてさえ——あてはまる。

　そればかりではない。知識体系というのはひとたびそれが相対的に自律的な意味の下位世界のレヴェルにまで引き上げられると、それを生み出した集団に逆にはたらきかける力をもつものである。たとえば、ユダヤ人は彼らがユダヤ人として、特殊な問題を社会において抱えているがために、社会科学者にな

132

1章　制度化

ることがある。ところが、ひとたび彼らが社会科学の議論の世界に足を踏み入れてしまうと、彼らは社会をもはや明確にユダヤ人的とはいえないような視角から眺めるばかりでなく、ユダヤ人としての彼らの社会的行為すら、新しく獲得された彼らの社会科学的な視座の結果、変化することもあるのである。存在基盤からのこうした知識の離脱がどの程度のものになるかは、かなり多くの歴史的変数によって決まってくる（たとえば関係する社会的利害の緊急度、当該知識の理論的精練の度合、そうした知識の有意性ないしは非有意性等々）。われわれの一般的な考察にとって重要な原則は、知識とその社会的基盤との間の関係は弁証法的なものであるということ、つまり、知識は社会の産物であると同時に、社会変動の一つの要素でもあるということ、これである。社会的生産活動とその活動の産物である客観化された世界との間の弁証法というこの原則については、すでに述べてきた。いかなる場合でも、具体的な意味の下位世界を分析する際には、この原則を念頭に置いておくことがとくに大切である。

下位世界の数が増大し、その複雑性が増すにつれて、そうした世界は部外者にとってはますます近づきがたいものになる。下位世界は秘教的な飛び地となるのであり、正式にその秘教への入会を許された者以外には、すべての人間にとって〈密閉された〉もの（古くからヘルメスの秘伝書と結びつけられてきたような意味でのそれ）となる。下位世界の自律性が強まるにつれて、部外者と関係者の双方に対する自己の正当化、という特殊な問題が起こってくる。部外者はそこから閉め出しておかねばならず、ときには下位世界の存在について気づかせないでおくことすら必要になる。しかしながら、もし部外者がその存在についてさして知らないわけでもなく、下位世界がより大きな社会からさまざまな特殊な特権や承認を得ることを必要とする場合には、部外者を閉め出しておきながら、しかも同時に彼らにこうし

[56]

133

Ⅱ部　客観的現実としての社会

た手続きの正当性を認めさせねばならない、という問題が起こってくる。これはさまざまな手段を用いて行なわれる。たとえば威嚇、合理的および非合理的な宣伝活動（部外者の利害や感情に訴えるやり方）、欺瞞、そして一般的には威信を表わすシンボルの操作、などがそれである。他方、内部の人間は、これをそこに引き留めておく必要がある。このためには、下位世界から逃れたいという気持を引き起こさないようにすることのできる、実際上の手続きや理論的な手続きが必要になる。われわれはこうした二重の意味での正当化の問題について、のちにやや詳しく触れてみるつもりでいる。ここでは一つの例を挙げておくだけで間に合うだろう。たとえば医療が問題になるような場合、それに関する秘教的な治療法世界をつくり上げるだけでは、まだ条件としては十分ではない。それには素人の民衆にこうした下位が正しく、また有効であることを納得させることが必要であり、医療における友愛関係が下位世界の規範として遵守されることが必要になる。こうして、一般民衆は〈医師の忠告に逆らう〉ことからくる肉体の死というイメージに脅かされることになり、医師の言うままになることによって得られるプラグマティックな利益と、病気と死という彼ら自身の恐怖によって、医師に逆らわないよう説得されるのである。医療を職業とする者は、自らの権威を強調するため、異様な服装からことば遣いに至るまでの、長年用いられてきた権力と神秘性のシンボルによって自らを飾りたてるが、こうした手段のすべてが、プラグマティックな見地から民衆と自己自身に対して正当化されることはいうまでもない。一方、完全な資格を認められた医療界の住人たちは、〈いかさま治療〉を行なうこと（つまり考え方においてなり、行動においてなり、医療の下位世界から逸脱すること）を禁じられている。それはこの職業に管轄権をもつ強力な外的統制力によって禁じられているだけでなく、そうした逸脱行為の愚かしさと邪悪さに関し

134

1章　制　度　化

て〈科学的証明〉を与えてくれる専門的知識の全体系によっても禁じられている。換言すれば、すべての正当化機制は素人は素人にとどまり、医者はどこまでも医者でありつづける、というような形で作用する、ということであり、(もし可能ならば)双方がともに平和的にそうした状態を保とうとするように機能する、ということである。

ところで、制度と下位世界の変化の速度が異なる場合、そこにはその結果として特殊な問題が起こってくる。(57)これは制度的秩序の全面的正当化と、特定の制度ないしは下位世界の特殊な正当化との双方を、より困難なものにする。たとえば近代的軍隊を備えた封建的社会、産業資本主義の諸条件の下で存在しなければならない土地貴族制、科学的世界観の普及に対処せざるをえなくなった伝統的宗教、あるいはまた相対性理論と占星術とが一つの社会に共存する場合、などがそれである——われわれの現代の経験はこの種の事例に満ち満ちており、こと改めて説明する必要はないほどである。ここでは、こうした条件の下では、いくつかの正当化機構の活動がとりわけ急を要するものになる、ということを指摘しておくだけで十分である。

制度化の歴史的可変性ということから起こってくる問題のうちで、最後にとり上げておかねばならない理論的にみて極めて興味ある問題は、制度的秩序はいかにして対象化されるのか、制度的秩序、あるいはそのいずれかの部分(58)は、どの程度、非人間的な事実性として理解されるのか、という問題である。

これは社会的現実の現象化に関する問題である。

物象化とは人間的な諸現象をあたかもモノででもあるかのように理解すること、つまり非人間的な、あるいは、おそらくは超人間的なものとして、理解することである。いいかえれば、物象化とは人間の

II部　客観的現実としての社会

活動の産物をあたかも人間の産物以外の何物かでもあるように理解すること——たとえば自然的事実、宇宙の法則の結果、あるいは神慮の顕現等々として理解すること——である。物象化とは、人間が人間的世界に関して彼自身がその作者であるということを忘れ去ることができるということ、そしてさらに、創造者としての人間とその創造物との間の弁証法が意識から失われるということ、を意味している。物象化された世界は、定義からして、非人間化された世界である。それは人間によって疎遠な事実性として経験される。つまり彼自身の生産活動によって生み出された自己の作品 (opus proprium) として経験されるのではなく、むしろ彼がそれに対して統制力をなんらもたない他人の作品 (opus alierum) として経験されるのである。

われわれがこれまで述べてきたことから次のことが明らかになるであろう。それは、客観的な社会的世界が、それが人間に対して彼の外部に存在する何物かとしてあらわれる、ということである。社会的世界の客観性は、それが人間につくられるや否や、物象化の可能性が常につきまとう、ということを意味している。社会的世界は人間によってつくり出されたものである——それゆえにまた、人間によってつくり変えられることができる——という、この意識決定的な問題は、どのように客観化されたものであろうとも、社会的世界は人間によってつくり出されたものが、人間がいぜんとしてもちつづけているかどうか、ということである。いいかえれば、物象化とは客観化過程における一つの極端な段階である、ということもできる。つまり、このことによって、客観化された世界は人間的企画としてのその[60]理解可能性を喪失し、非人間的で、人間化し得ない、惰性的な事実性として固定化されてしまうのである。典型化して言えば、人間とその世界の間の現実的な関係が意識のなかで逆転させられてしまうのだ。世界の創造者である人間がその世界の被造物とみなされてしま

136

1章　制度化

うのであり、人間の活動が非人間的な過程の随伴現象とみなされてしまうのである。人間的意味はもはや世界創造的なものとして理解されるのではなく、逆に〈事物の本性〉の産物として理解されるようになる。しかし強調しておかねばならないのは、物象化とは意識の対象化の一つのあり方であるということ、あるいはもっと正確に言えば、物象化とは人間による人間的世界の対象化の一つの様式である、ということだ。たとえ物象化的な仕方によって世界を理解していようとも、人間はやはり世界を創造しつづける。つまり、逆説的なことながら、人間は自己を否定するような現実を創造することができる、ということである(61)。

物象化は意識の前理論的な段階と理論的な段階の双方のレヴェルにおいて可能である。複雑な理論体系も物象化現象として規定できることがある──もっとも、これらの物象化もその基礎を、おそらくはあれこれの社会的状況において形成された前理論的な物象化にもっているのではあろうが。このように、物象化の概念を知識人の精神的構成物のみに限定してしまうのは誤りであろう。物象化は普通の人の意識のなかに存在しており、事実、後者の存在こそ、まさしく実際的にはより大きな意味をもっているのである。さらにまた、物象化を、もともとは物象化されていなかった社会的世界についての理解の仕方が転倒したもの、つまり恩寵からの一種の認識上の堕落形態、として考えるのも、誤りであろう。それどころか、われわれが入手しうる民俗学や心理学での事例は、これとは逆のことがありうるということを示しているように思われる。つまり、それによれば、社会的世界についての最初の理解の仕方は、統発生的にみても、個体発生的にみても、ともに高度に物象化されたものであった、というのである(62)。

このことは、物象化を意識の一つのあり方として理解するということが、少なくとも相対的な意識の脱、

物象化——これは歴史やどの個人の生活史においても比較的後期の発展段階に属している——に支えられている、ということを意味している。

全体としての制度的秩序も、その諸部分も、ともに物象化された形で理解されることがある。たとえば社会の秩序全体が、神々によって創造された世界の全体としての大宇宙を反映する小宇宙として考えられたりする場合がある。この場合、〈この下界〉で起こる森羅万象は、〈かの天上界〉で起こる出来事のおぼろな写像にすぎないものになる。個々の制度もまた、これと同様の仕方で理解される。制度を物象化するときの基本的な〈処方〉は、制度に人間的活動と意味づけから独立した一つの存在論的な地位を与える、というやり方である。特殊な物象化は、こうした一般的な図式を基礎にして成立するその変種である。たとえば結婚は神の創造行為の模倣として物象化されることもあれば、自然の法則によって課された普遍的命令として物象化されることもあり、あるいはまた生物学的ないしは心理学的な力の必然的結果として、そしてまたこの問題に関しては、社会体系の機能的要件として、物象化されたりすることもある。こうした物象化現象のすべてに共通するのは、それらが遂行されつつある人間の創造行為としての結果を理解不可能なものにしてしまう、ということだ。この例からも容易に理解できるように、物象化は理論的な面でも起こりうれば、前理論的な面でも起こりうる。具体的な人間界の出来事から最も彼岸にある天上界の一角に至るまでの、高度に洗練された理論をつくり上げることができるのであるが、これに対し、既婚の文盲の農民夫婦などは、結婚という出来事を形而上学的な怖れからくる同様に物象化的な恐怖心をもって理解することもあるわけである。制度の世界は物象化されることによって、自然の世界と混じり合ってあらわれることになる。それは必然性と運命

1章　制度化

の世界となり、それが幸福な結果をもたらそうと不幸な結果をもたらそうと、いずれにせよ、そうしたものとして生きられる。

役割もまた、制度と同様の仕方で物象化されることがある。このとき、役割のなかに対象化されてきた自己意識の部分もまた、一つの不可避的な運命として、つまりそれに対して個人が自らの責任を放棄することもありうる、一つの運命として理解されることになる。この種の物象化にとって典型的な決まり文句は、次のようなものである。つまり、夫としてであれ、父としてであれ、あるいはまた将校、大司教、会議の議長、ギャング団の一員、死刑執行人等々としてであれ、いずれにせよ、「この問題に関して私には選択の余地はない。私は自分の立場上、こうするより仕方がないのだ」という論法である。このことは、役割の物象化は、個人が彼と彼の役割との間に設定しうる主観的距離を縮小する、ということを意味している。あらゆる対象化過程のなかに含まれている距離そのものはもちろんなくなりはしないのであるが、非同一化によってもたらされる距離は零点まで縮小してしまうのである。最後に、アイデンティティそのものが（あるいはこう呼びたければ、自我の全体）までもが、自己自身のそれと他者のそれをも含めて、物象化されてしまうことになる。この場合、個人と彼の社会的に割り当てられた類型との間には、全面的な同一化が存在することになる。彼はそうした類型の人間以外の何ものとしても理解されない、というわけである。こうした理解の仕方は、積極的ないしは消極的に、価値あるいは感情によって強化されることがある。たとえば〈ユダヤ人〉としての現認は、ユダヤ人はその現認を肯定的に強調し、反ユダヤ主義者はそれを否定的に強調するであろうが、反ユダヤ人にとっても、同時に物象化的なものになる場合がある。双方での物象化は、人間によって生み出され、

139

たとえそれが内在化されていようとも、自我の一部を対象化したものにすぎない類型図式に、存在論的で全面的な地位を与えてしまうのである。ここでもまた、そうした物象化は〈ユダヤ人についてすべての人が知っている事柄〉という前理論的なレヴェルから、ユダヤ性なるものについての最も複雑な理論——たとえば生物学的なもの（〈ユダヤ人の血〉）のあらわれとしてのそれ、心理学的なもの（〈ユダヤ人気質〉）のあらわれとしてのそれ、あるいは形而上学的なもの（〈イスラエルのミステリー〉）等々に関する理論——に至るまで、その範囲は及ぶであろう。

物象化の分析は重要な意味をもっている。というのも、それは理論的思考一般および特殊的には社会学的思考にみられる、物象化的な傾向を改めるための有効な手段として役立つからである。それはとりわけ知識社会学にとって重要なものとなる。それというのも、物象化の分析は、知識社会学が人間が行なうことと人間が考えることとの間の関係を取り扱う際、非弁証法的な考え方に陥ることを防いでくれるからである。知識社会学を歴史や経験に適用する場合には、物象化からの解放に有利に作用する社会的諸条件に特別の注意を払う必要がある。たとえば制度的秩序の全面的崩壊、これまで隔てられてきたさまざまな社会間での接触、それに社会的にマージナルな存在という重要な現象、などがそれである。しかしながら、これらの問題はわれわれの当面の考察の枠組を越えるものである。

2章 正当化

a 象徴的世界のはじまり

一つの過程としての正当化は、意味の〈二次的〉客観化として規定するのが最も適切である。正当化はまったく異なったいくつかの制度的過程に対してすでに付与されているさまざまな意味を統合するのに役立つ新しい意味を生み出す。正当化の機能はすでに制度化されている〈一次的〉な客観化過程の産物を客観的に妥当なものにすると同時に、主観的にももっともらしいものにすることにある。あらゆる個々の正当化過程には、それを発動させている特殊な動機というものが存在するが、われわれはそうした動機を一応度外視して、正当化をこうした機能によって定義する。しかし、あるなんらかの形での〈統合〉もまた、正当化担当者たちを動機づける典型的な目的であることをつけ加えておくべきであろう。

統合と、そしてまたそれに対応するわけであるが、正当化のもっともらしさの問題は、二つのレヴェルに関係してくる。まず第一に、制度的秩序の全体は、さまざまな制度的過程へのすべての参加者にとって、同時に意味をなすものでなければならない。ここではもっともらしさという問題は、状況的には

II部　客観的現実としての社会

優勢であるものの、部分的にしか制度化されていない、自己自身とその仲間の動機の〈背後〉にある、全体的な意味の主観的な承認と関係してくる——たとえば首長と僧侶の間の関係におけるそれだとか、父親と軍司令官の関係におけるそれ、あるいはまた一人の同じ人間の場合には、自分の息子の軍司令官でもある父親の自分自身に対する関係におけるそれ、など。それゆえ、これは統合と主観的なもっともらしさの〈水平的〉なレヴェルを示すものであり、それは全体的な制度的秩序をいくつかの役割を通じてそれに参加している幾人かの個人に結びつけたり、ある一人の人間がいついかなる時点においてもそれに参加しているであろう、いくつかの部分的な制度的過程に結びつけるものである。

第二に、個人が歩む人生の全体、つまり制度的秩序のさまざまな階梯を相次いで通過していく過程は、主観的に意味あるものにつくり上げられなければならない。換言すれば、ある人がたどる人生は、そのいくつかの、継起的で、制度的にあらかじめ規定された局面において、全体を主観的に納得のいくものにする一つの意味を与えられねばならない、ということだ。それゆえ、制度的秩序の統合と主観的なもっともらしさの〈水平的〉なレヴェルには、一個人の人生における〈垂直的〉なレヴェルがつけ加えられなければならない。

すでに述べてきたように、正当化は制度化の最初の段階、つまり制度が単に一つの事実であるにすぎず、間主観的ないしは自伝的にそれ以上の根拠づけを必要としないような場合には、必要ではない。それはすべての関係者にとって自明のものだからである。正当化の問題は（いまでは歴史的なものとなった）制度的秩序という客観化過程の産物が新しい世代に受け継がれるようになる場合に、必然的に生じてくる。すでにみてきたように、この時点においては、諸制度のもつ自明性という性格は、もはや個人

142

2章　正当化

自身の記憶や習慣化という手段によっては維持しえなくなっている。歴史と自己の生活史との統一は破られてしまうのだ。その統一を回復し、それによってその統一がもつ二つの側面を理解可能なものにするには、制度的伝統のなかに含まれている目ぼしい要素について〈説明〉し、それが正当なものであることを証明してみせる必要がある。正当化とはこうした〈説明〉および正しさの証明過程のことをいうのである。[67]

正当化は、その客観化された意味に認知上の妥当性を付与することによって、制度的秩序の正しさを証明する〉。正当化はその実際的な命令に規範的威厳を与えることによって、制度的秩序の正しさを証明する。

正当化が規範的要素と同時に認知上の要素をも含んでいることを理解することは重要である。ことばをかえれば、正当化は決して〈価値〉だけの問題ではない、ということだ。それは常に〈知識〉をも含んでいる。たとえば、親族構造はただ単にその特定の近親相姦タブーの倫理のみによって正当化されるのではない。そこにはまず第一に親族構造の内部における〈正しい〉行為と〈誤った〉行為の双方を規定する、役割についての〈知識〉が存在していなければならない。たとえば、人は自分の氏族内では結婚しないということがある。しかし、彼はまず自分自身をこの氏族の一員として〈知って〉いなければならない。この〈知識〉は、氏族とは一般に何であり、彼の属する氏族が特に何であるのか、を〈説明〉してくれる、一つの伝統を通じて彼にもたらされる。そうした〈説明〉（それは典型的には当該集団の〈歴史〉と〈社会学〉とを形づくっており、近親相姦タブーの場合には、おそらくそれと同時に〈人間学〉をも含んでいる）は、伝統のもつ倫理的要素であると同時に、正当化のための道具でもあるわけである。

正当化は個人に対して、なぜ彼がある行為を行なうべきであり、他の行為は行なうべきでないか、を教

Ⅱ部　客観的現実としての社会

えるだけではない。それは同時に、なぜ事柄がこうなっているのか、を教えもする。いいかえれば、制度の正当化においては、〈知識〉は〈価値〉に先行する、ということだ。

正当化は、そのさまざまに異なったレヴェルの間に分析的な区別を設けることが可能である（むろん、経験的には、これらのレヴェルは重なり合っているのだが）。まず第一に、正当化の始まりは、人間の経験の言語による対象化の体系が継承される場合に、ただちにあらわれる。たとえば親族に関する語彙の継承は、継承というその事実によって親族構造を正当化する。いってみれば、基本的な正当化のための〈説明〉図式は、語彙のなかにつくり上げられているわけである。こうしてある子どもはもう一人の子どもが自分の〈いとこ〉であることを知るやいなや、この一片の情報は指名と同時に習い憶えられていく〈いとこ〉なるものに対する行動をただちに、そしてまた特有の仕方で、正当化することになる。すべての単純な伝統的説明法、つまり〈これが世のしきたりというものだ〉ということが一般的に有効な回答であるそれ——これは〈なぜ？〉という子どもの質問に対する一番最初の、そして一般的に有効な回答であるそれ——は、萌芽的な正当化のこの最初のレヴェルに属している。もちろんこのレヴェルは前理論的なものである。しかし、それは爾後のすべての理論がそれに依拠する自明の〈知識〉の基礎であり、逆にまた、理論が伝統のなかに統合されるためにはそうした知識を獲得しなければならないのである。

正当化の第二のレヴェルには、原初的な形の理論的命題が含まれている。ここには客観的意味のいくつかの組合わせを関係づける、さまざまな説明図式がみられることがある。これらの図式は極めてプラグマティックなものであり、具体的な行為に直接結びついている。諺、道徳的格言、箴言などがこのレヴェルにおいてはよく知られている。また、ここにはしばしば詩歌の形をとって継承される伝説や民話

2章　正　当　化

などを含まれる。こうして、子どもは、たとえば〈いとこから物を盗む者は手にイボができる〉とか、〈妻が大声をあげたときには歩いて行け、だが、いとこが叫んだときには走って行け〉という諺を習い憶えたりする。あるいはまた彼は〈一緒に狩に出かけた忠義ないとこたちの歌〉に奮い立ったり、逆に《姦通した二人のいとこたちへの挽歌》を聞いて、気が狂うほど恐ろしがったりするのである。

正当化の第三のレヴェルは、制度的部門が分化した知識体系によって正当化される、明確な理論を含んでいる。そうした正当化の図式は制度化された行動のそれぞれの部門に対して、かなり包括的な準拠枠組を提供する。これらの正当化図式は複雑で、しかも分化しているため、それらはしばしば形式化された通過儀礼の手続きを通してそれらを伝授する、専門家たちにその運用が任されている。その結果、ここには〈いとこ関係〉なるもの、つまりその権利、義務、標準的な行動手続き等々について詳しく規定した経済理論がみられることがある。こうした知識は氏族の長老によって管理されているが、そうした管理の役割は、おそらくは彼ら自身の経済的有用性が消失した後に彼らに委託されたものであろう。老人たちは青年たちをその道の専門家としてあらわれ、彼らへの通過儀礼を通じてこのより高度な経済学のなかへと導き入れ、適用の問題が生じたときには、いつでもその道の専門家としてあらわれる。老人たちは彼らに委託された以外の仕事は何もないと仮定すれば、たとえ適用の問題が生じなくても、彼らが自分たちだけで当の理論をつくり上げる、あるいはもっと正確に言えば、彼らがその理論化の過程を発明する、ということも十分に考えられる。換言すれば、専門化された正当化のための理論と専任の正当化担当者たちによるその管理の発達にともなって、正当化の適用の範囲を正当化を越えて〈純粋理論〉になり始める、ということだ。こうした段階を迎えると、正当化の機能領域は正当

Ⅱ部　客観的現実としての社会

化される制度に対して一種の自律性を獲得し始め、最後にはそれ自身の制度的過程を生み出す場合もある(68)。われわれの例で言えば、〈いとこ関係に関する科学〉が単なる〈素人〉のいとこたちの諸活動からまったく独立したそれ自身の生命をもち始め、〈科学者たち〉の集団が、〈科学〉がもともとそれを正当化するはずであった諸制度に対して、それ自身の制度的過程を生み出すこともありうる、ということだ。〈いとこ〉ということばがもはや親族関係での役割の保持者に適用されるのではなく、〈いとこ関係〉を研究する専門家たちの位階制における地位の保持者に適用されるようになる場合、われわれはこうした発展の皮肉な頂点を想い浮べることができよう。

象徴の世界は正当化の第四のレヴェルを構成する。こうした世界はさまざまな意味の領域を統合し――先にわれわれが規定したような意味で〈象徴的〉ということばを使うとすれば――制度的秩序を象徴からなる一つの全体性へと包括する、理論的伝統の総体である(69)。繰り返して言えば、象徴的過程というのは、日常経験における現実とは異なった諸々の現実にかかわる意味づけの過程のことをいう。象徴の領域がいかに最も包括的なレヴェルでの正当化に関係しているかは、容易に理解することができよう。いまや正当化は日常生活ではまったく経験され得ないさまざまな象徴体系を用いて行なわれる――むろん、〈理論的経験〉というものについて語る場合にはこのかぎりではないのだが(しかし、厳密に言えば、発見学的意味でそれを用いるのであれば、この呼び方はまちがっている)。正当化のこのレヴェルは、さらにまた意味ある統合のその広さからしても、先述のレヴェルとは異なっている。というのも、先のレヴェルにおいても、すでに特定の意味領域と制度化された行動の個々の過程との間に高度の統合関係を見出すことは可能だからで

146

2章　正当化

ある。しかしながら、いまや制度的秩序のすべての部分がすべてを包括する準拠枠組のなかに統合されるのであり、そうした準拠枠組が、今度は、ことばの文字通りの意味で、一つの世界を構成するのである。それというのも、すべての人間の経験は、いまやこの枠組の内で起こるものとして考えることができるからである。

　象徴的世界は社会的に客観化され、主観的にも現実的なすべての意味の母体をなすものとして考えることができる。つまり歴史的社会の総体と個人の生活史の総体は、この世界の内で起こる出来事としてみられるわけである。なかでもとりわけ重要なのは、個人の生活のマージナルな状況（マージナルというのは、社会における日常生活の現実のなかには含まれていないという意味で）もまた、象徴的世界によってとり巻かれている、ということである。そうした状況は夢や幻想のなかで日常生活から切り離された意味の領域として経験され、それら自身の特殊な現実性を付与される。象徴的世界のなかにあっては、現実のこうした隔離された領域は、それらを〈説明〉し、またおそらくは正当化する、意味ある全体性のなかに統合されている（たとえば夢は心理学理論によって〈説明する〉こともできるであろう）。しかもまた、これらの理論はいずれも輪廻説によって〈説明〉し、かつまた正当化することもできる。

　さらにいっそう包括的な世界のなかに――たとえば〈形而上学的〉な世界ではなく、〈科学的〉な世界のなかに――基礎づけられるということもあろう。しかしながら、象徴的世界が社会的な客観化過程の産物からできあがっているということはいうまでもない。しかしながら、それがもつ意味付与という能力は、社会生活の領域をはるかに越えたところにまで及ぶものであり、だからこそ人は、たとえ最も孤独な経験のなかにおいてさえ、この世界のなかに自らを〈位置づける〉ことができるのである。

正当化のこのレヴェルにおいて、個々の制度的過程の反省的な統合は、その究極的な完成点に到達する。一つの全体としての世界がつくり出されるわけである。これより下位の正当化理論は、すべてこの世界の諸側面を構成する諸現象についての特殊な視座として考えることができる。制度的役割は制度的秩序を超越するとともにそれを包摂する、一つの世界への参加様式になる。われわれの例で言えば、〈いとこ関係についての科学〉は、はるかに広範な理論体系の一部を構成するにすぎず、そうした理論体系は、ほぼまちがいなく、宇宙に関する一般理論と人間に関する一般理論とを含むものとなるであろう。

そのとき、親族構造における〈正しい〉行為を究極的に正当化するのは、宇宙論的かつまた人間学的準拠枠組内においてそうした行為が占めるところの〈位置〉ということになるであろう。たとえば近親相姦は、宇宙の聖なる秩序と神によって定められた人間の本性に対する冒瀆行為として、その究極的な否定的制裁を受けることになるであろう。経済行動における過ち、あるいは制度的規範からの他のすべての逸脱も、これと同じ制裁を受けることになるであろう。そうした究極的な正当化図式の及ぶ範囲は、原則的には、公式に認定された現実の規定者である正当化担当者の理論的野心と才能の限界と同じものである。もちろん、実際には、制度的秩序の特定の部分が一つの宇宙的文脈のなかに位置づけられるときの精密さの度合には、ばらつきというものがあるであろう。またこうしたばらつきは、正当化担当者に委託された個々のプラグマティックな問題によってもたらされることもあるであろうし、宇宙論の専門家の理論的好みからくる、自動的な発展の結果であることもあるであろう。

象徴的世界の結晶化は、先に述べた知識の客観化、沈澱、および蓄積という過程をたどる。つまり象徴的世界は歴史をもった社会の産物なのである。もしこうした世界の意味を理解しようというのであれ

2章　正　当　化

ば、われわれはそうした世界の創造の歴史を理解しなければならない。このことは、人間の意識のこうした産物が、その本性そのものからして、完全にできあがった不可避的な全体性としてあらわれるがゆえに、なおいっそう重要なものとなる。

われわれはいまや象徴的世界が個人の生活史と制度的秩序とを正当化するときのその仕方について、さらに考察をすすめることができるであろう。その正当化の仕方は、いずれの場合においても本質的には同一である。それは性格的には秩序付与（ノミック）的なもの、あるいは整序的なものである。

象徴的世界は生活史上の経験を主観的に理解しようとする際に秩序を提供する。さまざまに異なった現実の諸領域に属するもろもろの経験は、一つの包括的な意味の世界へ組み入れられることによって統合されるわけである。たとえば、象徴的世界は夢の意味を日常生活の現実の枠内で規定する。そうすることによって、それはいつの場合にも日常生活の卓越した地位を再建し、一つの現実からもう一つの現実への移行の際に伴う衝撃を和らげる。日常生活の現実のなかにあって、さもなければ理解し得ない飛び地にとどまるより他なかったであろう意味の諸領域は、こうしてもろもろの現実の位階制によって秩序づけられることになり、事実上、理解しうるものとなり、さほど恐るべきものでもなくなるわけである。

マージナルな状況の諸現実をこうして日常生活の至高の現実のなか統合することは、極めて重要な意味をもっている。それというのも、これらの状況は自明化し、ルーティーン化した社会のなかでの存在にとって、最も恐るべき脅威となるからである。もし後者を人間生活の〈昼の側面〉として考えるならば、マージナルな状況は日常的意識の周辺に無気味に潜みつづける〈夜の側面〉をなすものである。〈夜の側面〉もまた、しばしば不吉極まりないそれ自身の現実性をもっている。それだからこそ、それは自

II部　客観的現実としての社会

明視されたあたりまえの〈正気〉の社会生活の現実にとって不断の脅威となるわけである。たとえば意識はたえずそれ自らに対し（もっとも、そうした意識自体、すでにすぐれて〈狂気〉の意識なのであるが）、日常生活の明るい現実はおそらくは幻想にすぎず、いつ何時、咆哮しつつあるもう一つの現実、つまり夜の側の現実の悪夢によって呑み込まれてしまうか知れたものではない、と暗示しつづける。そうした狂気と恐怖の意識は、日常生活の現実を包括する一つの象徴的世界のなかにすべての考えうる現実を整序づけることによって、封じ込めることができるようになる──つまりそうした現実を、日常生活の現実がその卓絶した決定的な（もしこう言いたければ、その〈最も現実的な〉特性を保持するような形で整序づけることによって、封じ込めることができるのである。

個人の経験に対して象徴的世界がもつこうした秩序付与的な機能は、まったく単純に、それは〈すべてのものをそのしかるべき位置に置く〉ということばによって表わすことができるであろう。しかもそればかりではない。われわれがこうした秩序の意識から迷い出た場合（つまり自分自身が経験のマージナルな状況に立たされていることに気がついた場合）には、常に象徴的世界はわれわれが〈現実に舞い戻る〉ことを──つまり日常生活の現実に帰ることを──可能にしてくれる。いうまでもなく、日常生活の現実は制度的行動や役割のすべての形態がそれに帰属する領域であるからこそ、象徴的世界は制度的秩序に人間の経験の位階制のなかで最高の地位を授けることによって、制度的秩序を究極的に正当化するのである。

こうしたマージナルな現実の決定的に重要な統合ということの他に、象徴的世界は社会における日常生活の内部で生じた意味のくい違いに対しても、最も高いレヴェルでの統合をもたらす。われわれはす

150

2章　正当化

でに制度化された行動の個々の部門の意味ある統合が、前理論的および理論的という双方の面で、反省という手続きを経ることによっていかに行なわれるか、について眺めてきた。そうした意味ある統合は、必ずしも最初から象徴的世界の存在を前提とするものではない。それは象徴的世界の存在を前提にしなくても、つまり日常経験の諸現実を超越しなくても、起こりうる。しかしながら、ひとたび象徴的世界が設定されると、日常生活の相互に矛盾した各部分は、象徴的世界に直接照合されることによって統合可能なものになる。たとえばいとこの役割を演じることと地主の役割を演じることとの間の意味のズレは、一般的な神話に依拠しなくても、統合はできる。しかし、もし一般的な神話的世界観が機能しているならば、それを日常生活における意味のくい違いに直接適用することも可能になる。そうすれば、いとこから一片の土地をとり上げることは、ただ単に経済的にみて望ましくないとか道徳的にみて誤りだ、ということだけ（これらは宇宙的次元にまで拡大される必要のない否定的な制裁である）ではすまなくなるであろう。それは神によってつくり出された世界の秩序に反するものとして理解されるかも知れないのだ。こうして、象徴的世界は日常生活での役割、要件、作業手続き等々を世界という形態の下に(sub specie universi)位置づけることによって、つまりそれらを考えうるかぎりでの最も一般的な準拠枠組の文脈のなかに位置づけることによって、秩序づけ、それゆえにまた、正当化する。場合によっては、最も些細な日常生活の物事の処理でさえもが、これと同一の文脈内において深遠な意味を与えられる、ということもありうるであろう。こうした手続きが制度的秩序の個々の部門と同様、全体としての制度的秩序にとってもいかに強力な正当化の根拠になるかは、容易に理解することができよう。

さらにまた、象徴的世界は人の人生のさまざまに異なった段階を秩序づけることをも可能にする。未

II部　客観的現実としての社会

開社会にあっては、通過儀礼がこの整序的機能を素朴な形であらわしている。この場合、人生の区切りは、各段階において人間的意味の全体性との関連において象徴化されることになる。子どもであること、青年になること、おとなになること等々、こうした人生における各段階は、象徴的世界のなかでの存在様式として（最も頻繁には神の世界への特殊な関係様式として）正当化されている。そうした象徴化が安心感と帰属感のもとになるということは明らかであり、これについては贅言を要しない。しかしながら、ここで未開社会だけしかとり上げないとすれば、それは誤りであろう。パーソナリティの発達に関する現代の心理学理論もまた、これと同様の機能を果たすことができる。これらいずれの場合においても、人生の一つの段階からもう一つの段階へと移行していく人間は、自分自身を《事柄の本性》ないしは彼自身の《本性》のなかに与えられている、物事の順序を繰り返しているものとしてみることができる。つまり、彼は自分が《正しく》生きているということを自ら確認しうるのである。こうして彼の人生計画の《正しさ》は、一般性の最も高いレヴェルで正当化されることになる。人が自分の過去の生活をふりかえるとき、その人生はこうした形で理解しうるものとなる。一方、彼が未来に向かって自己を投企するとき、彼はこれから先の自分の人生を、その究極的な座標がすでに知られている一つの世界のなかで展開されるものとして理解するかも知れないのである。

これと同じ正当化の機能は、個人の主観的アイデンティティの《正しさ》と関係してくる。社会化の本性そのものからして、主観的アイデンティティというのは不安定なものでしかない。[73] それがどのようなものになるかは、相手が変わることもあればいなくなることもある、意味ある他者との個人の関係によって決まってくる。さらにまた、こうした不安定性は、すでに述べたマージナルな状況における自己

2章　正当化

経験によって、さらにいっそう強められもする。輪郭がはっきりしていて安定性があり、社会的にも承認されたアイデンティティの持主、という〈正気〉の自己理解は、たとえそうした自己理解が日常の社会的相互作用の場にあって比較的首尾一貫したものでありつづけていたとしても、夢や幻想における〈超現実的〉なその変容によってたえず脅かされている。アイデンティティは、究極的にはそれを象徴的世界の文脈のなかに位置づけることによって正当化される。このように、人が〈自分が何者であるのかを知る〉ことができるのは、自分のアイデンティティを、社会化過程における偶発事とマージナルな経験の悪意に満ちた自己変容との双方から守られた、秩序ある現実のなかに投錨することによってなのかも知れないのである。たとえその隣人が彼が何者であるのかを知らないでいるにせよ、そしてまた、たとえ彼自身が悪夢にうなされて自分が誰であるのかを忘れ去ることがあるにせよ、彼は彼の〈本当の自分〉が究極的に現実的な世界のなかにおける究極的に現実的な存在であることを自ら確認しうるのである。彼が何者であるかは神々が知っている、あるいは精神医学や党が知っている、ということだ。ことばをかえれば、アイデンティティの最も現実的な部分は、必ずしも終始、当の個人によって知悉されているということによって正当化される必要はない、ということだ。正当化のためには、それが知りうるということだけで十分なのである。神々、精神医学、あるいは党などによって知られているか、あるいは知ることのできるアイデンティティは、同時にまた至高の現実という地位を認められたアイデンティティでもある。それゆえにまた、正当化はアイデンティティの考えうるあらゆる変容を、社会での日常生活にその現実性の基礎をもつアイデンティティと統合する。さらにまた、象徴的世界はアイデンティティの〈最

II部　客観的現実としての社会

も現実的な〉理解から最も不安定な自己理解に至るまでの、位階的秩序を形成する。このことは次のことを意味している。それは、人間は、明るい陽ざしと意味ある他者たちのまなざしのもとで彼の日常的な社会的役割を演じるとき、自分が実際に自分をそれとして理解している当の人間であるというなにがしかの確信をもって社会のなかで生きることができる、ということだ。

個人の人生にとって象徴的世界がもつところの戦略的な正当化機能は、死の〈位置づけ〉という機能である。他者の死の経験と、したがってまた自身の死の予想は、個人にとってすぐれてマージナルな状況を提起する。(74) 日常生活の自明視された現実にとって死もまた最も恐ろしい脅威になるということは、改めて論じるまでもない。それゆえ、社会的存在の至高の現実のなかへ死を統合することは、いかなる制度的秩序にとっても極めて重要な課題となってくる。したがって、こうした死の正当化は象徴的世界の成果のなかでも最も重要なものの一つである。それが神話、宗教、あるいは形而上学など、いっさい依拠することなく現実についてのさまざまな解釈を用いて行なわれるか、それともそうしたものにいっさい依拠することなく現実に行なわれるか、は、ここでは本質的な問題ではない。たとえば漸進的な進化、あるいは革命的な歴史という世界観によって死に対して意味を与える現代の無神論者もまた、現実を蓋っている象徴的世界のなかに死を統合することによって、死に意味を与えている。死を正当化する説明図式は、すべてこれと同じ本質的な課題を処理しきれなければならない──たとえば、死を意味ある他者の死後もなお、社会のなかで生きつづけていく力を与え、自分自身の死についても、それを恐れながらも、日常生活のルーティーンの継続的遂行を麻痺させない程度に緩和されて予想できるように、仕向けなければならない。そうした正当化の実現は、死という現象を象徴的世界のなかに統合することのないかぎり困難

2章　正　当　化

であることは、容易に理解できよう。そうした正当化の図式は、こうして、たとえば個人に〈正しい死に方〉を教えてくれる。うまく成功した場合にも、この図式は彼自身の死が切迫している場合でも、その説得力を保持しつづけるであろうし、実際、彼に〈正しく死なせ〉てもくれるであろう。

象徴的世界の超越的能力が最も明確にその姿をあらわし、日常生活の至高の現実の究極的な正当化装置がもつ基本的な恐怖緩和的性格が明らかになるのは、死の正当化においてである。日常生活において社会的に客観化されたものがもつ卓越性は、常に恐怖から守られていさえすれば、その主観的なもっともらしさを保持しつづけることができる。意味のレヴェルにおいては、制度的秩序は恐怖に対する盾をあらわしている。それゆえ、アノミックであるということは、この盾を奪われ、ただ一人、悪夢の攻撃にさらされる、ということを意味している。孤独に対する恐怖心は、おそらくはすでに人間の生得的な社会性のなかに与えられているのであろうが、意味のレヴェルにおいては、それは人間が社会の秩序立った構成物から隔離されて、ただひとりで意味ある存在を維持しつづけることはできない、という点にあらわれている。象徴的世界は制度的秩序の防禦的構造に究極的な正当性を付与することによって、個人を究極的な恐怖から守ってくれるのである。[75]

これとまったく同じことは、象徴的世界の（いま述べた個人的な意味ではなく）社会的意味についてもあてはまる。これらの象徴的世界は個人の人生ばかりでなく、制度的秩序の全体をも蓋ってそれらを保護するところの天蓋なのである。一方また、象徴的世界は社会的現実の境界を設定する。つまりそれは社会的相互作用という点からみて有意なものについて、境界を設定する。こうした境界設定のなかで起こりうる最も極端な例——それに近いものはときどき未開社会にみかけられる——は、すべての事柄

を社会的現実として規定する場合である。ここでは非生物でさえもが社会的なものとの関係においてとり扱われる。これより狭く、もっと一般的な境界設定の場合には、生物ないしは動物の世界のみがこれに含まれる。象徴的世界はさまざまな現象を存在の位階秩序のなかに序列づけ、社会的なものの範囲をこの位階秩序の枠内で規定する。(76)いうまでもないが、そうした序列化はさまざまな類型の人間に対しても適用され、そうした諸類型の多くのカテゴリー（ときには当の集団に属さないすべての部外者）が人間以外の存在、ないしは人間以下の存在、として規定されるということも決してまれではない。こうした規定は、普通はことばによって表現される（極端な場合には、それは〈人間〉と呼ぶにふさわしいとされた集団の名によって行なわれる）。こうした現象は文明化された社会においてさえ決してめずらしいものではない。たとえば伝統的なインドの象徴的世界は、カースト外の人間に対して、上位カーストに認められた人間的地位よりは、むしろ動物のそれに近い地位を与えたし（これは人間であると否とを問わず、すべての存在を包摂する業‐輪廻の理論で究極的に正当化された解釈法である）、近くはスペイン人によるアメリカ征服が行なわれた際、スペイン人にとってはインディアンが人間以外の動物に属するものとして考えることも可能であったことなどが挙げられる（この解釈法は前者ほど包括的なものではないが、インディアンはアダムとイヴの子孫ではあり得ないということを〈証明〉する理論によって正当化されていた）。

象徴的世界は歴史をも整序する。それは集団のすべての出来事を過去・現在・未来を包摂する一つのまとまりをもった統一性のなかに位置づける。過去に関しては、それは集団のなかに社会化されたすべての個人によって共有されている〈記憶〉を甦らせる。(77)未来に関しては、それは個人の行為の投企に対

2章　正当化

して、一つの共通の準拠枠組を設定する[78]。このように象徴的世界は人間をその先行者と後続者に一つの意味ある全体性のなかで結びつけ、そのことによって、個人の存在の有限性をのり越えるとともに、個人の死に意味を与えるというはたらきをする。社会のすべての成員は、いまや彼らが存在する以前からそこに存在し、彼らの死後もまたそこに存在しつづけるであろう、一つの意味ある世界に所属するものとして自分たちを理解することができるようになる。経験的な共同社会は宇宙的な平面のなかに置きかえられ、個人の存在の有為転変から独立した気高い存在へとつくり上げられるのである[79]。

すでにみてきたように、象徴的世界はすべての、個々の制度的過程の包括的な統合を可能にする。こうして、いまや社会の全体が意味をなすことになる。特定の制度や役割は、一つの包括的に意味ある世界のなかに位置づけられることによって、正当化されることになる。たとえば政治的秩序は権力と正義についての宇宙的秩序に関連づけられることによって正当化され、政治的役割はこうした宇宙的原理のあらわれとして正当化されたりするわけである。古代文明における聖なる親族の制度は、この種の究極的な正当化がいかにして行なわれるかを示すすぐれた実例をなしている。しかしながら、個人の経歴の秩序と同様、制度的秩序もまた、この秩序からみれば無意味な現実の存在によってたえず脅かされているということを理解することが大切である。さらにまた、制度的秩序の正当化は起こりうるカオスをたえず抑えつづけておかねばならないという必要性にも迫られている。社会的現実はすべて不安定なものである。アノミックな恐怖と向かい合った構成物である。この不安定さを曖昧にしている正当化機構が脅かされたり崩壊したりするときには、必ず現実のものとなる。国王の死去に伴う恐れ、とりわけそれが突発的な暴力によってもたらされるとき、そ

Ⅱ部　客観的現実としての社会

れはこうした恐怖をあらわしている。そうした状況の下での国王の死は、憐れみとかプラグマティックな政治的関心などというものをはるかに越えて、事態を危惧する関係者たちにカオスへの恐怖心を引き起こす。ケネディ大統領の暗殺に対する民衆の反応は、そのすぐれた一例である。そうした事件が起こると、ただちに防禦的な象徴体系の現実性には変化がない旨がおごそかに再確認されるが、そうした行為がなぜ必要であるかは上に述べたところから容易に理解することができよう。

象徴的世界の起点は、その基礎を人間の生得的な構造にもっている。もし社会のなかにおける人間が世界の創造者であるとすれば、それが可能になるのは人間に構造的に与えられた世界開放性によってであり、このこと自体がすでに秩序とカオスとの抗争を示唆している。人間の存在とはその初発からして不断の外化過程なのである。人間が自己自身を外化するとき、彼は、彼自身をそのなかに外化するところの世界を創造する。外化の過程において、彼は自己自身の意味を現実に投企する。象徴的世界——それはすべての現実が人間的意味をもつことを宣言するとともに、人間存在の正当性を意味づけるために、宇宙全体を召喚する——は、こうした投企のなかでも最も広い範囲を蔽うそれである。[80]

b　世界を維持するための概念機構

象徴的世界は認識的な構成物として考えるならば、理論的なものである。それは主体の反省過程のなかにその源をもっており、社会的に客観化されたものにその反省が向けられるとき、それはいくつかの制度のなかにその基礎をもつ、有意味的な諸々のテーマの間に明確な結びつきを確立する。この意味に

158

2章　正　当　化

　象徴的世界がもつ理論的性格は疑う余地のないものであり、〈共感を欠いた〉部外者にとってそうした世界がいかに非体系的、ないしは非論理的なものにみえようと、このことにはいささかの変化もない。しかしながら、人間は象徴的世界のなかで素朴に生きている場合があるし、実際、典型的にはそのように生きている。象徴的世界の確立がある一定の人びとの理論的反省を前提にしているのに対し（こうした人びとにとっては、世界、あるいはもっと特殊的にいって、制度的秩序は、問題を含んだものとしてあらわれる）、すべての人は物事を自明視するような態度でその世界に〈住ん〉でいるかも知れないのである。
　もし制度的秩序が全体として一つの意味ある総体として自明視されるようになるとすれば、それは象徴的世界のなかに〈位置づけられる〉ことによって正当化されねばならない。しかし、他の条件がすべて等しいとすれば、この象徴的世界それ自身はなんらそれ以上の正当化を必要とするものではない。まず最初、問題を含んだものとしてあらわれ、それゆえにまた理論化が要請されるのは、制度的秩序であって象徴的世界ではない。たとえば親族構造の正当化という先の例に戻るならば、それはもはやいとこ関係という制度が神話的ないしこたちの宇宙のなかに〈位置づけられる〉ならば、それはもはやいかなる〈追加的〉意味をももたない単純な社会的事実の問題ではなくなってしまうのである。しかしながら、神話それ自体はそれについての理論的反省を欠いたまま、素朴に信仰されることもあるわけである。
　象徴的世界が理論的思考の〈最初の〉産物として客観化された後、はじめてそうした世界の性格に関する体系的な反省の可能性が生まれる。象徴的世界が制度的秩序を一般性の最も高いレヴェルで正当化するのに対し、象徴的世界についての理論化は、いうなれば二次的レヴェルでの正当化、ということが

II部　客観的現実としての社会

できよう。一方、すべての正当化図式、つまり個々の制度化された意味の最も単純な前理論的正当化から象徴的世界の宇宙的編成に至るまでのすべての正当化図式は、世界を維持するための諸機構として規定することができる。容易に理解しうるように、これらの機構はその出発点から多くの概念上の操作や手直しを必要とする。

ところで、具体的な個々の事例について〈素朴なもの〉と〈洗練されたもの〉との間に明確な一線をひくことには、明らかにさまざまな困難がある。しかしながら、そうした事例においてさえ、分析上の区別を設けることは有益である。というのも、それは象徴的世界がどの程度自明視されているか、という問題に注意を喚起してくれるからである。この点において、分析上の問題が正当化のなかでわれわれがすでに直面してきた問題と似通ってくることはいうまでもない。諸制度の正当化に関する議論のなかにさまざまなレヴェルがあったのとまったく同様に、象徴的世界の正当化についてもさまざまなレヴェルが存在する。もっとも、象徴的世界は前理論的なレヴェルにまで降りてきてもさまざまに異なったレヴェルが存在する。もっとも、象徴的世界は前理論的なレヴェルにまで降りてきてもさまざまに異なったレヴェルがあるが——なぜなら、象徴的世界はそれ自体が一つの理論的現象であり、たとえ素朴に受け容れられているにせよ、理論的現象であることに変りがないことは明らかだから。

制度の場合と同様、ここでもまた、象徴的世界を世界を維持するための特殊な概念機構を用いて正当化することが必要になる状況とは何なのか、という問題が発生する。そして、その回答もまた、制度の場合に与えられた回答と同一である。世界を維持するための特殊な手続きは、象徴的世界が一つの問題としてあらわれたときに必要になる。こうした問題がもちあがらないかぎり、象徴的世界は自己維持的なものとして存在する。つまり、それは当の社会のなかに客観的に存在するという事実性そのものによ

160

2章　正　当　化

って、自己を正当化するわけである。われわれはこうした形での正当化が可能な社会を想像してみることはできる。そうした社会は調和が保たれ、自己閉鎖的で、完全に機能している〈体系〉であるだろう。

しかし、実際には、そうした社会はどこにも存在しない。制度化の過程には緊張はつきものであり、社会現象はすべて人間の活動によって歴史的につくり出された構成物であるという他ならぬこの事実からしても、いかなる社会といえどもそれが完全に自明視されるということはなく、それゆえにまた、経験的にも、象徴的世界が完全に自明視されるということはない。そこで問題は、象徴的世界が問題化するときのその程度、ということになる。

本質的な問題は、われわれが一般に伝統との関連において論じた問題と同様に、象徴的世界を一つの世代からもう一つの世代へと伝達する過程において生じてくる。社会化は決して完全に行われるということはない。ある人びとは他の人びとと比べると、より決定的に伝承された世界のなかに〈住ん〉でいる。しかも多かれ少なかれ信頼された〈住民〉の間にさえ、この世界をどう捉えるか、ということに関しては、常に個人的な変差というものがあるだろう。象徴的世界は日常生活においては象徴的世界そのものとして経験されることは不可能であり、その本来の性格からして、日常生活を超越するものとして存在する。そして、まさしくそれがゆえに、日常生活の意味を教えるのと同じような調子で、象徴的世界の意味を直截に〈語り聞かせる〉、などということは不可能なのである。象徴的世界に関する子どもたちの質問に対しては、日常生活の諸制度についての彼らの質問に対してよりも、もっと事細やかに答えてやる必要がある。先の例で言えば、いとこ関係ということの意味は、日常生活において経験されるルーティーンのなかでいとこの役割を演じつつある血肉を分けたいとこたちによってたえず表現されつ

II部　客観的現実としての社会

つある。このように、人間たちのいとこ関係については、これを経験的に確かめることができる。とこ
ろが残念なことに、神々の間のいとこ関係についてはこの目でしかと確かめることはできない。神々の
いとこ関係について教える者にとっては、このことが本質的な問題になってくる。これを準用すれば、
同じことは他のさまざまな象徴的世界を伝達する場合にもあてはまる。

こうした本質的な問題は、象徴的世界についての逸脱した見解が一部の〈住民〉集団によって共有さ
れるようになる場合には、さらにいっそう深刻なものとなる。この場合には、客観化という過程の性格
そのものにみられるところの明らかな理由から、逸脱した見解がそれ自身の権利によって一つの現実へ
と結晶化し、この現実は社会のなかに存在するというこの事実によって、最初に構成されていた象徴的
世界の現実性というその地位に挑戦状をつきつける。こうした逸脱した現実を客観化した集団は、現実に
ついてのもう一つの定義の担い手となる。(8) こうした異端集団の存在が象徴的世界にとって理論的な脅威と
なるばかりでなく、当の象徴的世界によって正当化されている制度的秩序にとって実際上の脅威にもな
る、ということについては、改めて論じるまでもない。そうした集団に対しては、現実についての〈正
規〉の定義の管理者が抑圧という手段を用いることによってことを処理するのが普通であるが、ここで
はこの問題に立入る必要はない。ここでのわれわれの考察にとって大切なのは、そうした抑圧を正当化
しようとする要求である。いうまでもなく、このことは、異端派の挑戦に対して〈正規〉の世界を維持
するために考察された、さまざまな概念機構を動員するということを意味している。

歴史的にみれば、異端の問題はしばしば象徴的世界の体系的な理論的概念化を促すうえで、その最初
の刺激となってきた。〈正規〉の伝統に対する一連の異端派の挑戦の結果としてあらわれたキリスト教の

162

2章　正　当　化

神学思想の発達は、この過程を示すすぐれた歴史的な事例である。すべての理論化作業におけると同様、伝統そのもののなかにおける新しい理論的意味づけは、こうした過程のなかで行なわれ、それによって、伝統そのものもまた、その最初の形態を越えて新しい概念化へと押しすすめられていくのである。たとえば初期の宗教会議が定式化した明確なキリスト論の公式は、伝統そのものによって必然化されたものではなく、それに対する異端派の挑戦によって余儀なくされたものであった。こうした公式が生み出されることによって、伝統は維持されると同時に拡大もされたのである。他のさまざまな改革と同様、三位一体に関する理論的概念もこうした事情から生まれたものであるが、それは初期キリスト教会においては不必要であったばかりでなく、実際にも存在しないものであった。ことばをかえれば、象徴的世界は社会の内部における異端派集団の挑戦から身を守るために形成された概念機構によって正当化されるだけでなく、修正されもするのである。

世界を維持するための概念化の発達を促す主要なきっかけは、一つの社会が非常に異なった歴史をもつもう一つの社会と出会うときにあらわれる。(82) そうした出会いによって引き起こされる問題は、典型的には、社会のなかの異端派によって引き起こされる問題よりも深刻なものとなる。というのも、ここにはʻ正規ʼの伝統をもつもう一つの象徴的世界が存在するからである。その伝統のもつ自明化した客観性は自己自身の伝統がもつ客観性と同格のものだからである。自己自身の世界がもつ現実性という地位からすると、現実についての自己自身の定義を、無知、狂気、あるいは明白な悪、として把らえるようなもう一つの社会とことを構えるよりは、その敵対性が実際上、愚行、ないしは不行跡、として定義されているような逸脱者の少数者集団を相手にする方が、そのショックははるかに小さくてすむ。(83) いとこ

II部　客観的現実としての社会

関係に関する制度的役割を守れない、あるいは守ろうとしない人間が多少いたとしても、そして、たとえ彼らが少数者集団として徒党を組もうとも、それは大した問題ではない。ところが、こうした役割について一度も聞いたことがなく、またおそらくは〈いとこ〉に相当するようなことばすらもたず、しかもそれでいて、現に非常にうまく機能しているようにみえる一つの全体としての社会に出会うとなると、事情はまったく異なってくる。他の社会によって提起されたもう一つの世界に対しては、自己自身の優越性を立証しうる最良の可能な根拠をもって、これに立ち向かうことが必要になる。この必要性に応えるには、かなり洗練された概念機構が要請されるのである。

自己のものとは異なるもうひとつの象徴的世界の出現は、一つの脅威になる。というのも、そうした別個の世界の存在それ自体が、自己自身の世界が必ずしも必然的なものではないということを経験的に明らかにするからである。いまやだれもが理解できるように、この世界のなかで、およそいとこ関係に関する制度などを一切もたずに生活することも可能なのである。さらにまた、ただちに神々の世界の崩壊をもたらすことはないにせよ、神々のいとこ関係を否定したり、嘲弄さえしたりすることも可能になる。こうして、何をさておいても、この衝撃的な事実を理論的に説明することが必要になる。もちろん、もう一つの世界が布教的な呼びかけを含んでいる、ということも起こりうる。自己自身の社会における個人なり集団なりが伝統的世界からの〈移住〉を試みたり、もっと危機が深刻な場合には、旧い秩序を新しいイメージによってつくり変えようとする気になる、ということもあり得ないではない。たとえば、家父長制的なギリシャ人の出現が、おそらくは当時東地中海沿岸に存在していたと考えられる母権制社会の世界を転覆させたにちがいない、ということは容易に想像することができる。ギリシャ人の世界は

164

女房連の尻に敷かれていたこれらの社会の男たちにとって、かなり訴えるところが大きかったにちがいなく、われわれはまた偉大なる母(グレート・マザー)がギリシャ人自身に極めて大きな印象を与えたことを知っている。ギリシャ神話にはこうした経験の概念化への試みが随所にみられ、この種の問題を考える場合には欠かせないものとなっている。

2章　正　当　化

ところで、世界維持のための概念機構は、それ自体が正当化のあらゆる形態と同様、社会的活動の産物であり、当該集団の他の諸活動と切り離してはほとんど理解しがたい、ということを強調しておくことが大切である。なかでもとくに、個々の概念機構がうまく成功するかどうかは、それらを運用する人間がもっているところの力と関係してくる。相異なる二つの象徴的世界の対決は、力の問題を含んでいる——つまり抗争し合う現実定義のうちでどちらが社会のなかに〈根を下ろす〉か、という問題である。対立する世界を掲げて抗争し合う二つの社会は、ともにそれぞれ自己の世界を維持するために考案された概念機構を発達させるであろう。内容のもっともらしさという点からすると、概念化の二つの形態は、外部の観察者にとってはほとんど選ぶところがないようにみえるかも知れない。しかしながら、二つのうちのどちらが勝利を得るかはそれぞれの正当化担当者の理論的才能によって決定されるより、むしろ力の差によって決定されるであろう。たとえば同程度に洗練されたオリンポスの占い師とカトリックの秘法家が宗教会議で対決し、それぞれの世界を怒りも興奮もなく論じ合うといった場面を想定することができる。しかしながら、こうした場合、問題がより宗教性の薄い軍事力のレヴェルによって決着をつけられる、という可能性の方がより大きいのである。神との衝突の歴史的な結末は、いずれも議論において優る者によって決着をつけられるというよりは、むしろよりすぐれた武器をもつ者によ

II部　客観的現実としての社会

って決せられるというのが常であった。これと同じことが社会の内部でのこの種の抗争についてもあてはまることはいうまでもない。より大きな棍棒をもつ者が現実についての彼の定義を受け容れさせるより大きなチャンスをもつわけである。この仮説はより大きなすべての集団についてもあてはまる。もっとも、この場合には、荒っぽい説得手段に訴えることなく、相互に了解し合う政治的に無関心な理論家が存在する可能性が常にあるのではあるが。

象徴的世界を維持するための概念機構は、常に認知上の正当化図式と規範上の正当化図式の体系化を必要とする——こうした正当化図式はより素朴な形の社会のなかにすでに存在していたし、当の象徴的世界のなかに結晶化していた。換言すれば、世界維持のための正当化図式を構成する素材は、大抵の場合、いくつかの制度の正当化図式をより高度な理論的統合のレヴェルでさらにいっそう精練したものから成り立っているということだ。このように、説明的図式と規範的図式との間には連続性が存在するのが普通であって、これらの図式が理論的レヴェルとしては最も低いところで正当化機能を果たすと同時に、宇宙を説明する知的構成物ともなっているのである。他の場合と同様、ここでも認知上の概念と規範上の概念化との間の関係は、経験的には流動的である。規範面での概念化は、常になにがしかの認知面での概念化をともなっている。しかしながら、分析上の区別はやはり有効である。というのも、とりわけこうした区別は、これら二つの概念領域がそれぞれの場合にどの程度分化しているか、という問題に注意を喚起してくれるからである。

ここで歴史的に観察可能な世界維持のためのさまざまな概念機構について詳しく論議することは、明らかに場違いというものであろう。(85)しかし、概念機構のうちでもいくつかの顕著なタイプ——たとえば

2章 正当化

神話、神学、哲学、それに科学など――について若干触れておくことは理に適っていよう。ここではそうしたさまざまなタイプについてその発展図式を提示するよりは、次のように言っておいた方が安全である。それは、神話は世界を維持するための図式のうちでも最も古典的な形態をあらわしている、あるいは、実際それは正当化図式一般の最も古典的な形態をあらわしている、ということだ。神話が人間の思考そのものの発展における必然的な一つの段階をなしている、ということは大いにありうることである。(86)いずれにせよ、われわれが辿りうるかぎりでの最古の世界維持のための概念化は、形としては神話的なものである。

神話とは、日常経験の世界はたえず聖なる力によって浸透されていると考える、現実についての一つの把らえ方である。(87)こうした現実の把らえ方には、当然のことながら、社会の秩序と宇宙の秩序との間には高度の連続性が存在し、こうした秩序をそれぞれ正当化するすべての図式の間にもそうした連続性が存在する、という考え方が含まれている。(88)すべての現実は一枚の布からつくり上げられたものとしてあらわれるわけである。

概念機構としての神話は象徴的世界の素朴なレヴェルに最も近いものである――このレヴェルにおいては、当該世界を客観的現実として実際に設定すること以外には、理論的に世界を維持することの必要性はごく小さい。相互に一貫性を欠いたさまざまな神話的伝統が理論的統合を欠いたまま互いに並存しつづけることができるという、歴史的に繰り返されてきた現象も、こうした事情から説明がつく。典型的には、一貫性の欠如は伝統が問題を含んだものとなり、なんらかの形の統合がすでに行なわれた後にのみ、はじめて感じられるようになる。そうした不調和の〈発見〉(あるいはもしこう言いたければ、

II部　客観的現実としての社会

その事後設定〉は、普通、伝統を維持する専門家たちによって行なわれるが、彼らは同時にまた、個々バラバラな伝統の主題の最も一般的な統合者でもある。ひとたび統合への要求が感じられると、その結果として行なわれる神話の再構成は、かなり理論的に洗練されたものになることがある。この点を明らかにするにはホメロスの例を挙げておくだけで十分であろう。

さらにまた、神話は次の点でも素朴なレヴェルに近いものだ。というのも、神話上の伝統においても、なるほどその道の専門家というものがいないわけではないが、彼らの知識の内容は一般に人びとが知っているものとさほど大きな隔たりはないからである。こうした専門家たちによって管理されている伝統への参加は、部外者的方法では難しい場合がある。それは選り抜きの候補者だけに限られていたり、特別の場合や時間だけに限られていたり、ときによっては苦行をともなう儀礼的準備を必要とすることもある。しかしながら、こうした参加は知識体系そのものに内在する特性から困難であることは稀であり、そうした知識体系もまた、それを獲得することはさほど困難なものではない。専門家たちの独占的な資格を保護するには、彼らの知識への近より難さを制度的に確立しておくことが必要になる。つまり〈秘事〉が設定され、本質的には顕教的な知識が密教的な形で制度的に規定されるのである。現代の理論家集団における〈広報活動〉を一瞥すれば、こうした古くからの方法が今日でも決して消滅したわけではないということが明らかになるであろう。しかしながら、やはり世界を維持するためのすべての概念図式が神話的なものである社会と、そうでない社会との間には、重要な社会学的な相違が存在する。

ところで、これよりもっと洗練された神話体系の場合には、矛盾を排除し、神話的世界を理論的に統

168

2章　正当化

合された形で維持しようとする努力がみられる。そうした、いわば〈正典化された〉神話は、本来の意味での神学的な概念図式にまで発展していく。当面のわれわれの目標からすれば、神学思想はそのより高度な理論的体系化という点からのみ、その神話的な先行形態から区別することができるであろう。神学的概念は素朴なレヴェルからはさらにいっそう隔たったものである。ここでもたしかに宇宙が相変らず古い神話の聖なる力、ないしは存在者、によって説明されるということがないわけではない。しかしながら、ここではこれらの聖なる存在ははるか遠方に押しやられてしまっている。神話的思考は人間の世界と神々の世界との間の連続性のなかで機能する。これに対し、神学的思考はこれら二つの世界の間を媒介するものとして機能する。というのも、これら二つの世界の間にかつて存在していた連続性は、いまや崩壊したものとしてあらわれるからである。神話から神学へと移行するにつれて、日常生活はますます聖なる力によって浸透されることの少ないものとなり、こうしてそれを獲得することは内在的により困難になる。それが密教的なものとして意識的に制度化されていない場合でさえ、それは一般民衆には理解しえないという理由から、〈秘密めいたもの〉でありつづけるのだ。このことからさらに次のような結果が生じる。それは、一般民衆は、神学の専門家たちによってつくり上げられた洗練された世界維持のための諸理論の影響を比較的受けることなく、その生活を維持することができる、ということである。大衆の間での素朴な神話と理論家エリートたちの間での洗練された神学とが、ともに一つの象徴的世界の維持に手を貸しながら共存する、という現象は、歴史的にしばしば観察されてきた現象である。こうした現象を念頭に置いてのみ、はじめて、たとえば極東の伝統的社会を〈仏教的〉である、

II部　客観的現実としての社会

とか、あるいはまた、これに関しては、中世社会を〈キリスト教的〉である、と呼ぶことができるのである。

神学はその後の哲学的および科学的な世界の概念化にとって、一つの模範となるものである。神学はその現実規定の宗教的内容においては神話により近いが、社会のなかで占めるその位置という点からみれば、後の世俗化された概念図式の方により近い。神話とは異なり、他の三つの歴史的に支配的な概念機構の形態は専門家エリートたちの財産となり、彼らの知識体系はますます社会一般の共通の知識からかけ離れたものへとなっていった。近代科学はこうした発展における極端な一階梯をなしており、世界維持機構の世俗化と洗練化における一つの頂点を示している。科学はただ単に日常生活の世界からの聖世界の疎隔を完成させるだけでなく、世界維持のための知識そのものを日常的世界にとって縁遠いものにする。こうして、日常生活はそれをその企図された全体性としての象徴的世界に結びつける聖なる正当化図式を奪われるだけでなく、その理論的可知性とでもいうべきものも奪われることになる。もっと簡単に言えば、社会の〈素人〉成員はもはや彼の住む世界が概念的にいかに維持されているのかを知りえなくなるわけである。もっとも、世界維持の専門家とみなされているのが誰であるかは、もちろん知っているのではあるが。こうした状況によって提起される興味ある問題は、現代社会を主題とする経験的な知識社会学によって答えられるべき問題であり、ここでの文脈ではこの問題にこれ以上立入るわけにはいかない。

概念機構のさまざまなタイプが歴史的には無数の修正と組合わせのもとにあらわれてきているということ、そしてわれわれが議論してきたタイプが必ずしもすべてを言い尽くしているわけではないという

170

2章　正当化

こと、このことはいうまでもない。ここには世界を維持するための概念機構の二つの適用例が、一般理論の文脈において、まだ論ずべきものとして残されている。治療(セラピー)と無効化(ナイヒリレーション)がそれである。

治療とは実際の、あるいは潜在的逸脱者が制度化された現実定義の枠内にとどまることを確保するための、あるいは、換言すれば、所与の世界の〈住民〉が他の世界へ〈移住すること〉を阻止することによって、概念機構の適用をともなうものである。それは個々の〈事例〉に正当化装置を適用することによってこれを行なう。すでにみてきたように、どの社会もすべて個人的逸脱という危険に直面させられている以上、われわれはどのような形をとろうと、治療は世界的な社会現象だと考えてよいであろう。その特殊制度的装置、たとえば厄除けの儀式から精神分析に至るまでの、あるいはまた牧師の配慮から人事相談計画に至るまでの、制度的装置が、社会統制という部類に入ることはいうまでもない。しかしながら、ここでわれわれにとって興味があるのは、治療がもつ概念的な側面である。治療は〈正規〉の現実定義からの逸脱を相手にしなければならない以上、それはそうした逸脱を説明し、こうして挑戦された諸現実を維持するための概念機構を発達させてゆかねばならない。これには逸脱についての理論、診断装置、それに〈心の治療〉のための概念体系等々を備えた一つの知識体系が必要になる。

たとえば軍人の同性愛を制度化してきているような集団にあっては、どこまでも異性愛を守り通そうとするような人間は、治療を必要とする確実な候補者である。というのも、彼の性的関心は、彼が所属するような兵士という恋人たちからなる部隊の戦闘力にとって明らかな脅威となるばかりでなく、彼の逸脱行為は男としての他の隊員たちの自然的なあり方にとっても、心理的な破壊作用を及ぼすからである。要するに、隊員のうちの幾人かが、おそらくは〈心のどこかで〉、彼のようにふるまいたいという気持を起

こすかも知れないのだ。もっと基本的なレヴェルでみれば、逸脱者の行動は、社会的現実そのものに対し、その自明化した認知上の操作手続き（〈雄々しい男というものは本性からして互いに愛し合うものだ〉）と、規範的な操作手続き（〈雄々しい男というものは互いに愛し合うべきだ〉）に疑いを向けることによって、挑戦状をつきつける。実際、逸脱者はおそらくは神々を、つまりその信者たちが地上で愛し合っているように、天上界で相互に愛を交歓し合っている神々を、真向から侮辱するものとしてあらわれるのである。それにはこうした根底的な逸脱行為に対しては、治療理論に正しく支えられたその実践が必要になる。そうした衝撃的条件を説明する（たとえば悪霊の憑依という仮説を設定する）逸脱理論（つまりは〈病理学〉）が必要になる。さらにまた、それには一連の診断学的概念も必要になる（たとえば白黒判別に用いるのに適した技術をそなえた症候学）。こうした概念はうまく成功すれば状況の深刻さの精確な記述を可能にしてくれるだけでなく、〈潜在的な異性愛〉の発見と防止手段のすばやい適用をも可能にしてくれる。最後に、これには治療過程そのものについての概念図式も必要になる（たとえそれぞれが正しい理論的基礎づけをもった厄除け法の一覧表など）。

こうした概念機構は適当な専門家によるその治療への応用を可能にすると同時に、逸脱的条件に悩まされている個人によって内在化されることもある。内在化は、それ自体のなかに治療的効果をもつものなのであろう。われわれの例で言えば、概念機構は個人のなかに罪責感（たとえば〈異性愛パニック〉を惹きおこすことを狙ってつくり上げることもできるのであり、そうした工作は、もし個人の第一次的社会化がいくぶんなりとも成功していさえすれば、さほど難かしいものではない。こうした罪責感という圧力の下に置かれることによって、個人は治療者が彼に提示する彼をとりまく条件についての概念図

172

式を主観的に受け容れるようになるであろう。彼は〈洞察力〉を高めるのであり、診断は彼にとって主観的に現実的なものになるわけである。さらにまた、概念機構はいっそう発達させられることによって、治療者なり〈患者〉なりが感じている治療についてのどんな疑問をも概念化する（そして、その結果、概念的に清算する）ことができるようになる場合もある。たとえば〈患者〉が抱いている疑問を説明するための〈抵抗〉に関する理論というものがありうるであろうし、逆にまた治療者の疑念を説明するための〈逆転移〉の論理があってもよいわけである。治療が成功したときには、概念機構と個人の意識へのその主観的受容との間には、一つの調和が成立する。それは逸脱者を社会の象徴的世界の客観的現実のなかへ再び社会化する。もちろん、〈自分自身を見つけ出〉し、自分が再び神の目からみて正しい人としなうのが普通である。人はいまや〈常態〉へのそうした復帰には、かなりの程度の主観的満足がともてあるという幸せな知識をもって、その所属部隊長の愛の抱擁のなかへもどってゆくかも知れないのである。

2章

正当化

　治療はすべての人びとを当該世界のなかにとどめておくために、概念機構を利用する。これに対し、無効化はすべての事柄を当該世界の外部で、概念的に抹殺してしまうために、これと同様の機構を利用する。この手続きは一種の否定的正当化といってもよい。正当化は社会的に構成された世界の現実性を維持するものである。これに対し、無効化はそうした世界に合致しない現象、ないしは現象の説明、は、すべてその現実性を否定する。これは二つの方法を用いて行なわれる。まず第一に、逸脱的現象は治療的意図のあるなしにかかわらず、否定的な存在論的地位を付与される。概念機構の無効化的な適用は、最も頻繁に用いられ当該社会にとって疎遠で、それゆえにまた治療を受ける資格のない個人や集団に、

Ⅱ部　客観的現実としての社会

る。ここでの概念操作はどちらかというと単純なものである。つまり、ここでは社会的な現実定義を脅かすものは、象徴的世界の外部に存在するいっさいの定義に下級の存在論的地位しか認めず、それゆえにまた真面目に受けとる必要のない認知上の地位しか与えない、ということによって、中和化されてしまうのである。こうして、たとえばすぐ近くに存在する反同性愛的集団の脅威は、これらの隣人たちを物事の正しいあり方について生まれつき盲目な人間以下の存在、つまり救いようのない認知上の暗闇のなかをさまよっている住民、と決めつけることによって、われわれの同性愛的社会にとって概念的に抹殺してしまうことができるのである。ここでの基本的な三段論法は次のようなものだ。隣人たちは野蛮な種族である。隣人たちは反同性愛的だ。したがって、彼らの反同性愛は野蛮な愚行であり、道理をわきまえた人間はこれを真面目にとり上げる必要はない、と。これと同じ概念操作が社会の内部における逸脱者たちについても適用できることはいうまでもない。その際、無効化から治療へとすすむか、それともむしろ概念的に抹殺したものを物理的にも抹殺する方向へすすむか、という問題は、実際的な政策の問題である。概念的に抹殺された集団がもつ実質的な力は、大抵の場合、決して無視しうる要因とはならないであろう。残念ながら、ときには人間は、状況次第で、野蛮人と友好関係を保ちつづけることを余儀なくされることがあるのである。

第二に、無効化には現実についてのすべての逸脱的定義を自己自身の世界のものである概念によって説明しようとする、野心的な試みが含まれている。神学的な準拠枠組においては、これは異端論から護教論への移行をともなう。逸脱的概念はただ単に否定的地位を与えられるだけでなく、綿密に自己の理論のなかへとり入れられるわけである。こうした手続きの最終的な狙いは逸脱的概念を自己自身の世界

174

2章　正当化

のなかに統合し、そうすることによって、逸脱的なものを究極的には無効化してしまうことにある。それゆえ、逸脱的概念は自己自身の世界から導出された概念のなかに翻訳されることが必要になる。こうした手続きを踏むことによって、自己の世界に対する否定的概念は、その肯定へと巧妙に転化させられるわけである。ここでの前提は、常に、否定者は自分が何を言っているのかを本当は知っていない、とする考えである。彼の主張はより〈正しい〉ことば、つまり彼が否定する世界から導き出されたことばに翻訳されたとき、はじめて意味ある主張になる。たとえば同性愛を説く理論家たちは、すべての人間はその本性からして同性愛を好む、と主張するであろう。このことを否定する人間、つまり悪霊にとり憑かれてか、それとも野蛮人であるというような単純な理由によってか、いずれにせよこれを否定する人間は、彼ら自身の本性を否定しているということを知っている。それゆえ、必要なのは、ただ彼らの主張を綿密に検討することによって、彼らの立場の防禦的性格と自己欺瞞とを明らかにしてやることだけ、ということになる。こうして、この問題について彼らが何を主張しようとも、それらはすべて彼らが虚勢を張って否定する同性愛的世界の肯定へと翻訳することになる。神学の準拠枠組においても、これと同様の手続きが踏まれる。つまりここにみられるのも、悪魔はそれと知らずに神を讃えており、いっさいの不信心は無意識的な不誠実にすぎず、無神論者といえども本当のところは信仰篤い人間である、とする考えである。

　概念機構の治療的および無効化的な応用は、象徴的世界そのものに固有のものである。もし象徴的世界がいっさいの現実を包括するものであるとすれば、何ものといえどもその概念領域の外にとどまるこ

とは許されない。いずれにせよ原則的には、現実についてのその諸定義は存在するものの全体を包摂するものでなければならない。こうした全体化が企てられる概念機構は、その洗練性の度合においては、歴史的にさまざまに変化する。しかしながら、萌芽としては、こうした概念機構は象徴的世界が結晶化されるとただちにあらわれるものなのである。

c 世界を維持するための社会組織

社会的に構成された世界は人間の活動の歴史的産物である以上、それらはすべて変化するし、またこの変化は人間の具体的な行為によってもたらされる。どのようなものであれ、ある特定の世界がそれによって維持されている概念機構の複雑さだけにとらわれていると、この根本的な社会学的事実を見失ってしまうことがある。現実は社会的に定義されている。しかしながら、定義は常に具象化されたものとして存在する。つまり具体的な諸個人やそうした諸個人からなる集団が現実の定義者として介在しているのである。一定の所与の時点における社会的に構成された世界の状態、あるいは時の流れを通じてのその変化、を理解するには、われわれは定義者たちの定義行為を可能にする社会組織というものを知る必要がある。もう少しわかりやすくいえば、現実についての歴史的に観察可能な概念図式についての問題を、抽象的な〈それは何であるのか〉という問いから、〈誰がそう言っているのか〉(90)、という社会学的に具体的な問いかけへとたえず押しすすめていくことが大切なのである。

すでにみてきたように、知識の専門化とそれにともなう専門化された知識体系の管理者の組織化は、

2章　正　当　化

分業の結果として発達する。さまざまに異なった専門家たちの間に競合関係などまったく存在しないような、この発展の初期の段階を想定してみることも可能である。この場合、専門知識の各領域は分業というプラグマティックな事実によって規定されている。狩猟の専門家は自分には漁撈の専門的知識があるなどと主張したりはしないであろうし、それゆえ、漁撈に従事する者と競い合うための基礎などというものも、何らもつことはないであろう。

これよりもっと複雑な形の知識が出現し、経済的余裕が確立されると、専門家たちはその全時間を彼らの専門知識の問題に注ぎ込むようになる。その際、これらの専門知識は、概念機構が発達するにつれて、ますます日常生活のプラグマティックな必要性から遠ざかっていくことがある。こうした純化された知識体系の専門家たちは、新しい地位を要求する。彼らはただ単に知識の社会的在庫のあれこれの分野における専門家であるだけでなく、そうした知識在庫の全体に対する究極的な管轄権を要求する。彼らは文字通り一般的な専門家になるわけである。このことは彼らがすべての事柄を知り尽くしているとを標榜することを意味するわけではない。むしろそれは、すべての人が知っており、行なっている事柄の究極的な意味を彼らが知っている、と主張することを意味している。なるほど他の人びとも現実のある特定部門についてはその権利を主張しつづけるということはあるかも知れない。しかしながら、彼ら専門家は現実そのものの究極的な定義づけにおけるその専門的知識の所有を主張するのである。

知識の発達におけるこの段階は、いくつかの結果をもたらす。まず第一に──これについてはすでに述べたのだが──純粋理論の出現である。一般的な専門家たちは日常生活の出来事からかなり抽象化されたレヴェルで物事を操作する。このため、専門家以外の人びとはもちろん、彼ら自身も次のような結

177

Ⅱ部　客観的現実としての社会

論を下すことがある。それは、彼らの理論は進行しつつある社会の生活とはなんらの関係をももっておらず、一種のプラトン的な没歴史的かつ没社会的な観念形成の天上界に存在する、という結論である。もちろん、こうした考えは幻想にすぎない。しかしながら、それは現実定義の過程と現実創造の過程との関係の深さという点からみて、大きな力をもちうる。

第二の結果は、こうして正当化され、制度化された伝統主義の強化ということ、つまり制度化に固有の惰性に向かう傾向の強化、である。[91] 習慣化と制度化は、それ自体において、人間の行為の弾力性に限界を設定する。制度は〈問題的なもの〉にならないかぎり、存続する傾向をもっている。究極的な正当化図式は必然的にこの傾向を強化する。正当化図式はそれが抽象的なものであればあるほど、変化するプラグマティックな緊急事態への臨機応変が効きにくくなる。いずれにせよ、物事が従来通り行なわれるという傾向があるとすれば、この傾向は、物事が従来通り処理されるというすぐれた理由をもつことによって、明らかに強化されるのである。制度は、外部の観察者からみると、それがその本来の機能、ないしは実用性、を失ってしまっていると思われるような場合でさえ、存続することがある、ということを意味している。人びとはそれがいまもなお機能しているからという理由で一定の行為を行なうのではなく、それらが正しいから——正しいというのは、一般的な専門家によって宣言された究極的な現実の定義からみて、という意味で——行為を行なうのである。[92]

世界を維持するための現実の正当化を担当する専任者の出現は、それと同時に社会的紛争の種をもたらす。ここではその理由を詳しく述べる必要はないが、現場担当者の一部は専門家と現場担当者との間で発生する。さまざまな理由から、専門家たちの横柄な主張やその地位にともなう具体

2章　正当化

的な社会的特権に対して、憤りをもらすことがある。なかでもとくに立腹の原因になりやすいのは、自分たちは現場担当者自身よりも彼らの活動の究極的意味を知っているとする、専門家たちの主張である。〈素人〉たちのそうした反乱は現実についての対抗的定義をもたらすこともあり、最終的には新しい現実定義を担当する新しい専門家の出現をもたらすこともある。古代インドはこれに関するいくつかの最もすぐれた歴史的な例を提供してくれている。たとえばバラモンは究極的な現実についての専門家と、して、まったく驚くほど、彼らの現実定義を全体としての社会に受け容れさせることに成功した。インド亜大陸の大部分を支配するほどまでになったにせよ、カースト制度が何世紀にもわたって拡大しつづけ、ことの起こりが何であったにせよ、バラモンによる構成としてであった。実際、バラモンたちは新しい領土に支配体制をうち立てるための〈社会技術者〉として奉仕すべく、支配王朝が交替するたびにその招きを受けたのであった（それというのも、一つには、この制度がより高度な文明のもつ巨大な社会統制力をよく知っていたからであり、もう一つは、いうまでもなく、王族がクシャトリアによって代表されていたからである）。マヌ法典は、一方ではバラモンたちが社会について企図するものと、他方では宇宙の秩序によって定められた企画者として彼らが認められていることの結果として、彼らに生じる極めて現世的な利益について、すぐれた考え方を示している。しかしながら、こうした状況の下では、理論家と権力の行使者との間に抗争が生じることは不可避であった。この権力の行使者たちは軍人カーストに属し、かつまた王侯のカーストでもある、クシャトリアによって代表されていた。古代インドの叙事詩であるマハーバーラタとラーマーヤナは、この抗争について雄弁な証言を与えている。バラモン世界に対する二つの大きな理論的反乱、つまりジャイナ教と仏教がクシャトリア階級に社会的基盤を見

出したのも決して偶然ではない。バラモン教ほど包括的で洗練されたものではないにせよ、バラモン教の世界に対して戦いを挑んだであろうと思われる叙事詩人たちの場合と同様、ジャイナ教と仏教によるの再定義が、それ自身の専門家を生み出したことはいうまでもない[93]。

このことはもう一つの、これと同じほど重要な抗争の可能性というものを、われわれに教えてくれる——つまり対立し合う専門家たちの集団間での抗争である。理論が直接的でプラグマティックな応用可能性をもちつづけているかぎり、いかなる競合関係が存在しようとも、それはプラグマティックな検証によって優劣をつけることができる。たとえば猪狩りに関して競争し合う理論というものがあって、狩猟の専門家たちの対立的集団がその理論のなかでそれぞれの既得権を主張していたとしてみよう。この場合、問題はどの理論が最も多くの猪を射止めることができるかを調べることによって、比較的簡単に決着をつけることができる。ところが、世界に関する多神教的理論と一神教的理論について、どちらが正しいかを決定しなければならないような場合には、そうした決着のつけ方というものはあり得ない。それぞれの理論家たちはプラグマティックな検証の代わりに、抽象的な議論に訴えかけざるを得なくなる。しかし、こうした議論は、議論そのものの性格からして、プラグマティックな成功という内在的な説得力をもってはいない。ある人にとって説得力をもつ主張は、他の人にとっては説得力をもたないかも知れないのだ。われわれはそうした理論家たちが単なる議論というものの力の弱さを補うため、さまざまな形のより強力な援護手段に訴えたとしても——たとえば競争相手に一つの主張を受け容れさせるため、当局にはたらきかけて軍事力を行使させる、など——実際には非難できないのである。換言すれば、現実についての定義は警察力や軍事力によって強制されることもある、ということだ。なおまた、付言し

2章　正　当　化

ておけば、このことは〈自然的〉に受容された定義よりも説得力に乏しい、ということを意味する必要はない——社会における権力は決定的な社会化過程を規定する力をもっており、それゆえにまた、現実を生み出す力をもっている。いずれにせよ、高度に抽象的な象徴体系(つまり日常生活の具体的経験から大きくかけ離れた理論)は、経験的証拠[94]によって妥当性を付与されるというよりは、むしろ社会的支持によって妥当性を付与されるのである。それゆえ、こうした方法で疑似プラグマティズムが再導入される、と言うことができる。さらにまた、理論が説得力をもつのは、それらが機能している——つまり、当の社会において標準的で自明化した知識になっている、という意味で機能しているからだ、と言うこともできよう。

以上のことからわかるのは、対立し合う現実定義の間での競争には、常にそれを支えている社会‐構造的な基礎があるということ、そして、こうした競争関係の結末がどうなるかは、必ずしもそれによってすべてが決せられるわけではないにせよ、こうした社会‐構造的な基礎の発達如何によって大きく左右されるであろう、ということである。しかしながら、深遠な理論的定式の場合には、それが社会構造における大衆的な運動からほぼ全面的に切り離されたところで形成される、ということはまったく可能であり、そうした場合には、対抗関係は、一種の社会的真空地帯のなかで行なわれることになる。たとえば俗界を捨てた修道僧たちの間での競争は、砂漠の真只中で、その議論にほとんど関心をもたないような部外者はすべて排除して、世界の究極的な本性について議論を戦わすということもありうるであろう。しかし、こうした主張のうちのいずれか一方が周りの社会のなかに支持者を見出すようになるや否や、対抗関係の結果を決定するのは、主として理論外的な利害ということ

Ⅱ部　客観的現実としての社会

になるであろう。それぞれに異なる社会集団は対抗し合う諸理論にそれぞれ異なった親和感をもつであろうし、その結果、それぞれに気にいった理論の担い手になるであろう。こうして、Ａという教義は当該社会の上層階級に訴えるものとなり、Ｂという教義は中間階層に訴えるものになる。しかもそれは、こうした理論を最初に生み出した人びとを駆り立てていた情熱とはほとんど無関係な理由によって、そうなるのである。そして、次には専門家たちの対抗集団は、やがて自らをその〈担い手〉集団に帰属化させるようになり、その後の専門家集団がたどる運命は、抗争関係の結果、担い手集団がそれぞれどの理論を支持するようになるか、によって決定されることになるであろう。こうして、現実についての対抗的な諸定義は、対立し合う社会的利害——この利害の対立関係がまた理論的なことばに〈翻訳される〉のであるが——の領域で雌雄が決せられることになる。競争関係にある専門家たちと彼らのそれぞれの支持者たちが、当の理論に対する彼らの主観的関係において〈誠実〉であるかどうかという問題は、こうした過程の社会学的理解にとっては二次的な関心事にすぎない。

ところで、さまざまな形で現実を究極的に定義することに没頭している専門家集団の間に、理論的競争だけでなく、実際面での競争までもが生じる場合には、理論の脱プラグマティズム化現象は逆転し、当の理論がもつプラグマティックな効力は外在的なものとなる。つまり理論はその内在的な特性によってそのプラグマティックな優越性が明らかにされるのではなく、その理論の〈担い手〉になった集団の社会的利害への適用可能性によって、その優越性が〈証明〉されるのである。このことの結果として生じる理論的専門家の社会的組織化には、歴史的にはかなりの程度の変差がある。ここでこうした組織化の完全な一覧表を描くことは明らかに不可能であるが、より一般的なタイプのいくつかについて概観し

(95)

182

2章　正　当　化

ておくことは有益であろう。

まず第一に——おそらくはモデル的なものとして——一般的な専門家が社会における現実についてのいっさいの究極的定義に関して有効な独占権を保持している、という場合がありうる。そうした状況はモデル的なものとして考えることができよう。というのも、そうした状況は人間の歴史の初期の段階では典型的なものとして十分な理由が存在するからである。そうした独占状況は単一の象徴的伝統が当の世界を維持している、ということを意味している。この場合、社会のなかに存在する、ということは、この伝統を容認しているということを意味している。伝統を守る専門家たちは実質的に社会の全成員によってそうした専門家として認められており、対策を必要とする有力な競争相手などは存在しない。経験的にわれわれの研究対象となるようなすべての未開社会は、このタイプに属するようであり、若干の修正を加えれば、大部分の古代文明もまたこのタイプに属しているように思われる[96]。しかしながら、このことは、そうした社会には懐疑論者は一人もいない、とか、すべての成員が例外なく完全に伝統を内在化していた、などということを意味するわけではない。というより、むしろそれは、たとえ懐疑論的思考があったにせよ、それは〈正規〉の伝統の保持者に対して戦いを挑めるほどに社会的に組織化されてはいなかった、ということを意味している[97]。

そうした状況の下においては、独占的な伝統とその専門の管理者とは、統一された権力構造によってその地位を保証されている。決定的な権力を行使しうる地位の保持者たちは、彼らの権威の下にある人びとに対し、伝統的な現実定義を強要するためにその権力を行使できる立場にある。可能性としては、世界についての競合的な概念図式は、それらが出現するや否や、ただちに一掃されてしまうであろう

183

Ⅱ部　客観的現実としての社会

——それらは物理的に破壊されるか（《神を崇拝せざる者は生きるべからず》）、それとも伝統そのもののなかに統合されてしまうか（一般的な専門家たちは、競合的な神殿Aは《実際には》伝統的な神殿Bのもう一つの側面、ないしは命名法にすぎない、と主張する）のいずれかである。後者の場合、もし専門家がその主張を貫くことに成功し、競争関係がいわば《合併》によって競争関係が社会のなかで隔離され、伝統的な独占に関する限り、無害化されてしまうことがある——たとえば征服者の集団や支配者集団の成員は、だれもYというタイプの神を崇拝せず、もっぱら被征服者層ないしは下級階層のみがそれを崇拝する、というような場合。これと同様の防衛的な隔離政策は、外国人とか《寄留民》などにも適用されることがある。⑱

中世キリスト教社会（この社会をか古代社会とか呼ぶことはもちろんできないが、それが効果的な象徴体系の独占状態をともなった社会であることだけは確かである）は、これら三つの抹殺手続きのすべてについて、すぐれた実例を提供してくれる。まず第一に、公然たる異端は、それが個人に具象化されたものであれ（たとえば魔女の場合）、集団のなかに具象化されたものであれ（たとえばアルビ教徒の集団）、いずれにせよ物理的に破壊されねばならなかった。しかしながら、それと同時に、キリスト教的伝統の独占的保護者であった教会は、極めて弾力性に富んだやり方で、さまざまな民間信仰や習慣を、それらがキリスト教世界そのものに対する明確で異端的な異議申し立てに結晶化しないかぎりは、その伝統のなかに統合していった。たとえ農民たちが先祖伝来の神々からある一人を選び出し、それをキリスト教の聖者に《洗礼》し、しかも従来通り伝来の説話を語りつづけ、伝来の祝祭をこの聖

2章　正当化

者に結びつけて祝いつづけたとしても、それはなんら問題にはならなかった。さらにまた、キリスト教と競合する現実定義のなかには、キリスト教社会に対する脅威とみなされることもなく、この社会のなかで少なくとも隔離されうるものもあったりした。こうしたもののなかでも最も重要なのは、いうまでもなくユダヤ人たちの例である——もっとも、これとよく似た状況は、キリスト教徒とイスラム教徒が平和時に隣接して生活することを余儀なくされたようなところでも生じはしたのであるが。ついでに言っておけば、この種の隔離政策は、ユダヤ教世界とイスラム教世界とをキリスト教による〈汚染〉から守ることにもなった。現実についての競合的定義を概念的にも社会的にも他所者に特有の定義として隔離しておくことができる。しかも事実上、自己自身にとって無関係なものとして隔離しておくことができるならば、これら他所者との間にかなりの程度の友好関係をつくり上げることは可能である。しかし、こうした〈他所者性〉がうち破られ、逸脱的世界が自己自身の社会の民衆にとっても可能な居住地としてあらわれはじめると、そこには常に問題がもち上がる。ここまでくると、伝統の守護者たちは銃と刀に訴えることが多くなる——あるいはとくに銃と刀が使えない場合が多い。その代案として、競争相手との宗教会議を通じての交渉に入る場合が多い。

この種の独占的な状況は高度の社会 = 構造的安定性を前提にしており、そうした状況自体もまた、構造を安定化させるはたらきをもつ。現実についての伝統的な定義が社会の変化を妨げるわけである。これとは逆に、独占の自明化した容認状態の崩壊は、社会の変化を促進する。それゆえ、確立された権力的地位を維持することに関心がある人びとと、世界を維持する独占的伝統を管理する人びととの間に、親密な関係が存在したとしても、決して驚くにはあたらない。換言すれば、保守的な政治勢力は一般的

II部　客観的現実としての社会

な専門家の独占的要求を支持する傾向をもっており、一方また、これら専門家の独占的な組織は政治的に保守的になる傾向がある、ということである。歴史的にみれば、こうした独占の大部分は、いうまでもなく宗教的なものであった。それゆえ、教会——これは宗教的な現実定義に携わる専従者たちの独占的な連合体として理解できる——は、ひとたびそれが所与の社会においてその独占権を確保することに成功するや、その本性からして、保守的なものになる、ということができる。逆にまた、政治面での現状を維持することに利害関心をもつ支配集団は、その本性からして、その宗教的志向においては教会に協力的であり、同じ理由から、宗教的伝統におけるすべての革新に対しては懐疑的である。

独占的状況は、ときとして、〈国際的〉にも〈国内的〉にも、さまざまな歴史的理由から、確固とした地位を獲得したり維持したりすることに失敗する場合がある。こういう場合には、競合する現実定義と管理要員の間での闘争が長期化する可能性がある。ある特定の現実定義がある具体的な権力的利害と結びつくようになる場合には、これをイデオロギーと名づけてもよい。このことばは、もしそれが上述のような現実定義の独占的状況といったものに適用される場合には、その有効性をほとんどもたない、ということを強調しておかねばならない。たとえば、中世においてキリスト教をイデオロギーと呼ぶことは——たとえそれが支配集団にとって明らかな政治的効用をもっていたとしても——ほとんど意味をなさない。このことは、中世社会にあっては、キリスト教的世界はすべての人びとが共有した世界であった、つまりその主人とまったく同様に農奴もまた〈居住した〉世界であった、という単純な理由からしても明らかである。しかしながら、産業革命以後の時代においては、キリスト教をブルジョワジーは新しい産業労働者のイデオロギーと呼ぶことについては、一定の根拠がある。というのも、ブルジョワジーは新しい産業労働者

186

2章　正　当　化

階級——この階級はヨーロッパの大部分の国ではもはやキリスト教的世界に〈住んでいる〉ものとは考えられなくなっていた——に対するその闘争において、キリスト教の伝統とその関係者とを利用したからである。同様にまた、イデオロギーということばは、それを現実についての二つの異なった定義が社会間での接触で互いに出会うような場合に用いても、ほとんど意味をなさない——たとえば十字軍の〈キリスト教イデオロギー〉とサラセン人の〈イスラム教イデオロギー〉について語ることは、あまり意味のないことである。イデオロギーというものの際立った特色は、むしろ一つの同じ包括的な世界が、当の社会における具体的な既得権に基づきつつ、さまざまな方法で解釈される、という点にこそあるのである。

イデオロギーは、その特殊な理論的要素がその利害得失に結びつくという理由から、しばしばある一つの集団によって信奉される。たとえば、貧困にあえぐ農民集団が彼らを経済的に隷属させてきている都市の商人集団と闘うような場合、彼らが農村生活の道徳性を賞揚し、貨幣経済とその信用制度とを不道徳として斥け、都市生活の享楽ぶりを一般的に非難する、ある種の宗教的教義のまわりに結集する、ということはありうるであろう。そうした教義が農民たちに対してもつイデオロギー的な〈利益〉は明らかである。その良い例は古代イスラエルの歴史のなかにみることができよう。しかしながら、利害集団とそのイデオロギーとの間の関係が常にこのように論理的なものだ、と考えるのは誤りであろう。社会的闘争のなかにある集団はすべて団結を必要とする。イデオロギーは団結を生み出す。ある特定のイデオロギーが採用されるとしても、それは必ずしもその内在的な理論的要素に基づいて採用されるとは限らず、ときにはふとした偶然的な出会いがきっかけになっていることもある。たとえば、キリスト教

がコンスタンチヌス帝時代のある特定集団にとって政治的に〈興味あるもの〉となったのは、キリスト教のなかの内在的要素のためであったかどうかはまったく不明瞭なのである。むしろキリスト教（これは本来は下層中産階級のイデオロギーとでも言うべきものであった）は、その宗教的内容とはほとんど関係なく、政治的目的のための強力な関心によって利用されたように思われる。キリスト教以外の宗教でも同じ役割を十分に果たせたかも知れないのだ——キリスト教はなにか重大な決定が行なわれたとき、たまたまそこに存在していたというだけのことにすぎないのである。イデオロギーは、ひとたびそれが当該集団によって採用されると（もっと正しく言えば、ひとたびある特定の教義が当該集団のイデオロギーになると）、それがいまや正当化しなければならない利益に合致するような形に修正されることはいうまでもない。これには本来の理論的命題の体系からあるなんらかの要素を選び出し、また付け加える、という過程が必要になる。しかしながら、これらの修正が採用された教義の全体に影響を及ぼさねばならない、と考える必要はない。イデオロギーのなかには正当化される利益に対してなんの関係をもたず、ただある集団が自らをそのイデオロギーに関係させてきている大きな要素が存在することがある。実際、ときにはその〈担い手〉集団によって熱心に支持されているイデオロギーのなかに、彼らの利益とはまったく無関係な理論的論争において、彼らのイデオロギーの専門家を支援するということもあるのである。当時のキリスト教論争へのコンスタンチヌス帝の参加はその良い例である。

ところで、近代社会の大部分が多元的な社会であることを念頭に入れておくことは大切である。このことは、近代社会は人びとによって共有され、そうしたものとして自明視されている核心的な部分の世

188

2章　正当化

界と、相互に調整されて共存しているさまざまな部分的世界との二つから成っている、ということを意味している。この部分的世界はおそらくは何らかのイデオロギー的機能をもっているのであろうが、しかし今日では、イデオロギー間の公然たる闘争は、さまざまな程度の寛容、あるいは、場合によっては、協力関係によってさえ、とって代わられてきている。こうした状況は理論外的要因の布置連関によってもたらされたものであるが、それは伝統の守り手たちを困難な理論的諸問題に直面させている。何世紀ものあいだ通用してきた独占的要求を保持しようとする伝統を管理しながら、彼らはすでに進行している独占状況の崩壊を理論的に正当化するための方法を見つけ出さねばならないのである。このため、彼らは、ときにはあたかも何事も起こりはしなかったかのように、古い全体主義的な要求を主張しつづけるという方法を採ることもある。しかし、こうした要求を真面目に受けとめてくれそうな人というのは、ごく少数にすぎない。専門家たちが何を主張しようと、多元的状況はただ単に現実についての伝統的定義が社会のなかで占める地位を変えるだけでなく、個人の意識のなかでそれらが受けとめられるその方法までをも変えてしまうのである。[10]

多元的状況は都市社会を、つまり高度に発達した分業と、それにともなう社会構造の高度の経済的余裕に支えられた、都市社会の存在を前提にする。これらの条件は明らかに近代産業社会に支配的なものであるが、それらは初期の社会においても、少なくともある特定の部分においては、存在した。ギリシャ−ローマ時代の後期の都市はここでの一例となるであろう。多元的状況は急速な社会変動の諸条件とともに進行する。というより、実際のところ、多元主義それ自体が社会変動の促進要因なのである。というのも、まさしく多元主義こそ、伝統的な現実定義がもつ変化への抵抗力をきり崩す力

189

Ⅱ部　客観的現実としての社会

となるからである。多元主義は懐疑主義と革新とを力づけ、こうして、その本来の性格からして、伝統的な現状の自明化した現実に対して破壊的作用を及ぼす。われわれは、伝統的な現実定義の専門家が、これらの定義がその分野において独占的地位を誇っていたころのことを懐かしげに想い返すとき、容易にその気持を察することができるのである。

歴史的にみて重要で、しかも原則的には上述のような状況の下でならばどこにでも存在しうるようなタイプの専門家は、知識人である。われわれはこうした知識人を、その専門的知識が全体としての社会からは望まれていない専門家、と規定することができよう。このことは〈正規〉の伝統的知識に対する知識の再定義ということを意味している。つまりそれは、〈正規〉の伝統的知識のいくぶん逸脱的な解釈以上のことを意味している。このように、知識人はその定義からしてマージナルなタイプに属している。彼がもともとマージナルな存在であって、その後、知識人になったのか（たとえば近代西欧における多くのユダヤ系知識人の場合）、それとも彼のマージナルな在り方は彼の知的逸脱行為の直接的結果によるものであったのか（たとえば追放された異端者のような場合）は、ここでは考える必要はない。いずれの場合にも、彼の社会的境界性は彼の属する社会という世界へのその理論的統合の欠如を表わしている。彼は現実定義という作業における対抗的な専門家としてあらわれる。〈正規〉の専門家と同様、彼もまた全体としての社会に対してある一つの構想をもっている。しかし、前者の構想が制度上の計画と歩調を合わせ、その理論的正当化という任務を果たしているのに対し、知識人の構想は制度上の真空地帯のなかに存在し、社会的に客観化されることがあったとしても、それはせいぜいのところ知識人仲間の下位社会のなかで客観化されるにすぎない。そうした下位社会がどの程度存続しうるかは、大きな社会にお

2章　正当化

ける構造的配置によって決まってくる。この場合、ある程度の多元主義の存在が必要条件になると言って間違いはない。

知識人はその置かれた状況のなかで彼に開かれている、歴史的にみて興味ある多くの選択肢をもっている。彼は知的な下位社会のなかにひきこもることもできる。その場合、この下位社会は感情の避難場所になると同時に、(これより重要なものとして)現実についての彼の逸脱した定義を客観化するための社会的基盤にもなる。いいかえれば、知識人は大きな社会では味わえないような〈くつろいだ〉感じを下位社会で味わうことができると同時に、大きな社会が無効化する彼の逸脱した考えを、下位社会ではそれを現実とみなしてくれる仲間がいるという理由から、主観的に維持することもできるのである。次に彼は外部からの無効化の脅威に対して下位社会の不安定な現実性を守るべく、さまざまな手段を発達させるであろう。理論的レヴェルでは、これらの手段には先述の治療的防衛が含まれるであろう。実際面では、最も重要な手段は、すべての意味ある社会関係の形成を下位社会の仲間うちだけに限ることであろう。部外者は常に無効化の脅威を含んでいるから忌避される。宗教的セクトはこの種の下位社会の原型と考えてよい。セクトの保護的な社会のなかにあっては、どれほど乱暴な逸脱的解釈であっても、客観的現実という性格を獲得する。これとは逆に、セクトからの脱退は、かつて客観化されていた現実の諸定義が崩壊する状況、つまりこれまで客観化されていたものがより大きな社会のなかで脱客観化されていく状況を典型的にあらわしている。こうした過程を詳しくたどることは宗教の歴史社会学に属する問題である。もっとも、世俗化されたさまざまの形のセクト主義は、近代の多元的社会における知識人の基本的性格であることをつけ加えておかねばならないのであるが。

191

II部　客観的現実としての社会

知識人が選択する歴史的にみて最も重要な道は、いうまでもなく革命である。ここでは知識人は自らの社会構想を社会のなかで実現すべく立ち上がる。[106] しかしながら、ここではそうした選択行為が歴史的にとったさまざまな形について議論することは不可能である。一つの重要な理論的要点だけは指摘しておかねばならない。その下位社会のなかにひきこもる知識人が現実についての彼の逸脱を現実として維持していくためには、彼を助けてくれる仲間を必要とするのとまったく同様に、革命的知識人もまた彼の、逸脱した考えを支持してくれる仲間を必要とする。この必要性は、いかなる陰謀も組織なくしては成功しえない、という明白な事実よりも、なおいっそう基本的なものである。革命的知識人は彼にとって革命的イデオロギーの現実性を維持してくれる（つまり彼自身の意味のなかにおけるその主観的妥当性を維持してくれる）他者を必要とする。現実の社会的に意味ある定義は、すべて社会的過程によって客観化されなければならないのだ。したがって、下位社会はその客観化の基礎として下位社会を必要とし、現実についての対抗的定義は対抗的社会を必要とする。付言するまでもないことだが、革命的イデオロギーの実際上の成功は、下位社会と下位社会の成員の意識のなかにそれがもっている現実性を強化するであろう。その現実性はすべての社会層がその〈担い手〉になる場合には、大衆的な拡がりを獲得する。近代の革命運動の歴史は、そうした運動の勝利につづく革命的知識人の〈正規〉の正当化担当者への変身ぶりについて、多くの実例を提供してくれる。[107] このことは、革命的知識人の社会的経歴にはかなりの程度の歴史的可能性があるということを示しているだけでなく、諸個人の人生のなかでもさまざまに異なった選択肢の選択とそれらの組合わせが起こりうる、ということを示唆している。

以上の議論において、われわれは世界の維持という役割を担当する人々の社会的存在における構造的

2章　正当化

側面に力点を置いてきた。本来の意味での社会学的議論はこれ以外の方法によっては不可能であろう。制度と象徴的世界は、具体的な社会的位置と具体的な社会的利害とをもった生きた人間によって正当化されている。正当化理論の歴史は常に全体としての社会の歴史の一部をなしている。いかなる〈観念の歴史〉といえども、一般的な歴史の血と汗から切り離されたところでは起こり得ない。しかしながらこのことは、これらの理論が〈基底的〉な制度的過程の反映以外の何物でもない、ということを意味するわけではないということを、われわれは再び強調しておかねばならない。〈観念〉とそれを支えている社会過程との間の関係は、常に弁証法的なものである。理論は既存の社会制度を正当化するためにつくり上げられる、とする主張は正しい。しかしながら、既存の理論に合致させるため、つまりそれらをより〈正当〉なものにするために社会制度をつくり変える、ということも起こりうるのである。たしかに正当化を担当する専門家たちは現状の理論的弁護者として機能することがある。現実についての諸定義は自己成就的な力をもっている。理論は、たとえそれが最初その創始者によって構想されたときには極めて現実ばなれしたものであったとしても、歴史のなかで実現されうることがある。大英博物館の図書室で考えごとをしていたカール・マルクスが、こうした歴史の可能性を示す実際の例となったことは、誰もが知っている。それゆえ、社会の変化は常に〈観念論的〉理解も〈唯物論的〉理解も、ともにこの弁証法を理解しなければならない。こうした関係の〈観念論的〉理解も〈唯物論的〉理解も、ともにこの弁証法を見落している。これと同じ弁証法は、われわれが触れる機会をもった象徴的世界のすべての変化のなかにも貫かれている。社会学にとって常に必要不可欠なのは、すべての象

II部　客観的現実としての社会

徴的世界とすべての正当化図式は人間の所産である、ということの確認である。これらはその存在の基礎を具体的な諸個人の生活のなかにもっており、これら諸個人の生活をはなれてはどこにもその経験的地位を見出すことはできないのである。

III部　主観的現実としての社会

1章　現実の内在化

a　第一次的社会化

社会は客観的現実として存在すると同時に主観的現実としても存在する以上、それを理論的に正しく理解するにはこうした二つの側面を同時におさえてゆかねばならない。すでに述べてきたように、これら二つの側面は、社会を外化、客観化、それに内在化、の三つの契機から成る不断の弁証法的過程として理解するとき、はじめて正しく把らえることができる。社会現象に関するかぎり、これら三つの契機を時間的な前後関係において生じるものとして考えてはならない。むしろ社会とその各部分とは同時にこれら三つの契機によって特徴づけられるのであり、これら三つの契機のうち一つないしは二つの契機だけにしか注目しないような分析は、すべて失敗に帰するのである。これと同じことは社会の個々の成員についてもあてはまる。というのも、個人は自己自身の存在を社会的世界のなかへ外化すると同時に、それを客観的現実として内在化してもいるからである。ことばをかえれば、社会のなかに存在するということは、その弁証法に参加する、ということを意味しているのである。

1章　現実の内在化

しかしながら、個人は最初から社会の成員として生まれてくるのではない。彼は社会性への傾向をもって生まれてくるのであり、しかる後、社会の成員になるのである。それゆえ、どの個人の人生においてもそこには時間的な機序があり、この機序を通じて、彼は社会の弁証法に導かれて参加していくのである。この過程の出発点は内在化である。すなわちそれは、客観的な出来事が意味しているということの直接的な理解、ないしは解釈であり、だからこそそれは私自身にとっても主観的に意味あるものとなる、つまりそうした出来事は他者の主観的過程のあらわれである。しかしこのことは、私が他者を正しく理解している、ということを意味するわけではない。実際、私が彼を誤解するということもありうるのだ。たとえばその人がいくぶんヒステリー気味で笑っているのに対し、私がその笑いを歓びを表わすものとして理解するような場合である。しかしながら、それでも彼の主観的過程と私の主観的過程との間に相互性が成立しているか否かにかかわらず、私にとっては客観的に近づくことができ、意味あるものとなる。二つの主観的意味の間における完全な一致、そしてそうした一致が存在するということの相互の認識は、すでに述べたように意味づけを前提にしている。しかしながら、ここで用いられている一般的な意味での内在化は、意味づけとそれ自身のより複雑な形態との双方に底礎的なものである。もっと正確にいえば、こうした一般的な意味での内在化は、まず第一に自分の周りの人びとを理解するための基礎であり、第二に、世界を有意味であると同時に社会的でもある一つの現実として理解するための基礎である。[1]

こうした理解は孤立した諸個人による自律的な意味の創造から得られるものではなく、他者がすでに生活している世界を個人が〈引き継ぐ〉ことによって生じるものである。いうまでもなく、〈引き継ぎ〉に

III部　主観的現実としての社会

ということは、それ自体、ある意味ではすべての人間身体にとって本源的な過程であり、他方、ひとたび〈継承される〉や、世界は創造的に修正されたり、(より可能性は小さいが)場合によっては再びつくりなおされたりすることもある。いずれにせよ、内在化の複雑な形態においては、私はただ単に他者のそのときどきの主観的過程を〈理解する〉だけでなく、彼が住んでいる世界をも〈理解する〉のであり、そうすることによって、その世界は私自身の世界にもなるわけである。このことは、彼と私とが単に一時的にではなく、包括的な観点からして、時間を共有しているということを前提にしており、それが状況の前後関係を間主観的に結びつけるのである。われわれはいまや共有された状況についての相互の定義を理解するだけでなく、そうした状況を相互に定義もする。われわれの間には動機の連絡性が確立され、それは未来にも及ぶものとなる。もっとも重要なのは、いまやわれわれの間には不断の相互再認アイデンティフィケーションが存在する、ということだ。われわれはただ単に同一の世界に住んでいるだけでなく、それぞれの存在に参加してもいるのである。

この程度の内在化を終えたとき、はじめて個人は社会の成員になる。これが行なわれる個体発生的過程が社会化と呼ばれる過程であり、それゆえ、社会化とは、社会ないしはその部分の客観的世界のなかへ個人を包括的かつ調和的に導き入れることである、と定義することができよう。第一次的社会化とは個人が幼年期に経験する最初の社会化のことであり、それを経験することによって、彼は社会の一成員となる。これに対し、第二次的社会化とは、すでに社会化されている個人を彼が属する社会という客観的世界の新しい諸部門へと導入していく、それ以後のすべての社会化のことをいう。その問題というのは、われわれここではある特殊な新しい問題については触れないでおいてよいであろう。その問題というのは、われわれが

1章　現実の内在化

最初にその成員となったのとは別の、それ以外の社会という客観的世界についての知識の獲得という問題、それにそうした世界を現実として内在化する過程の問題、である——この過程は、少なくとも表面的には、第一次的社会化と第二次的社会化の双方と一定の類似性を示してはいるが、構造的にはいずれとも一致しないものである(2)。

第一次的社会化が通常、個人にとって最も重要なものであり、すべての第二次的社会化の基本的構造も第一次的社会化のそれに類似したものにならざるを得ない、ということは一見して明らかである。どの個人もすべて客観的な社会構造のなかに生まれ落ち、ここで彼は彼の社会化を担当する意味ある他者に遭遇する(3)。これらの意味ある他者は彼に押しつけられた人びとである。彼が置かれている状況についての彼らの定義は、彼にとっては客観的な現実として提示される。このように、彼は単に客観的な社会構造のなかに生まれてくるだけでなく、客観的な社会的世界のなかにも生まれてくるわけである。この構造を彼に媒介する意味ある他者たちは、この媒介過程のなかでこの世界を修正する。彼らは社会構造のなかで占める彼ら自身の位置にしたがって、そしてまた彼らの個人的で、人生経験に根差しをもつ特性にしたがって、この世界の諸側面を選択する。社会的世界はこうして二重の選択過程を経て個人に〈濾過〉される。こうして下層階級の子どもは社会化を担当する他の諸個人）によって与えられた個性的な彩色のもとで、それを吸収することになる。こうした下層階級的なものの見方は、満足感、忍耐、激しい憤り、あるいはまた煮えたぎるような反抗心、などといった雰囲気をもたらすこともある。それゆえ、下層階級の子どもは上層階級の子どものそれとは大きく異なった世界のなかに住むことにな

Ⅲ部　主観的現実としての社会

るだけでなく、隣家の下層階級の子どもともまったく異なった形で、上層階級の子どもの世界とは異なる世界のなかに住むこともあるわけである(4)。

第一次的社会化が純粋に認知面での学習以上のものを含むことについては、ほとんど賛言を要しないであろう。第一次的社会化は極めて情緒的要素に充ちた環境のもとで行なわれる。実際、意味ある他者へのそうした情緒的結びつきを欠いては、学習過程は、不可能ではないにしろ、困難になるだろうと考えてよい正当な理由が存在する(5)。子どもはさまざまな情緒的結びつきによって意味ある他者に自己を同一化する。その情緒性がどのようなものであれ、内在化は同一化があってはじめて可能になる。子どもは意味ある他者の役割とその挙動とを取得する。つまりそれらを内在化し、自己自身のものにするわけである。そして、意味ある他者との同一化によって、子どもは自分自身が何であるかを知ることができるとともに、主観的に首尾一貫し、納得しうるアイデンティティを獲得することができるのである。換言すれば、自我とは写しとられた存在であり、意味ある他者が最初それに対してとった態度を反映する、ということだ。しかしながら、この過程は一方的で機械的な過程としてあるのではない。それは他者による現認と自己自身による現認との間の弁証法として、つまり客観的に与えられたアイデンティティと主観的に獲得されたアイデンティティとの間の弁証法として存在する。個人が自己を彼にとっての意味ある他者と同一化するあらゆる瞬間に存在するこの弁証法は、いってみれば、すでに論じた一般的な社会の弁証法が個人の生活のなかで特殊化されたものである、ということができよう。

この弁証法を詳しくたどることが社会心理学にとって極めて重要であることはいうまでもないが、

1章　現実の内在化

会心理学の理論にとってそれがもつ意味を追求することは、ここでのわれわれの目的を越えるものであろう。ここでのわれわれの考察にとって最も重要なのは、個人は他者の役割と態度とを自己のものにするだけでなく、この同じ過程のなかで、彼らの世界をも自己のものにする、ということである。実際、アイデンティティとは一定の世界のなかへの位置づけとして客観的には定義されるのであって、そうした世界に調子を合わせることによってのみ、はじめて主観的に自己のものとすることができるのである。言い方をかえれば、自分が自分であるということの確認は、すべてある特定の社会的世界を含む地平のなかで行なわれる、ということだ。子どもは自分がそのように呼ばれるところのものであるということを学びとる。どの名前もすべてある一つの命名法を表わしており、逆にまたその命名法は指示された社会的位置づけをあらわしている。それゆえ、アイデンティティを与えられるということは、世界のなかにある特定の位置を与えられるということを意味している。このアイデンティティが子どもによって主観的に獲得されるように〈私はジョン・スミスである〉、このアイデンティティが指示する世界もまた、主観的に獲得される。アイデンティティの主観的獲得と社会的世界の主観的獲得とは、同一の意味ある他者によって媒介される同一の内在化過程の二つの異なった側面にすぎないのである。

第一次的社会化は子どもの意識のなかに特定の他者の役割と態度から、役割と態度一般への漸進的な抽象化を生み出す。たとえば規範の内在化過程には、〈ママはいま私を叱っている〉という把らえ方から、〈スープをこぼすといつもママは私を叱る〉という把らえ方への進歩が存在する。母親以外の意味ある他者（父親、祖母、姉等々）がさらに加わって、スープをこぼすことに対する母親の否定的態度を支持するようになると、規範の一般性は主観的に拡大されるようになる。決定的な一歩は、スープをこ

Ⅲ部　主観的現実としての社会

ぽすことに対してはすべての人が否定的態度をとるということを子どもが確認し、規範が〈人はスープをこぼさないものだ〉という形にまで一般化されるときにやってくる——この場合、〈人〉というのは、それが子どもにとって意味あるかぎり、原則的には社会のすべての成員を含む、一般化された一部としての自己自身である。具体的な意味ある他者の役割からのこの抽象化は、一般化された他者、と名づけられる。意識のなかにおけるこの一般化された他者の役割と態度の形成は、個人がいまや単に具体的な他者と同一化しているということを意味するだけでなく、他者たちの一般性、つまり社会とも同一化している、ということを意味している。こうした一般化された同一化を通じてのみ、彼の自己現認は安定性と持続性とを獲得する。彼はいまやあれこれの意味ある他者に対してアイデンティティをもつだけでなく、アイデンティティ一般をもつわけであり、このアイデンティティはどのような他者——意味ある他者であると否とを問わない——に出会おうとも、同一のものとしてありつづけるものとして主観的には理解されている。この新たに形成された首尾一貫したアイデンティティは、それ自身のなかにさまざまな内在化された役割と態度のすべてを含んでいる——このなかには他の多くの事柄とともに、スープをこぼさない人間としての自己現認も含まれている。

意識のなかにおける一般化された他者の形成は、社会化過程における決定的な一局面をあらわしている。それは社会そのものの内在化と社会のなかに確立された客観的現実の内在化を意味すると同時に、首尾一貫した持続的なアイデンティティの主観的確立をも意味している。社会、アイデンティティ、そ れに現実、の三者は、同じ内在化過程のなかでことばのなかに主観的に結晶化されるのである。実際、ことばについての先の考察から明らかなように、この結晶化はことばの内在化とともに進行する。社会化の最

1章　現実の内在化

も重要な内容であると同時に、最も重要な用具なのである。

意識のなかに一般化された他者が結晶化されたとき、客観的現実と主観的現実との間には調和的な関係が確立される。〈外界〉で現実的なものが〈内界〉で現実的なものと一致するわけである。〈客観的現実は容易に主観的現実に〈翻訳〉できるようになり、逆もまた可能になる。いうまでもなく、ことばはこの両方向における不断の翻訳過程の基本的な媒体となる。しかしながら、客観的現実と主観的現実との調和関係は完全なものではありえない、ということを強調しておかねばならない。この二つの現実は相互に対応し合いはするが、同一の外延をもつわけではない。ここには常にすべての個人の意識のなかに実際に内在化されたものよりも〈接近可能〉な、もっと客観的な現実が存在する。このことは、社会化の内容は知識の社会的配分状況によって規定される、という単純な理由からしても明らかである。いかなる個人といえどもその社会においては客観化されたもののすべてを内在化するわけではなく、たとえ社会とその世界が相対的に単純なものであったとしても、このことには変わりはない。他方また、ここには常に社会化にその源をもたない主観的現実の要素というものも存在する。たとえば、社会的に習得される自己自身の身体についてのすべての理解に先立ち、かつまたそれとは無関係に存在する、自己自身の身体についての意識などがそれである。主観的に把らえられた人生も完全に社会的なもの[10]であるわけではない。個人は自己自身を社会の内部にあると同時に、外部にもあるものとしても理解する。このことは、客観的現実と主観的現実との間の調和関係が決して静的で一度かぎりのものではない、ということを意味している。この調和関係は常に行為を通じて形成され、形成しなおされていくものでなければならない。ことばをかえれば、個人と客観的な社会的世界との間の関係は、不断の調整作業のようなものならない。

III部　主観的現実としての社会

のなのである。このことの人間学的基礎は、いうまでもなく、動物界において人間が占める特殊な地位との関係で、われわれがすでに論じたものと同一のものである。

第一次的社会化においては、同一化についてはなんら問題は生じない。というのも、ここには意味ある他者についての選択がまったく存在しないからである。社会は社会化の候補者に対して前もって規定された一連の意味ある他者を提供し、個人はこの他者をそれ以外の組合わせの選択可能性をまったく欠いたまま、意味ある他者そのものとして受け容れなければならない。ここがロードスだ、ここで踊れ、というわけである。人は運命が彼に授けた両親と関係を結んでゆかざるを得ない。子どもであるということに固有のこの不公平で不利な立場は──なるほど子どもはその社会化過程において単純に受動的であるわけではないのだが──ゲームの規則を設定するのはおとなである、という明らかな帰結をともなっている。子どもはこのゲームに熱中することもできれば、いやいやながら参加することもできる。しかし悲しいことに、彼の周りにはそれ以外のゲームは存在しないのだ。このことは重要な結果をもたらす。というのも、子どもには彼にとっての意味ある他者と彼の同一化は半ば自動的なものになるからである。これと同じ理由から、彼によるこれら意味ある他者の特定の現実の内在化は、半ば必然的なものになる。子どもは彼にとっての意味ある他者の世界を数多くの可能な世界の一つとして内在化するのではない。彼はそれを世界そのものとして、つまり唯一存在し、唯一考えうる世界、要するにそれっきりの (tout court) 世界として内在化する。第一次的社会化で内在化された世界が第二次的社会化で内在化された世界よりもはるかに強く意識のなかに浸透するのは、こうした理由からである。爾後の呪縛からの解放過程において不可避性についての最初の意識がい

204

1章　現実の内在化

かに弱められようと、二度と繰り返されることのない確実性——現実の最初の夜明けがもつところの確実性——の想い出は、なお依然として幼年期の最初の世界に結びついている。このように、第一次的社会化は社会が個人を陥れる最も重要な信頼性の罠とみられなくもない（もちろんこのことにはあとになって気づくのだが）所業を達成する——つまり、実際には偶然的な出来事の束でしかないものを必然的な出来事であるかのように思わせ、そうすることによって、個人の出生という偶然事を意味あるものにするのである。

第一次的社会化で内在化される特定の内容は、いうまでもなく社会が異なるにしたがって変化する。このうち、いくつかのものはどの社会においても存在する。なかでもとくに内在化されねばならないのはことばである。さまざまな動機づけの枠組や解釈上の枠組は、ことばを用いて、そしてまたことばによって、制度的に定義されたものとして内在化される——たとえば勇敢な子どもらしくふるまうことを期待し、男児は生まれつき勇敢な子どもと臆病な子どもに分けることができる、と考えるなど。これらの枠組は子どもに日常生活のための制度化されたプログラムを提供する。このなかには彼にいますぐ適用しうるものもあれば、後の人生の段階のために社会的に定義された予期的な行動もある——たとえばその遊び仲間やあらゆる種類の他者から試される意志の強さという試験にうち勝つことによって、目標達成を可能にしてくれるであろう勇敢さや、さらにその後に必要とされるであろう勇敢さ——たとえば戦士として入会が許されるときや、神によって召されるかも知れないときに要求される勇敢さ——など。いますぐ適用可能なものと予測的なものの双方のこれらのプログラムは、その人のアイデンティティを他の人びとのそれら——たとえば少女としてのそれや奴隷の少年としてのそれ、あるいはまた

Ⅲ部　主観的現実としての社会

別の氏族出身の少年のそれ——から区別する。最後に、正当化機構の少なくとも基本的原理の内在化というものがある。たとえば子どもは〈なぜ〉プログラムが現在このようなものとしてあるのかという、その理由を学びとる。こうして、人は真の男らしい男になりたければ勇敢であらねばならない。もしそれを行なわなければ神の怒りを買うようであれば、儀式もとり行なわねばならなくなる。あるいはまた、首長の命令通りに動いていさえすれば神が危急のときには助けてくれる、というのであれば、人は首長に忠実であらねばならないのだ。

このように、個人の最初の世界が構成されるのは第一次的社会化においてである。その鞏固さという特有の性格は、少なくとも部分的には、その最初の意味ある他者との個人の関係の不可避性によって説明されなければならない。このように、幼年期の世界は、その鮮明な現実性において、意味ある他者という人間そのものに対する信頼をもたらすだけでなく、状況についての彼らの定義に対する信頼をももたらす。幼年期の世界の現実性は圧倒的な力をもっており、疑う余地のないものとしてあらわれる(11)。意識の発達のこの段階においては、世界はおそらくはそうしたものとして経験されるより他にないのであろう。人がたとえわずかながらでも物事を疑うという贅沢を味わうことができるのは、それよりもっと後になってからのことである。しかも世界理解におけるこの原リアリズム(プロト)の必然性は、おそらくは個体発生的なものであると同時に、系統発生的なものでもある(12)。いずれにせよ、幼年期の世界は、彼が〈すべてはうまくいっている〉という確信をもちうる決まりきった構造を個人のなかに確立するような形で——つまり、おそらくは世の母親たちが泣き叫ぶわが子をあやすときに最も頻繁に用いる文章を繰り返すような形で——構成されている。人は後になってはじめて〈まったく正しい〉などとはとても言えな

206

1章　現実の内在化

いような何かがある、ということを発見するのであるが、この発見は、生活環境のあり方次第で、衝撃的なものになることもあれば、さほど衝撃的なものにならない場合もある。それはいつまでも〈懐かしい世界〉であり続けるのであり、人がその後の人生でこの世界を離れても、幼年期の世界は回想のなかでその特異な現実性を保持しつづけるのが普通である。感じられないようないかなる遠い世界へと旅立っていこうとも、このことには変わりはない。

第一次的社会化は社会的に規定された学習順序というものを含んでいる。Aという年齢になればはXを学ばねばならず、Bという年齢になればYを学ばねばならない、といった具合である。そうした学習順序というものを含んでいる。これらのそれぞれには、生物学的成長と分化についての一定の社会的確認事項が含まれている。このように、いかなる社会にあっても、およそプログラムをつくるときには、三歳児になってはじめて学習できる事柄を一歳の子どもに学ばせようなどと期待してはならない、ということを知っていなければならない。同様に、大部分のプログラムは、子どもが男であるか女であるかによって、問題を異なって定義するのが普通である。そうした最小限の確認事項は、いうまでもなく、生物学的事実によって社会的-歴史的変差がある。ある社会ではまだ子どもとして扱われている者が、別の社会ではすでに十分におとなの部類に入るものとして定義されていたりするのである。さらにまた、学習順序の段階の規定には、大きな社会-歴史的変差がある。ある社会ではまだ子どもとして扱われている者が、別の社会ではすでに十分におとなの部類に入るものとして定義されていたりするのである。さらにまた、児童期というものの社会的意味も、社会が異なるにしたがって大きく異なる場合がある——たとえば、情緒的特性からみて、だとか、道徳的責任能力や知的能力からみて、というふうに。現代の西洋文明（少なくともフロイト主義者の活動以前）には、子どもたちをその本性からして〈純真無垢〉で〈愛らしい〉ものとしてみる傾向があっ

Ⅲ部　主観的現実としての社会

た。ところが、他のいくつかの社会では、子どもたちを〈その本性からして罪深く、かつまた穢らわしいもの〉として考え、おとなと異なるのはその体力と理解力だけにすぎない、と考えた。性行為、犯罪への責任能力、天与の霊感等々に関する子どもたちの能力についても、これと同様の変差がみられてきている。児童期とその段階[13]についての社会的定義におけるこうした変差は、明らかに学習プログラムにも影響を及ぼすであろう。

なおまた、第一次社会化の性格は、伝承されるべき知識在庫の要請によっても左右される。ある種の正当化図式は、それを理解するには、他の正当化図式を理解するときよりもより高度の言語体系を必要とする、ということもあるであろう。たとえば、手淫は成長後の性的適応を阻害するという指摘を理解するよりは、天子の怒りに触れるから手淫をしてはならないということを理解する方が、子どもにとってはことばはより少なくてすむということも考えられよう。全体としての制度的秩序の要求は、第一次社会化にさらにいっそう大きな影響を与えるであろう。たとえばある社会では他の社会とは異なって、さまざまな年齢段階でさまざまな技術を習得し終えていることが要請されるし、また実際に、一つの同じ社会のなかでも、異なったさまざまな部門に対しては、それぞれに異なった技術の習得が要請されたりもする。またある社会では子どもに自動車の運転免許を与えてもよいと考えられている年齢が、他の社会では彼がすでに最初の敵を打ち倒していることが期待される年齢であることもある。上層階級の子どもは下層階級の子どもが堕胎技術の基本を習得し終えたころになって、はじめて〈生命の秘密〉について知る、ということもあるかも知れない。あるいはまた、上層階級の子どもは、下層階級の同年者が警官と警官が守るすべてのものに対する最初の憎しみを経験するころ、はじめて燃えるような愛国

1章　現実の内在化

第一次的社会化は一般化された他者（およびそれにともなういっさいの事柄）についての観念が個人の意識のなかに確立されたとき、終了する。このとき、彼はすでに社会の有能な成員になっており、自我と世界の主観的な獲得を終えている。しかしながら、こうした社会、アイデンティティ、それに現実の内在化は、決して一度限りのものではない。社会化は決して全面的に行なわれるものでもなければ、終了する、といった性質のものでもない。このことからさらに二つの問題が起こってくる。まず第一は、第一次的社会化で内在化された現実はいかにして意識のなかに保持されるのか、という問題であり、第二には、その後の個人の人生におけるそれ以上の内在化——あるいは第二次的内在化——はいかにして行なわれるのか、という問題である。われわれはこれらの問題を逆の順序からとり上げてみたい。

b　第二次的社会化

第一次的社会化が行なわれた後、それ以上の社会化がいっさい行なわれない社会というものを考えてみることは可能である。そうした社会は、いうまでもなく、ごく単純な知識在庫しかもち合わせていない社会であるだろう。そこではすべての知識が一般的に有意性をもっており、さまざまな個人もただその知識の受けとり方においてのみ異なるにすぎないであろう。こうした仮説は限られた例を考える場合には有益であるが、なにがしかの分業と、それゆえにまたなにがしかの知識の社会的配分とをまったく欠いた社会というものは、われわれには未だ知られてはいない。それゆえ、分業が発生し、知識の社会

III部　主観的現実としての社会

的配分が生じるや否や、第二次的社会化が必要になる。

第二次的社会化とは、制度的な、あるいは制度的に基礎づけられた、〈下位世界〉が内在化される過程である。したがって、その及ぶ範囲と性格とは、分業とそれにともなう知識の社会的配分の複雑性によって決まってくる。もちろん、一般的に有意性をもつ知識もまた、社会的に配分されていることはいうまでもない——たとえば階級的に基礎づけられた〈ものの見方〉といったような形で。しかし、ここでわれわれが考えているのは〈特殊な知識〉——分業の結果として生じ、その〈担い手たち〉が制度的に規定されているような知識——の社会的配分である。さしあたって他の諸次元は無視するとすれば、われわれは第二次的社会化とは、直接にしろ間接にしろ、分業に基礎づけられた役割に特殊な知識の獲得である、といってよいであろう。そうした狭い定義を正当化するための論拠もなくはないが、だからといって、それで問題がすべて解決するわけでは決してない。第二次的社会化は役割に特殊な意味論の領域を必要とするが、この語彙の習得ということは、一つには、物事の日常的解釈を構成する意味論の領域の内在化と、制度的領域における行動の内在化とを意味している。と同時に、語彙の習得によって、意味論的な領域の〈暗黙の了解事項〉、その評価、それにその情緒的色合いなども獲得される。第二次的社会化で獲得された〈基本的世界〉に比べると、一般に部分的な内在化された〈下位世界〉は、第一次的社会化で獲得された〈基本的世界〉に比べると、一般に部分的な諸現実という性格をもっている。しかしながら、これらの下位世界もまた、多かれ少なかれ凝集力をそなえた現実であり、認知的要素によって特徴づけられると同時に、規範的要素や感情的要素によっても特徴づけられるものなのである。

しかもそればかりではない。これらの下位世界もまた、少なくとも儀式的ないしは実質的な象徴をし

1章　現実の内在化

ばしばともなう正当化装置の原型のようなものを必要とする。たとえば歩兵と騎兵との間には分化が生じることがある。後者は特殊な訓練を必要とするであろうし、そうした訓練は、おそらく軍馬を操るのに必要とされる純粋に肉体的な技術の習得以上のものを含むであろう。騎兵が用いることばとはまったく異なるものとなるであろう。ここでは馬やその性質、それにその扱い方に関する用語や、騎兵生活の結果として生じてくる状況に関する用語などがが生み出されていくであろうが、そうした用語は歩兵にとってはまったく無関係なものとなるであろう。さらにまた、騎兵は用具的な意味以上に、歩兵のそれとは異なることばを用いるであろう。腹を立てた歩兵が痛む足のことで文句を言うときに、騎兵が自分の乗る馬の背中の話をする、ということもあるであろう。換言すれば、騎兵用語の用具的基礎のうえにイメージと比喩の体系がうち立てられるのである。役割に特殊なこうしたことばは、騎馬戦に向けて鍛えあげられていく過程で、個人によってそっくり内在化されてゆく。彼は必要な技術の習得によって騎兵になるだけでなく、こうしたことばの理解と使用が可能になることによっても騎兵になるわけである。こうして彼はやがて仲間の騎兵に、彼らには豊かな意味をもちながらも歩兵にはまるで意味が通じない言い回しでもって、意思を伝えることができるようになる。この内在化の過程が役割と役割への主観的同一化をともなうことはいうまでもない——たとえば〈自分は騎兵である〉、〈騎兵は決して敵に馬の尻を見せないものだ〉、〈女には決して拍車をかけられるときの気持を忘れさせてはならない〉、〈戦での早い乗り手は、賭事でも勝負に強い〉等々といった具合に。必要が生じれば、この意味の体系は、上述のような単純な格言から精巧な神話的構成物に至るまでの正当化図式によっても、認められることになるであろう。最後に、ここにはさまざまな形の象徴的儀式や物的な崇拝

Ⅲ部　主観的現実としての社会

対象が存在することもある——たとえば馬の神を祭る儀式が毎年とり行なわれ、ありとあらゆる馬の食物がその背中に供えられたり、新たに入隊した騎兵に対しては、彼らが以後ずっとその首に巻きつけることになる、馬の尻尾でできた呪物が支給される、などといった場合がそれである。

そうした第二次的社会化がどのようなものになるかは、全体としての象徴的世界の内部で問題となる知識体系の地位如何によって決まってくる。馬に肥料を運ぶための荷車を牽かせたり、戦場でそれに乗って戦えるようにするためには、訓練が必要になる。しかし、馬の利用をそうした活動を精巧な儀式とか呪物崇拝とかによって飾りたてることだけに限定しているような社会では、この活動を任された人物も、その作業になんらかの深い意味をもって自己を同一化する、ということはあり得ようがない。既存の正当化図式そのものにしても、この場合には補足的な性格のものになることが多い。このように、第二次的社会化に含まれる象徴化という現象一つをとってみても、極めて大きな社会 - 歴史的変差というものが存在する。しかしながら、大部分の社会では、第一次的社会化から第二次的社会化への移行にあたってなにがしかの儀式が行なわれるのが普通である。[14]

第二次的社会化の形式的過程は、その根本的な問題によって規定される。それは常にそれに先行する第一次的社会化の過程を前提とする。つまり、それはすでに形成された自我とすでに内在化された世界を相手にしなければならないのである。第二次的社会化は主観的現実を無から構成することはできない。問題はこのことから起こってくる。というのも、いかなる新しい内容がいまや内在化されることになろうとも、それらはすでに存在しているこの

1章　現実の内在化

現実の上になんらかの形で積み重ねられなければならない。それゆえ、ここにはすでに内在化されているものと新たに内在化されるものとの間の一貫性という問題が存在する。この問題は、場合が異なるにしたがって、その解決の難易も異なってくるであろう。たとえば身を清潔に保つということがその人自身の一つの美徳であることを学びとっている場合には、この同じ美徳を自分の馬にも置き換えることは困難ではない。しかしながら、ごくあたりまえの子どもとして、ある種の卑猥なことばを一員としてはいましくないということを学びとっている場合には、そうしたことばを使うことが騎兵の一員としてはいまや必要不可欠だということを知るには、若干の説明を要するであろう。一貫性を確立し、それを維持するには、第二次的社会化はさまざまな知識体系を統合するための概念手続きを前提とするのである。

第二次的社会化においては、生物学的限界は学習順序の内在的な特性にとってますますその重要性は小さくなる。というのも、学習順序はいまや獲得すべき知識の基礎的な構造にしたがって、確立されるようになるからである。たとえばある種の狩猟技術を習得するには、人はまず最初に山に登ることをおぼえなければならないのである。なお、学習順序もまた、計算をおぼえるためには、まず最初に算数を習わなければならないし、場合によっては知識体系の管理者の既得権によって操作されることがある。たとえば鳥の飛び方から吉凶を占えるようになるためには、そのまえに動物の内臓を見てそれを占うことを学ばねばならない、ということが決められていたり、あるいはまたアイルランドの死体防腐技術を教える学校に入学するには高等学校の卒業証書を必要とする、とか、あるいはまたアイルランドの公務員の有資格者になるにはゲール語の試験に合格しなければならない、といったようなことが決められていたりするわけである。そうした規定は、占い師や防腐処理人、あるいはまたアイルランドの公務

213

Ⅲ部　主観的現実としての社会

員という役割の遂行上、実際に必要とされる知識にとっては外在的なものである。それらは当の役割の威信を高めたり、その他のイデオロギー的利害に符牒を合わせたりするために、制度的に確立されたものである。防腐技術を教える専門学校のカリキュラムの業務を消化するには小学校教育だけで十分にこと足りるかも知れず、またアイルランドの役人たちは通常の業務は英語で行なっているのである。場合によっては、このように操作された学習順序が実際には逆機能的なものになる、ということさえ考えられる。たとえば調査研究を専門とする社会学者を育てるために専門教育が施される場合、それに先立つものとして〈一般教養〉に関する大学教育を受けることが義務づけられている場合がある。しかしながら、もしこの種の〈教養〉という負担から解放されるならば、彼らの実際の活動は、本当のところ、より効果的になるかも知れないのである。

第一次的社会化は意味ある他者との子どもの情緒的性格を帯びた同一化なくしては起こりえないのに対し、大部分の第二次的社会化はこの種の同一化を欠いても可能であり、人間同士の間での意思疎通が行なわれるところであればどこにでもあらわれる、相互現認がある程度存在しさえすれば、有効に進行する。大ざっぱな言い方をすれば、自分の母親は愛する必要はあっても、自分の教師は愛する必要はないわけである。幼年期以後の社会化は、それが個人の主観的現実の根底的な変化を求める場合には、典型的には、幼年期の名残りである情緒的性格を帯びはじめるようになる。ここからある特殊な問題が起こってくるのであるが、これについてもう少し詳しく分析してみよう。

第一次的社会化にあっては、子どもはその意味ある他者を制度上の役人として理解するのではなく、一つしかない (tout court) 現実の媒介者として理解する。子どもはその両親の世界を世界そのものとし

1章　現実の内在化

て内在化するのであって、それをある特定の制度的文脈に属する世界として内在化するのではない。第一次的社会化の後に起こる危機のうち、あるものは、まさしく自分の両親の世界が存在する唯一の世界ではなく、極めて特殊な社会的位置づけ——しかもおそらくは軽蔑的な意味合いをさえ含んだ社会的位置づけ——をもつ世界であるということを知ることによって引き起こされる。たとえば、子どもが成長すると、彼は両親によって代表される世界、つまりこれまで必然的な現実として自明視してきたこの世界が、実際には学歴もなく、下層階級に属する南部の田舎者の世界であることに気づくようになる。第二次的社会化にあっては、通常、制度的文脈が理解されるようになる、というわけでは決してない。しかしながら——いまの例でいえば——南部の子どもは自分の学校教師を、両親については考えもしなかったような形で、制度的な役人として理解し、教師の役割を制度化された特殊な意味を代表するものとして理解する——たとえば地方に対立するものとしての国家レヴェルでの中産階級の世界の意味を代表するものとして、あるいはまた田舎に対する都市の意味を代表するものとして等々。教師はことばのいかなる意味においても意味ある他者である必要はない。こうして教師と生徒との間には社会的相互作用が形成される。教師は特殊な知識の伝達を形式的に委託された制度的な役人にすぎないのだ。第二次的社会化の役割は高らは特殊な知識の伝達を形式的に委託された制度的な役人にすぎないのだ。第二次的社会化の役割は高度の匿名性を帯びている。つまり、これらの役割は容易にその個々の遂行者から分離することができるのである。ある一人の教師から教えられる知識は、別の教師からも教わることができるのだ。そのタイプに属する役人であれば、だれでもこのタイプの知識を教えることができるのである。もちろん個々の

Ⅲ部　主観的現実としての社会

役人は主観的にはさまざまに（たとえば気脈の通じ合える算数の教師とそうでない教師、良い算数の教師とそうでない教師、というふうに）異なってはいるであろう。しかし、彼らは原則的には相互に交換可能なのである。

こうした形式性と匿名性は、いうまでもなく第二次的社会化における社会関係の感情的性格と関連をもっている。しかしながら、形式性と匿名性がもたらす最も重要な帰結は、第二次的社会化で習得されるものの内容は、第一次の社会化過程で獲得されるものの内容と比べると、はるかに小さな主観的必然性しか与えられない、ということだ。それゆえ、第二次的社会化で内在化された知識の現実性のアクセントは、より簡単に括弧のなかに入れてしまうことができる（つまり内在化されたものが現実的であるということの主観的感覚はより不安定である）。幼児期に内在化された圧倒的な力をもつ現実を壊すには、その人の人生行路における激しい衝撃を必要とする。これに対し、それ以後に内在化された現実を破壊するには、はるかに小さな衝撃ですむ。しかもそればかりではない。二次的に内在化された現実を無視することは、比較的簡単なことなのだ。子どもは否応なしに両親によって定義された世界のなかに住んでいるが、教室を一歩出れば、喜んで算数の世界から逃げ出すことができるのである。

このことは、当の役割に特殊な状況にのみ関連する自我の一部とそれにともなう現実の切り離し、ということを可能にする。このとき、個人は一方における役割に特殊な部分的自我とその現実、そして他方における役割に特殊な部分的自我とその現実、の二つの間に一つの距離を確立する。⑮この重要な能力の獲得は第一次的社会化が達成された後にはじめて可能になる。粗っぽいことばで言いなおせば、子どもにとっては母親よりも教師から〈身を隠す〉ことの方がより簡単なのである。しかしながら、逆にまた〈身を隠す〉

1章　現実の内在化

というこの能力の発達は、おとなへの成長過程における重要な一側面である、ということもできる。

第一次的社会化で内在化される知識の現実性の強さは、半ば自動的に与えられている。これに対し、第二次的社会化では、この強さは個人にとって〈家庭化された〉特定の教育技術によって補足されなければならない。この言い回しは示唆的である。幼児期の最初の現実は〈家庭〉である。家庭は自らをそのものとして、つまり必然的で、いわば〈自然的〉なものとして提示する。家庭と比べれば、それ以後のいっさいの現実は〈人為的〉なものにすぎない。こうして、学校の教師は彼が教えている内容を〈家庭的なもの〉にするために努力する。つまり彼はその教える内容を生き生きとしたものにし（つまりそれらを子どもの〈家庭という世界〉と同様に生きたものであるかのように思わせる）、それらを有意的なものにし（つまりそれらを〈家庭という世界〉にすでに存在する有意性の構造に結びつけ）、それらを興味あふれるものにする（つまり子どもの関心を〈自然的〉対象からより〈人為的〉な対象へと引き離すべく誘導する）ことによって、教育内容の〈家庭化〉に努力するのである。こうした技法は、内在化された現実がすでにそこに存在し、しかもまたたえず新たな内在化のなものとなる。こうした教育技術の程度とそのこまやかさとは、個人が新しい知識の獲得に対してもつ動機のあり方によって異なってくるであろう。

これらの技術は、それらが知識の最初の要素と新しい要素との間の連続性を主観的にもっともらしいものにすることができるほど、より容易に現実としての強さを獲得することができる。人は自分の〈母語〉の自明視された現実を土台にして、第二のことばを学習する。長い間、人は自分が学習しつつある新しいことばのすべての要素を、たえずもとのことばに置き換える。

Ⅲ部　主観的現実としての社会

み、はじめて新しいことばはなんらかの現実性をもち始め、利によって確立されるようになったとき、次第にそれは翻訳に先行することができるようになる。人は新しいことばで〈考える〉ことができるようになるわけである。とはいうものの、大きくなってから学んだことばが、幼年期に習い覚えた最初のことばがもつような必然的で自明の現実性を獲得することは稀である。〈母語〉がもつ情緒的性格は、いうまでもなくこうした事情に源をもっている。若干の修正を加えれば、〈家庭的〉な現実からのこうした自己形成の特徴——それは学習がすすむにつれて〈家庭的〉な現実と結びつき、ただ徐々にのみ、この結びつきを解いていく——は、第二次的社会化の他の学習順序にもみることができる。

第二次的社会化の過程は高度の同一化を前提とする必要がなく、その内容も必然性という性格をもたない、という事実は、実際面からみると便利なものでありうる。というのも、それらは合理的で情緒的に統制された学習順序を可能にするからである。しかしながら、こうしたタイプの内在化の内容は、第一次的社会化で内在化されるものの内容と比べると、壊れやすく、あてにならない主観的現実性しかもっていないため、同一化や必然性が必要と考えられるときには、場合によってはそれらを生み出すための特別の技術の開発が必要になる。そうした技術への要求は、内在化されるものの内容の学習や応用にもともと備わっている場合もあれば、こうした社会化過程を管理する者の既得権を守るためにもち込まれる場合もある。たとえばすぐれた音楽家になることを夢見ている人は、技術者になろうとしている人にはまったく不必要なほどに、自分の対象に熱中することが必要になる。これに対し、音楽教育は形式的で、高度に合理的で、情緒的に中立的な過程を通じて有効に行なうことができる。技術教育は形式的で、高度に典型

218

1章　現実の内在化

的には、偉大な音楽家へのはるかに高度な自己同一化と、音楽的現実へのはるかに深いかかわりとを必要とする。この相違は技術的知識と音楽的知識との間の内在的な相違と、これら二つの知識体系が実際にそこで適用される生活様式の相違に由来する。職業的革命家の場合にも、技術者の場合と比べると、はかり知れないほど高度な自己同一化と必然性とを必要とする。しかし、この場合には、こうした必然性は、知識そのもの——その内容は極めて単純で内容希薄なものでありうる——の内在的な特性に由来するものではなく、革命運動というものに固有の利害関係からして革命家に要請されるような、人格的なかかわりあいに由来する。また、場合によっては、同一化や必然性を生み出すための技術の強化への要求が、内在的要因と外在的要因との双方から生じてくることもある。宗教人の社会化はそうしたものの一例である。

そうした場合に用いられる技術は、社会化過程の情緒的色彩を強化するために考案されたものである。標準的には、これらの技術には手の込んだ入会過程の制度化、つまり見習期間が含まれており、この過程を通じて人は内在化されつつある現実に完全に参与するようになる。この過程が個人の〈家庭的〉現実の実際の変革を必要とする場合には、それはできる限り正確に第一次的社会化の特性を再現するようになる。これについてはもう少しあとで触れることにしたい。しかしながら、たとえそうした変革の必要性が小さい場合でも、第二次的社会化は、新しい現実への専心と参与の必要性が制度的に規定される程度に応じて、情緒的色彩を帯びたものになる。そしてこれに応じて、社会化担当者への個人の関係もまた〈意味〉を帯びたものになる。つまり、社会化担当者は社会化されつつある個人にとって意味ある他者としての性格を帯びてくるわけである。このとき、個人は新しい現実に包括的な形で自らを関係さ

Ⅲ部　主観的現実としての社会

せることになる。彼は音楽、革命、それに信仰などに〈自らを譲り渡す〉のであり、しかもただ部分的に譲り渡すのではなく、主観的に彼の生活のすべてと思われるものを譲り渡すのである。自己犠牲を厭わないという態度がこのタイプの社会化の最終的な結果であることはいうまでもない。

そうした社会化の強化への要求を生み出す重要な状況は、さまざまな制度の現実定義の担当者間に競争関係がみられる場合である。革命家の訓練の場合には、本質的な問題は、現実についての対抗的定義に個人をいかにして社会化していくか、ということにある──対抗的、というのは、社会の〈正規〉の正当化担当者による定義に対抗する、ということである。しかしながら、音楽家の社会化を強化することも必要になるであろう。たとえば今日のアメリカで修養を積んでいるような音楽家は、十九世紀のウィーンでならば不必要であったと思われるような情緒的集中力をもって音楽を勉強しなければならない、と考えてよい。そ れというのも、まさしくアメリカという環境の下では、主観的には〈気違いじみた競争〉が支配する〈物質的〉で〈大衆文化的〉な世界として考えられる方向からの、強力な誘いかけが存在するからである。

これと同様に、多元的状況が支配するなかでの宗教教育には、宗教上の独占が支配する状況の下でならば不必要な、現実強調のための〈人為的〉な技巧が必要になる。ローマでカトリックの僧侶になるのはアメリカで僧侶になるのとは異なり、依然として〈自然的〉な出来事なのである。それゆえ、アメリカの神学校は〈現実の空転〉という問題と、この現実を〈固定化〉するための方策、という二重の問題にとり組まねばならなくなっている。これらの神学校が最も有望な学生をしばらくの間ローマへ留学させるという明らかな便法を思いついたとしても、なんら驚くべきことではない。

1章　現実の内在化

これと同様の変種は、さまざまな部類の役割分担者に業務を委託することによって成り立っている、一つの制度的文脈内にも存在することがある。こうして、たとえば職業軍人に要請される軍隊への参与の程度は召集兵のそれとはまったく異なっており、この事実はそれぞれの訓練過程のなかにはっきりと反映されている。同様に、その人が行政官であるか、それとも下級のホワイト・カラー公務員であるかによって、あるいはまた精神分析医であるか精神医療ソーシャル・ワーカーであるかによって、要請される制度的現実へのかかわりの仕方も異なってくる。つまり、行政官は婦人タイピストの監督者に義務づけられているのとは異なった形で〈政治的に健全〉であらねばならず、精神分析医には〈訓話的分析〉が要請されてもソーシャル・ワーカーにはそれが示唆されるにとどまる、といった具合である。それゆえ、複雑な制度のなかには高度に分化した第二次的社会化の諸体系が存在しており、それらは、場合によっては、さまざまな部類に属する制度上の役割分担者がもち出すそれぞれに異なった要求に、極めて敏感に反応することがあるのである。

第一次的社会化と第二次的社会化に制度的に割りふられる任務の配分は、知識の社会的配分の複雑性によって異なってくる。知識の社会的配分が比較的複雑でない場合には、一つの制度的機関が第一次的社会化から第二次的社会化へとその役割を移行させていくことも可能であり、後者の任務をかなりの程度遂行することができる。しかしながら、知識の社会的配分が高度に複雑な場合には、当の教育業務のために特別に訓練された専従者を擁する、第二次的社会化のための専門機関を設けることが必要になるであろう。専門化がそれほどまでに進行していない場合には、ここにはこうした業務を他の諸々の業務と結びつける、社会化のための一連の代理機関が存在することもありうる。たとえば後者の場合、一定

221

III部　主観的現実としての社会

の年齢に達すると、男児は母親の住む住居から戦士たちが生活する兵舎へと移され、そこで騎兵になるべく訓練を受ける、といった制度が形成されたりするのである。この場合、専任の教育要員は必要ではない。年輩の騎兵が若い騎兵を教育するだろうからである。いうまでもないことだが、近代教育の発達は、専門化された機関の保護の下で行なわれる第二次的社会化の最もすぐれた例である。その結果として生じた第二次的社会化に関する家庭の地位の低下は、万人周知の事柄であり、ここではこれ以上説明する必要はない。[17]

c　主観的現実の維持と変化

社会化は決して完成されるという性格のものではなく、それが内在化するさまざまな内容も、たえずその主観的現実性が脅かされるという危険に直面させられている。それゆえ、社会が存続しうるには、それらはすべて客観的現実と主観的現実との間に一定の均衡を守るための、現実維持の手続きを発達させる必要がある。われわれはすでにこの問題を正当化との関係で論じてきた。しかしながら、ここでのわれわれの焦点は客観的現実の防衛ではなく、主観的現実の防衛に置かれている。つまりわれわれがとり上げているのは制度的に定義されたものとしての現実ではなく、個人の意識のなかで理解されたものとしての現実である。

第一次的社会化は必然的なものとして理解された現実を内在化する。この内在化は、現実を必然的なものと考える意識がほぼ四六時中存在するとき、あるいは少なくとも、日常生活の世界のなかで個人が

1章　現実の内在化

活動しつつあるときに存在するとき、達成されたものとして考えることができる。しかし、たとえ日常生活の世界が実際にその圧倒的で自明視された現実性を保持している場合でも、それは日常生活の行為のなかに完全には統合し得ない人間経験のマージナルな状況によって脅かされつづけている。ここには常にその変容の幻がつきまとうのである——たとえ実際に記憶に残っているものや、ただ単に不吉な可能性として感じられているにすぎないもの、など。さらにまた、ここには社会的に遭遇しうるもっと直接的な現実の対抗的定義という脅威が存在する。たとえば品行方正な家庭人が深夜の孤独のなかで言語を絶する乱痴気騒ぎの夢をみる、ということもあり得ないではない。しかしながら、これらの夢が隣りの家に住む絶対自由主義者の集団によって経験的に行動に移されているのを見ることは、まったく別の事柄である。夢は少し肩をすくめるだけで忘れてしまうことのできる〈他愛ない出来事〉として、あるいはまたそっと後悔すればそれですんでしまう心の乱れとして、より簡単に意識のなかで隔離してしまうことができる。それは日常生活の現実とは異なって、幻という性格をもっている。これに対し、実際の行動化は意識に対してはるかに騒々しく自らを強要する。それは、場合によっては、心のなかで処理される以前に、実際に破壊されねばならないこともある。いずれにせよ、行動化された現実は、マージナルな状況における現実の変容のように、その気になれば少なくともその存在を否定しようとすることができる、というようなものではない。

第二次的社会化がもつより〈人為的〉な性格は、その内在化されたものの主観的現実性を、挑戦的な現実定義の脅威を前に、なおいっそう弱々しいものにする。それは内在化されたものが自明視されていないから、とか、日常生活においてはそれらはより現実性に乏しいものとして理解されているから、と

Ⅲ部　主観的現実としての社会

いう理由によってではなく、それらの現実は意識への根差しがさほど深くなく、それゆえにまたより置換されやすいからである。たとえば人間の羞恥心とも関連し、第一次的社会化で内在化された、裸体をさらすということに対する禁制と、第二次的内在化として獲得された、社会的場面が異なればそれぞれに応じた服装を、という規範とは、ともに日常生活においては自明のこととされている。こうした禁制や規範は、社会的な異議申し立てが起こらないかぎり、いずれも個人にとっては問題にはならない。しかしながら、この異議申し立てとは、前者の場合には後者の場合よりもはるかに強力なものでなければならないであろう。あるには、前者の場合には後者の場合よりもはるかに強力なものでなければならないであろう。ある人がネクタイを締めないで会社に出かけることを自明視できるようになるには、現実の主観的定義における比較的小さな転換があれば十分であろう。ところが一糸もまとわずに彼を会社に行かせるには、当然のことながら、これよりもはるかに徹底的な主観的定義の転換を要するであろう。前者における転換は職場を変える程度のことで社会的には調停することができる──たとえば地方の大学から大都市の大学に職場を変えることなどによって。しかしながら、後者の場合には、個人の環境の社会的革命が要請されるであろう。それは──おそらくは最初、頑強な抵抗を経験しなければならないであろうが──主観的には根本的な転換として理解されるであろう。

　第二次的内在化によって獲得された現実は、マージナルな状況によって脅かされるという危険性は少ない。それというのも、こうして獲得された現実は、マージナルな状況にとっては、通常、有意性をもたないからである。考えられる可能性としては、そうした現実は些細なものとして受けとられる、ということだ。なぜなら、ここではまさしくマージナルな状況に対するその意味のなさが明らかになるから

1章　現実の内在化

である。たとえば死の切迫という事態は、人びとのこれまでの一個の人間としての、あるいはまた一人のキリスト教徒としての、道徳的存在としての、自己現認の現実を大きく脅かす、と言うことができる。しかしながら、同じ死に直面する場合でも、婦人靴下販売部の副主任としてのその人の自己現認は、脅かされるというよりは、むしろ些末視されるのが普通である。反対に、マージナルな状況を前にして第一次的内在化の内容がどの程度維持されるか、ということは、それらの主観的現実性の強さを測るための格好の物差しになる、といってよいであろう。これと同一の物差しが大部分の第二次的社会化の内容に適用されたところで、それはまったく意味のないものになるであろう。一人の人間として死ぬことは意味をなすが、婦人靴下販売部の副主任としてマージナルな状況を前にして、ほとんど意味はない。繰り返しになるが、第二次的に内在化された現実性保持が期待されるようなところでは、それにともなう社会化のための手続きは、すでに述べたような方法によって、強化され、補強されねばならないであろう。宗教や軍隊における第二次的社会化の過程は、ここでも再びその格好の例として引き合いに出すことができよう。

ここで現実維持の二つの一般的なタイプ——つまり日常的な維持と危機的場面での維持——を区別しておくことが便利である。前者では内在化された現実を日常生活のなかで維持することがめざされており、後者ではそれを危機的状況のもとで維持することがめざされている。この二つは——いくつかの相違点に注意しなければならないとはいえ——基本的には同一の社会化過程をともなっている。すでにみてきたように、日常生活の現実はルーティーンのなかに具体化されることによって自らを維

Ⅲ部　主観的現実としての社会

持しており、このルーティーンが制度化の本質をなしている。しかしながら、それだけではなく、日常生活の現実は他者との個人の相互作用のなかでたえず確認しなおされてもいる。現実は、最初、社会過程によって内在化されるのとまったく同様に、同じく社会過程によって意識のなかに保持されるのである。この後者の過程には初期の内在化の過程と根本的に異なったものはなにもない。この過程もまた、主観的現実は社会的に定義された客観的現実との間に結びつきをもたねばならない、という基本的な事実を反映している。

現実を維持するための社会過程にあっては、意味ある他者とさほど重要ではない他者との間に区別を設けることが可能である。個人が日常生活のなかで出会うすべての他者、あるいは少なくとも大部分の他者、は、ある重要な仕方で彼の主観的現実の再確認に奉仕する。これは通勤電車に揺られている場合のように、〈意味のない〉状況の下でも起こりうる。人は乗客のだれとも面識がなく、だれにも話しかけるようなことはないかも知れない。しかし、それにもかかわらず、通勤客仲間は日常生活の基本的構造を再確認してくれる。通勤客はその行為のすべてでもって個人を早朝の睡気の混じった厚みのない現実から連れ出してくれると同時に、決して不明確ではない口調でもって、彼にこう宣言してくれるのだ——世界は仕事に出かける真面目な人々、責任と今日の行動計画、ニュー・ヘイヴン鉄道、それにニューヨーク・タイムズ等々からでき上っているのだ、と。いうまでもないことだが、個人の現実にとって最も広範囲の座標軸を提供してくれるものは新聞である。天気予報から家政婦の求人広告に至るまで、新聞は彼がまさしくありうる最も現実的な世界のなかに存在していることを確約してくれる。それとともに、新聞は朝食前に経験した最も不吉な忘我状態——不安な夢から目醒めたときに目に映った見なれた家

1章　現実の内在化

具のよそよそしい形、風呂場の鏡に自分の顔が映っていないことの驚き、それからしばらくして起こる、自分の妻子は見知らぬ他人ではないのかという、ことばでは言い表わせない疑念等々——が、現実性に乏しい地位しかもたないということを確言してくれる。そうした形而上学的な恐怖心を払いのけることに成功する人びとも、その大部分は厳粛に遂行される朝の儀式のあいだにそうした形而上学的な恐怖心にとらわれやすい人びとも、その大部分は厳粛に遂行される朝の儀式のあいだにそうした形而上学的な恐怖心を払いのけることに成功する。こうして、彼らが玄関のドアーから踏み出すころには、日常生活の現実が少なくとも用心深く確立されているのである。しかし、現実は通勤電車の匿名の共同体のなかでのみ、はじめて本当の意味で信頼に足るものになり始める。現実は列車がグランド・セントラル駅のホームに滑りこんでいくとき、そのどっしりとした重みを獲得する。それゆえに我は存在する、と人はいまや自分にいい聞かせることができるのであり、こうしてすっかり目醒め、確信をもって勤め先へと足を運ぶのである。

それゆえ、意味ある他者だけが主観的現実の維持を援助する、とする考えは誤りであろう。しかしながら、意味ある他者が現実の維持という営みのなかで中心的な地位を占めることは事実である。彼らはとくにわれわれがアイデンティティと名づける、現実のあの決定的な要素をたえず確認する過程において、重要な役割を果たしている。自分はまさしく自分がそれであると考えている当の人間なのだ、という確信を維持するには、人は偶然的な日常の他者との接触でさえもが与えてくれるであろうこのアイデンティティの暗黙裡の確認を必要とするばかりでなく、彼にとっての意味ある他者が彼に与えてくれる、明白で、情緒的性格を帯びた確認をも必要とするのである。先の例でいえば、われわれの郊外居住者は、そうしたアイデンティティの確認を自分の家族や家庭の周辺（隣り近所、教会、クラブ等々）にいる他の私的な仲間に求めることが多くなる、ということだ——もっとも、職業上の近しい同僚もこうした機

Ⅲ部　主観的現実としての社会

能を果たすことができるのではあるが。もし彼がそのうえさらに自分の秘書と寝室をともにすることがあるとすれば、彼のアイデンティティは確認されると同時に、より拡大されもする。このことは、人はそのアイデンティティが確認されることを好む、ということを前提にしている。これと同じ過程は、個人が必ずしも好まないアイデンティティの確認の場合にも見出しうる。ふと街角で知り合った人でさえもが、絶望的な落伍者としての彼の自己現認を確認することもありうるのである。しかし、妻、子ども、それに秘書などは、この自己現認を否定の余地のない決定的態度でもって確証する。客観的な現実定義から主観的な現実維持への過程はいずれの場合においても同一である。

　個人の生活における意味ある他者は、彼の主観的現実の維持にとって最も重要な仲介人となる。同じ意味ある他者であっても個人にとってさほど重要でない人びとは、一種の合唱隊として機能する。妻、子ども、それに秘書たちは、毎日毎日、彼が重要な人物であるか、それとも救いようのない落伍者であるかについて、厳かに証言を繰り返す。独身の叔父、料理人、それにエレベーター係員たちは、この証言をさまざまな度合において裏書きする。もちろん、これらの人びとのあいだになにがしかの意見の不一致が生じることはまったく可能である。このとき、人は一貫性という問題に直面する。普通には、彼はこの問題を自己自身の現実を修正するか、それともその現実を維持する人間関係を修正するかによって、解決を図ることができる。彼は落伍者としてのそのアイデンティティを甘受するか、また彼はこうして、秘書を解雇するなり妻と別れるなり自分の秘書を解雇するなり妻と別れるなり自分の現実確認の地位から格下げし、別の人びと――たとえば精神分析医だとかクラブの旧友など――を選んでその意味ある現実確認の任にあたらせる、という方法をとることもできる。現

228

1章　現実の内在化

実を維持するこうした人間関係の構成には多くの可能な複雑性が存在するが、この複雑性はとくに高度に流動的で役割分化が発達した社会において著しい。[19]

現実維持機構における意味ある他者と〈合唱隊〉との間の関係は、弁証法的なものである。つまり彼らは彼らが証言に立ち会う主観的現実と相互に作用し合うと同時に、彼ら相互の間でも作用し合うのである。こうして、たとえばより広い世間で弘まっている衆目一致の否定的現認が、ときには意味ある他者から与えられる現認に影響を及ぼすこともある——たとえばエレベーター係が〈サー〉という尊称をつけ忘れるといったようなことでさえ、それが原因になって、妻が重要な人物としての夫に対するその現認を放棄するといったことも起こりうる。しかしながら、これとは逆に、意味ある他者がより広い世間に対して影響を与えることもある——たとえば〈忠実〉な妻は、夫がその商売仲間に一定の人となりを売り込もうと努力しているとき、さまざまな形で一つの財産になりうる。このように、現実の維持と現実の確認はその人の置かれている社会的状況の全体を包みこんでいる。もっとも、こうした過程において、意味ある他者が特権的地位を占めていることに変わりはないのであるが。

意味ある他者と〈合唱隊〉との相関的な重要性は、主観的現実の否認という例を考えてみれば、最も容易に理解できる。妻による現実の否認という行為は、それだけをとってみても、行きずりの顔見知りから受ける同様の行為よりは、はるかに大きな力をもっている。後者から受ける行為が前者のもつそれに匹敵するような力をもつためには、一定の密度を獲得することが必要である。新聞は表沙汰にならないところで進行中の物事の本質については何も報道していない、と僚友から繰り返し聞かされることは、床屋から聞かされる同じことばよりも、より重みをもつであろう。しかしながら、ほんの顔見知り

Ⅲ部　主観的現実としての社会

程度の人であっても、十人もの人から次々と同じことを聞かされれば、僚友の反対意見よりも重みをもち始めるであろう。こうしたさまざまな現実定義との出会いによって主観的に獲得された結晶体は、やがてある朝、通勤電車で乗り合わせることになった、頑強そうで、無口で、書類鞄をさげた中国人たちの結束の堅そうな一団の出現を前にして、いかにふるまうことになりそうかを決定することになるであろう。つまり、それはその人自身の現実定義のなかで、現象に与える重さを決定することになるであろう。別の例でいえば、もし人がカトリックを信仰していたとすれば、その人の信仰という現実は、それを信仰していない妻からであれば、大いに脅かされる可能性がある。ところがそれは、それを信仰していない商売上の仲間によって脅かされるという必要はない。それゆえ、多元的社会においては、カトリック教会が経済的・政治的生活の場面では極めてさまざまな異教徒間の結社を認めても、異教徒間の結婚については相変わらず難色を示す、ということは論理に適っている。一般的にいえば、異なった現実定義を支持する勢力間での競争がみられるようなところでは、一つの現実がたえず競争相手に対して確証しなおされるような、鞏固に確立された第一次集団関係が存在しつづけている限り、競争相手とのあらゆる種類の第二次集団的な関係は、すべて容認されることがある、ということだ。アメリカの多元的な状況に対してカトリック教会が自らを適応させてきているのは、そのすぐれた一例である。

現実維持の最も重要な媒体は会話である。われわれは個人の日常生活を、彼の主観的現実をたえず維持し、変形し、再構成する、会話装置のはたらきのなかにみることができるかも知れない。もちろん、会話が主として人びとが相互に語り合うことを意味することはいうまでもない。しかし、そうはいっても、このことは会話をとり囲む非言語的な意思疎通の内容豊かな雰囲気を否定するものでは決してない。

1章　現実の内在化

ことばのやりとりは会話装置の全体のなかでも特権的な地位を占めている。しかしながら、会話における現実維持機能の大半は暗黙のものであって明示的なものではない、ということを強調しておくことは重要である。大部分の会話はそれほど多くのことばを使って世界の性格を定義したりするものではない。むしろそれは暗黙のうちに自明視された世界を後ろ盾にして成立する。こうして、たとえば〈さて、そろそろ駅に行く時間だな〉とか、〈お勤めご苦労さんね、あなた〉といったことばのやりとりは、こうした明らかに単純な表現がそのなかで意味をなす全体の世界を含意しているのである。ことばのやりとりは、こうした含意によってこの世界の主観的現実を確認するのである。

以上のことが理解されれば、日常の会話の——すべてとはいわないまでも——大部分が主観的現実を維持している、ということも容易に理解することができよう。実際、日常の会話がもつ重みというものは、なにげないことばのやりとり——それは、まさしくそれが自明視された世界のルーティーンと関連するという理由から、なにげないものでありうる——の積み重ねと首尾一貫性によって獲得されるものなのである。なにげなさの喪失は、ルーティーンの崩壊のしるしであり、少なくとも可能性としては、自明視された現実に対する一つの脅威をあらわしている。こうしてみれば、なにげなさということに対して次のような会話のやりとりがもつ効果のほども想像できよう——〈さて、そろそろ駅に行く時間だな〉、〈ねえ、あなた、銃をもっていくことを忘れないでね〉。

会話装置は現実を維持すると同時に、たえずそれを修正する。さまざまな項目が棄てられたりつけ加えられたりし、そのことによって、相変わらず自明視されている世界の一部が弱められたり他の部分が強化されたりするのである。こうして、これまで一度も問題にならなかったある事柄についての主観的

III部　主観的現実としての社会

現実が不確実なものになる。世間を驚かせるような性的行為に参加するのもその一つである。しかしそれについて前もって、あるいは事後に、語り合うことは、これとはまったく別の事柄である。逆にいえば、会話はこれまで一時的でしかも不明確な形でしか理解されてこなかった事柄に、はっきりとした輪郭を与えるものなのだ。人は自分の宗教に疑いをもつことがある。しかしながら、こうした疑念は、それを論じるものとなると、まったく異なった形で現実的なものとなる。やがて人はこれらの疑念に〈自らを語りかけていく〉。これらの疑念は自己自身の意識のなかで現実として対象化されるのである。一般的にいえば、会話装置は経験のさまざまな要素を〈通じて語〉り、現実の世界のなかでそれらの要素に一定の位置を与えることによって、現実を維持するのである。

会話がもつこの現実創造力は、すでにことばを用いての対象化という事実のなかに与えられている。われわれはすでにことばがいかにして世界を対象化し、流転する万物（panta rhei）を凝集力のある秩序に変形するか、について眺めてきた。この秩序の確立ということにおいて、ことばはそれを理解し、創造するという二重の意味で、世界を実現する。会話は個人の生活の対面的状況において、こうしたことばのもつ実現化能力を現実化するものなのである。会話のなかではことばによって対象化されたものが個人の意識の対象になる。このように、現実を維持する最も基本的な事実は、展開されつつある人生経験を対象化するのにたえず同じことばが用いられる、ということである。最も広い意味でいえば、同じことばをしゃべるすべての人は現実を維持しつつある他者なのである。このことの意味は、〈ことばの共通性〉ということが意味するものを、さらにいっそうはっきりする——たとえば第一次集団に固有のことばや、地方や階級ごとに異なることば、それに自らをことばによって定義する国家共同

1章　現実の内在化

体、など。なおまた、ここにはことばの共通性に対応した〈現実への復帰〉という現象もみられる。つまり内輪だけで用いられる特殊なことばを理解してくれる少数の仲間のところとか、自分のアクセントが分類化される地域、あるいはまた自らをある特定の言語的伝統と同一化してきている大きな集団、等々に帰っていく人びとは、そのことによって自らの現実に舞い戻っていくわけである——順序を逆にすれば、それはたとえば合衆国、ブルックリン、それに同じ公立学校に通った人びとのもとへの復帰、である。

　主観的現実を有効に維持するには、会話装置は持続的でかつまた首尾一貫したものでなければならない。持続性ないしは首尾一貫性の崩壊は、事実上、当の主観的現実にとって一つの脅威になる。われわれはすでに首尾一貫性の崩壊という危機に対処する際、個人が採用しうるいくつかの手段について論じてきた。これと同様に、持続性の崩壊という危機に対処するためのさまざまな手段もまた、利用することができる。[22] 物理的には離れていても意味ある会話を続けるために文通を利用する、というのは、その一例となろう。会話は、それが生み出したり維持したりする現実の密度によって、さまざまなものが考えられる。概していえば、会話は頻繁に行なわれればその現実創造力も大きくなるのであるが、頻度の不足は、場合によっては、それが行なわれるときの会話の密度によって補うことができる。たとえば恋人には月に一度しか会うことができなくとも、会ったときに交わされる会話は、比較的少ない逢引きの回数を十分補いうるほど密度の濃いものであるーーまた会話のなかには特権的地位をもつものとしてはっきりと定義され、かつまた正当化されうるものもあるーーたとえば聴罪師や精神分析医との会話、あるいはまたこれに類似した〈権威ある〉人間との会話など。ここでの〈権威〉は、これ

Ⅲ部　主観的現実としての社会

らの会話に認められた認知上および規範上の優越的地位にその基礎をもっている。

このように、主観的現実は常にある特定の信憑性構造（plausibility structure）、つまりそれを維持するのに必要とされる特定の社会的基礎と社会的過程とを拠り所としている。人は重要な人物としての自己現認を、こうしたアイデンティティを確認してくれる環境のなかでのみ維持しうる。あるいはまた人は自分のカトリックへの信仰を、カトリック社会との意味ある関係を保持しつづける限りにおいてのみ維持しうる。それぞれの信憑性構造を仲介してくれる人物との意味ある会話の崩壊は、当の主観的現実にとって脅威となる。文通の例が示しているように、人びとは実際の会話が存在しない場合でも、現実維持のためのさまざまな手段を工夫することができる。しかしながら、これらの手段がもつ現実創造力も、その再現を企図する直接的な会話がもつそれに比べれば、はるかに小さなものにすぎない。眼前でのの確認に代わるこうした代用手段の利用が長期にわたるほど、それらが現実性を強く保ちつづけるという可能性も小さくなるであろう。人は長年異なった信仰をもつ人びとのなかで生活し、彼自身の信仰を共有する人びとの共同体から切り離されて暮していても、たとえば自分がカトリック教徒であることを確認しつづけることはできる。祈り、宗教的儀式、それにこれと類似したさまざまな手段を通して、古くからの彼のカトリック的な現実は、彼にとって主観的に有意味なものでありつづけることができる。あるいはまた少なくともさまざまな手段が、カトリック教徒としての彼の持続的な自己現認を支えてくれることもある。しかしながら、これらの手段は、他のカトリック教徒との社会的接触によって〈賦活〉されることのないかぎり、主観的には〈生き生きとした〉現実性を欠いたものになってしまうであろう。たしかに人間は自分の過去の現実について記憶をもっているのが普通である。しかしなが

1章　現実の内在化

ら、こうした記憶を〈甦らせる〉ための良策は、その有意性を共有する人びととの話し合いをおいては他にない(23)。

ところで、信憑性の構造は、それなくしては当の現実が意識のなかに維持しえなくなる、特殊な疑念を停止させるための社会的基礎でもある。ここでは現実の崩壊をもたらすそうした疑念を抑えるための特殊な社会的制裁が内在化されており、またたえず再確認されてもいる。嘲笑もそうした制裁の一つである。信憑性構造のなかにとどまっているかぎり、関係する現実について主観的には疑念が生じてこようとも、人は常にそうした疑念をばかげたこととして一笑してしまうことができる。彼は、もし彼がその疑念を口に出していえば、自分が他の人びとの物笑いの種になるということを知っている。彼は黙って自らを笑い、心のなかで肩をすくめてみせるのである――そして、こうして制裁された世界のなかで存在しつづけていくことができるのである。しかしながら、いうまでもないことだが、こうした自己治療の手続きは、信憑性構造がもはやその社会的基盤と同様に失われてしまっている場合には、はるかに困難なものになる。笑いは強制されたものになるであろうし、最後にはそれは悲しげな渋面にとって代わられる可能性もある。

危機的状況の下にあっても、現実を維持するためのこの手続きは、本質的にはルーティーンの維持の場合と同様である――ただしこの場合には、現実の確認は明言され、密度の濃いものでなければならない。こうした場合には、しばしば儀礼的手法が用いられる。個人の場合であれば、危機に直面すると即座に現実維持のための手続きをその場で工夫する、ということもありうるが、社会の場合には、現実の崩壊という危機をもたらすと考えられるような状況に対しては、ある特定の手続きが設定されるのが普

235

III部　主観的現実としての社会

通である。あらかじめ規定されたこうした状況に含まれているのは、ある種のマージナルな状況であり、ここでは死が最も重要な部分を占めている。しかしながら、現実の危機はマージナルな状況によって引き起こされるというよりは、相当幅広いさまざまな状況のなかで起こりうる。それは社会的に定義された現実に対する異議申し立ての性格如何によって、集団的なものになることもあれば個人的なものにとどまることもある。たとえば自然の大災害に見舞われたような場合には、現実維持のための集団的儀式が制度化されたりもするということもあるであろうし、個人に不幸が襲ったような場合には、個人的な儀式が制度化されたりもするであろう。もう一つの例をとれば、たとえば外国人や彼らが潜在的にもっている〈正規〉の現実に対する脅威に対処するため、特殊な現実維持のための手続きが設けられたりすることがある。ある人が外国人と接触したときには、そのあとで入念に洗浄儀式をすませることが義務づけられていたりする場合もある。この場合には、外国人によって示されたもう一つの現実を主観的に無効化するものとして、身を清めるという行為が内在化されているわけである。外国人、異端者、あるいは狂人などに対する禁忌、厄払い、あるいは呪詛、といった手法の利用もまた、同様に個人の〈精神衛生〉のために役に立つ。こうした防衛手段の暴力的性格は、脅威がどの程度深刻視されているかによって異なってくるであろう。もし異質的な現実やその象徴物との接触が頻繁化するようになれば、防衛手続きはいうまでもなくその危機的性格を喪失し、ルーティーン化されるようになるだろう。たとえば外国人に出会うたびにその三回つばを吐く、というしきたりなどはそれである——しかもこの場合、つばを吐くという行為は、それに対するなんらそれ以上の深い意味合いもなく、行なわれるのである。

社会化に関してこれまで述べてきたことは、すべて主観的現実はつくり変えることが可能である、と

1章　現実の内在化

いうことを意味している。社会のなかに存在するということが、すでに主観的現実の不断の修正過程をともなっているのである。それゆえ、主観的現実の変化について語ることは、さまざまなその修正の度合について語ることを意味している。われわれはここではほぼ全面的に近い変化が生じる極端な例に焦点をしぼってみることにしよう。それは人が〈世界を住み変える〉ような場合である。もし極端な例に含まれているような過程が明らかにされれば、それほど極端でない場合についても、その過程をより容易に理解することができるであろう。

典型的には、こうした変化は主観的には全面的なものとして理解されている。しかし、これはもちろん一種の誤解である。というのも、主観的現実は決して全面的には社会化されないものである以上、それが社会過程によって全面的につくり変えられてしまう、などということは、ありえないからである。あるいは、たとえそれが変化したとしても、少なくともその人間は以前と同じ身体をもちつづけるであろうし、同じ物理的世界のなかで生活しつづけるであろう。しかしながら、それでもやはり、より小規模な修正と比べると全面的とも思えるほどの変化を示す、いくつかの事例というものはある。そうした変化をわれわれは翻身（オルターネーション）と呼ぶことにしよう。(24)

翻身は社会化過程のやりなおしを必要とする。この過程は第一次的社会化に似通ったものになる。というのも、それは根本的に現実についての力点の置き方を変えねばならないからであり、その結果、幼児期の特色であった社会化を担当する人物への高度に情緒的な同一化を、かなりの程度再現しなければならないからである。しかしながら、それはまた第一次的社会化とも異なっている。なぜならそれは無から出発するのではないからであり、またその結果、主観的現実の従来の慣例的な構造の暴露と破壊と

237

Ⅲ部　主観的現実としての社会

いう問題に対処しなければならないからである。これはどのようにして行なわれるのであろうか。

翻身をうまくやりとげるための〈処方箋〉には、社会的条件と概念的条件との二つが兼ね備わっていなければならない。この場合の社会的条件というのは、いうまでもなく概念的条件の母体となるものである。社会的条件のなかで最も重要なのは、有効な信憑性構造の有無、つまり自己変容の〈実験室〉として作用する社会的基礎の有無である。この信憑性構造は、彼が強力にそれとの情緒的同一化を確立しなければならない意味ある他者によって、その人に仲介されるであろう。主観的現実（もちろんアイデンティティをも含めたそれ）のいかなる根本的変化といえども、そうした同一化——これは必然的に意味ある他者への情緒的依存という幼児期の経験を繰り返さざるをえない——を欠いてはありえない。これらの意味ある他者は新しい現実への案内人になる。彼らは個人に対して彼らが遂行する役割（普通には社会化をやりなおさせるというその機能によって明確に規定された役割）を通じてその信憑性構造を代表し、新しい世界を個人に仲介する。個人の世界はいまや当の信憑性構造のなかにその認知上の焦点と情緒的焦点とを見出すことになる。社会的には、このことは、いっさいの意味ある相互作用を信憑性構造を具現している集団の枠内に、そうしてとりわけ社会化のやりなおしという仕事を付託された人物に、極度に集中させる、ということを意味している。

翻身の歴史的な原型は宗教上の改宗である。これまで述べてきた事柄は、次のようにいいかえることによって、この現象に適用することができる——教会の外に何らの救いなし（extra ecclesiam nulla salus）。ここで救い（salus）というのは（このことばをつくり出したとき、それによってわれわれがここで用いているのとは異なった内容を意図していた神学者たちには、当然のことながら謝っておかねば

238

1章　現実の内在化

ならないのであるが）経験的にうまく成功した改宗のことを意味している。改宗がもっともらしいものとして有効に維持されうるのは、宗教的共同体、つまり教会の内部をおいて他にはない。しかしこのことは、改宗が共同体との結びつきに先行しうる、ということを否定するものではない——たとえばタルソスのサウロは〈ダマスカスでの経験〉の後にキリスト教社会を求めだした。しかしながら、重要なのはこのことではない。改心を経験するということは、さほど大したことではない。重要なのはその経験を本気で保持しつづけることができるかどうかということ、つまり、なるほどもっともだ、という気持ちをもちつづけることができるかどうかということ、である。宗教的共同体が意味をもってくるのは、まさしくこの点においてなのである。それは新しい現実に必要不可欠な信憑性構造を提供する。換言すれば、なるほどサウロは宗教的忘我の孤独のなかでパウロになったのかも知れないが、彼がパウロでありつづけることができたのは、彼をそうしたものとして承認し、キリスト教社会という脈絡においてそこに位置づけるに至った〈新しい世界〉を彼に約束してくれた、キリスト教社会というのみなのだ、ということである。改宗と共同体とのこの関係は（キリスト教会の歴史的な特殊性はあるとはいえ）、なにもキリスト教のみに特異な現象では決してない。たとえば人はイスラム教の宗教共同体であるウンマを離れてはイスラム教徒でありつづけることはできないし、サンガ（僧伽）を離れては仏教徒でありつづけることはできないし、そしてまたおそらくは、インド以外の地にあってはヒンズー教徒でありつづけることはできないであろう。宗教は宗教的共同体を必要とし、宗教的世界のなかに住むためには、この共同体との結びつきを必要とする。宗教的改宗の信憑性構造は、人間をつくり変えることを任務とする世俗的な機関によっても模倣されてきている。その最もすぐれた例は政治的教宣活動

Ⅲ部　主観的現実としての社会

や心理療法の領域にみることができる。

信憑性構造は他のいっさいの世界、とりわけその個人がその翻身を経験する以前に〈住んでいた〉世界になり代わって、その人の世界にならなければならない。このためには個人を他の諸々の世界の〈住民〉から隔離すること、とくに彼が棄て去った世界のかつての〈同居人〉から隔離することが必要になる。理想的には、これは物理的な隔離という形をとるであろう。もしこれがどうしても不可能な場合には、隔離は定義によって行なわれる。つまり他者を無効化するような形で定義するわけである。いまや新しく生まれ変わりつつある個人は、彼がかつて住んでいた世界とそれを支えていた信憑性構造から、もし可能ならば肉体的に、そして不可能ならば精神的に、自らを切り離す。いずれにせよ、彼はもはや〈不信心者といっしょにされる〉ことはなくなるのであって、こうして彼らが潜在的にもっている現実破壊の影響力から身を守られることになる。こうした隔離は翻身の初期段階（〈見習い〉期間）にあってはとくに重要なものになる。いったん新しい現実が結晶化されると、警戒はしながらも、部外者との接触が再び導入されることもある——もっとも、自己の歴史の形成にとってかつては重要であったこれらの部外者が、なお依然として危険な存在であることに変わりはないのであるが。彼らは〈サウロよ、戻れ〉と呼びかける人びとであり、彼らが呼びかけるかつての現実が誘惑という形をとることもないではない。

このように、翻身には会話装置の再組織がともなっている。意味ある会話における対話の相手が変わるのである。そして、新しい意味ある他者との会話のなかで、主観的現実が変えられる。こうした主観的現実は彼らとの不断の会話によって、あるいは彼らが代表する共同社会のなかで、維持される。要言

1章　現実の内在化

すれば、このことは、人はいまやその会話の相手に対して非常に慎重でなければならない、ということを意味している。現実についての新しい定義と相容れない人々や考え方は、組織的に避けられる[28]。しかしながら、過去の現実の想い出があるということだけをとってみても明らかなように、新しい信憑性構造は、普通にこうした回避が全面的に成功するなどということは稀である。それゆえ、新しい信憑性構造は、普通には〈逆行的〉な動きを抑えるためにさまざまな治療手続きを設けるであろう。こうした手続きはすでに述べた治療の一般的な型に準拠する。

翻身にとって最も重要な概念上の必要条件は、考え方の変化の全過程を正当化してくれる装置が存在することである。正当化されねばならないのはただ単に新しい現実だけではない。新しい現実が獲得され、維持される諸々の行程、そしてそれ以外のいっさいの現実の放棄と拒否もまた、正当化されねばならないのだ。概念機構がもつ無効化的な側面は、解決されねばならない古い現実の取りこわしという問題からみても、とくに重要なものとなる。かつて個人にそれを仲介した集団や意味ある他者と同様、古い現実は新しい現実の正当化装置のなかで、再び解釈しなおされなければならない。こうした古い現実の再解釈は、個人の主観的履歴書のなかに、〈紀元前〉と〈紀元後〉、〈ダマスカス以前〉と〈ダマスカス以後〉といったような断絶をもたらす。翻身に先立つすべての事柄はいまや翻身に通じるものとして、いわば〈旧約聖書〉として、あるいはまた福音の前ぶれとして）理解され、翻身の後に起こる出来事はすべて新しい現実から流れ出たものとして理解されるのである。これは過去の生活歴全体の再解釈をともなっており、それは〈当時私はこう思っていた。いまではその通りであったことを知っている〉という解釈図式にしたがって行なわれる。これはしばしば現在の解釈図式の過去への投射（この場合の定式は

241

Ⅲ部　主観的現実としての社会

〈おぼろげながら当時私はすでにそのことを知っていた〉という形をとる）や、過去には主観的には存在しなかったものの、当時起こった出来事を再解釈するのにいま必要となったさまざまな理由づけ（この場合の定式は〈私は当時すでにそのことを実際にはやっていた。というのも……だからだ〉という形をとる）をともなっている。翻身以前の経歴は、典型的には、新しい正当化装置のなかで戦略的地位を占めることによって、全面的に抹消される。たとえば〈私がまだこれらの無意識的な神経症的欲求に駆られていたころ〉、〈私がまだブルジョワ的意識に捉われていたころ〉、〈私がまだ罪多き人生を送っていたころ〉等々といった表現法はその例である。履歴上の断絶は、このようにして暗闇と光明との認知上の区別と同一視されるのである。

しかし、こうした全面的な再解釈が行なわれるだけではまだ十分ではない。ここにはさらに、かつては意味のあった過去の出来事と人間についての特殊な再解釈が加わらなければならない。もし自己変容を行ないつつある個人がこうした出来事や人物の一部を完全に忘れ去ることができたならば、その翻身がうまく成功することはいうまでもない。しかしながら、過去を完全に忘れ去るなどということは至難のわざである。そこで必要になるのが自分の履歴書におけるこうした過去の出来事や人物の意味の根底的な再解釈、という方法である。実際にあった出来事を忘れるよりも一度もあったことのない出来事を考え出すことの方が、どちらかといってより簡単である。そこで人は、記憶にある過去をこしらえ上げ、挿入された過去との辻褄を合わせることが必要な場合には、いつでもさまざまな出来事をすることがある。彼にとっていまやもっぱらそれのみが納得できると思われるのは古い現実ではなく新しい現実なのであるから、彼はそうした手続きに完全に〈誠実〉であることができる——主観的には、

1章　現実の内在化

彼は過去について嘘をいっているのではなく、必然的に現在と過去の双方を包摂する真理そのものに過去を調和させるべく努力しているのである。ついでにいっておけば、この点は、歴史的に何度も繰り返されてきた宗教的文書の反証や偽造の背景にある動機を正しく理解しようとする場合には、極めて重要な点になる。このようにして、関係する人びともまた——そしてとくに意味ある他者は——解釈しなおされることになる。かつての意味ある他者は、いまやその意味が必然的に彼らにとっては不透明な、ドラマの不本意な俳優になる。しかもこの俳優たちは、普通はこうした役割指定を拒絶する。しかし、この拒絶は決して驚くべきものではない。予言者たちが通常その生まれ故郷で冷たい眼で眺められるのも、こうした理由からであり、弟子たちに父母を棄てることの必要性を説いたイエスのことばが理解できるのも、こうした文脈においてである。

ところで、部外者の目からするといかに納得しがたいものであろうとも、いまや考えられるなんらかの現実への自己変容にとって必要なある特定の〈処方箋〉を提示することは、難しいことではない。たとえば人々に対し、彼らが規則正しく生魚を食べつづけ、またそれをつづける限りにおいては、他の宇宙から来た生物とも意思疎通することができる、ということを確信させるための特殊な手続きを指示したりすることも可能なのである。もし読者にその気があれば、いろいろと想像をめぐらして、そうした魚食主義者の一派を形成するのに必要な手続きの細目を作成してみるのも一興であろう。そうした〈処方箋〉は完全に外の世界から遮断され、社会化と治療にとって必要な要員を備えた、魚食主義者の信憑性構造の構築を必要とするであろう。またそれは、なぜ生魚と銀河への感応力との間にある自明の関係がこれまで発見されてきていないかを説明できるだけの、十分に洗練された魚食主義についての知識体

243

Ⅲ部 主観的現実としての社会

系の樹立を必要とするであろうし、この偉大な真理に向かう個人の旅程に意味をもたせるのに必要とされる正当化装置と無効化装置をも備えていなければならないであろう。もしこれらの手続きが注意深く整えられたならば、個人がいったん魚食主義者の洗脳組織に勧誘されるなり誘惑されるなりした場合には、洗脳が成功する可能性は大きなものとなるであろう。

いうまでもないことだが、実際には、上に述べたような社会化のやりなおしと、第一次的内在化のうえに成立しつづけている第二次的内在化との間には、多くの中間的なタイプが存在する。こうしたもののなかには、たとえば、主観的現実の部分的変容やその指定部分の変容などが含まれる。そうした部分的変容は、個人の社会的移動や職業訓練との関係上、現代社会ではごくありふれたものとなっている[29]。

ここでは主観的現実の変化はかなりの程度のものでありうる。というのも、現代社会においては、人は世間に受け容れられる上層中産階級型の人間に仕立て上げられたり、同じく世間にそれにふさわしい現実の追加分を自らのなかに内在化していくからであり、しかもそのことを通じて、それぞれにふさわしい現実の追加分を自らのなかに内在化していくからである。しかしながら、こうした自己変容は、普通は社会化のやりなおしなどというものからはほど遠い。それというのも、こうした自己変容は第一次的内在化を基礎にして成立しており、一般的には、個人の主観的履歴書のなかに突発的な断絶が生じることを回避するからである。その結果、これらは主観的現実の初期の要素と後期の要素との間の一貫性の維持、という問題に直面することになる。社会化のやりなおし──これは主観的履歴書を断絶させ、現在を過去に相関させるよりは、むしろ過去の再解釈という形をとる──の場合には、この問題はこうした形ではあらわれない。しかしながら、第二次的社会化が実際には社会化のやりなおしまでには至らなくても、ま

1章　現実の内在化

すますそれに近づいていくような場合には、この問題はよりいっそう深刻なものとなる。社会化をやりなおすということは、前後の首尾一貫性という難問を非常手段を用いて——つまり一貫性の探求を放棄し、現実を新たに構成しなおすことによって——解決を図ることなのである。

ところで、首尾一貫性を維持するための手続きには、さほど徹底的なものではないにせよ、過去の手なおしという方法も含まれている——これは、こうした場合には通常、かつて意味をもっていた人物や集団との関係が相変わらずつづいている、という事実によって強要される方法である。こうした人物や集団は現在もなお身近に存在しつづけており、あまりにも突飛な再解釈に対しては異議を申し立てるのが普通である。しかし、これらの人びとや集団に対してもまた、すでに生じてしまった自己の変化がもっともなものであることを納得させる必要がある。たとえば社会移動との関連で起こりつつある変化の場合には、起こった出来事をすべての関係者に対し、当の個人の全面的変化を仮定することなく、説明してくれる、既成の解釈枠組といったものが存在する。こうして、たとえば上昇移動の過程にある子どもをもつことになった両親は、子どもの振舞いや態度における一定の変化を、人生における彼の新しい地歩の確保にとって必要な——おそらくは望ましくさえある——随伴現象として受けとめるであろう。息子のアーヴィングは近郊でも評判の医者になったのだから、彼が自分がユダヤ人であることを表面に出さないようにしなければならなくなったとしても、それは〈当然のこと〉なのだ、ということで、両親は納得するであろう。彼が周りの人びとと異なった服装をしたり、異なったしゃべり方をするのは〈当然〉であり、ヴァサール家の娘と結婚したとしても〈当然〉であり、彼がいまや共和党に投票するのも〈当然〉なのである——そしてまたおそらくは、彼がごく稀にしか両親の家を訪ねなくなったとしても、

245

Ⅲ部　主観的現実としての社会

それは当然のことになるであろう。高い上昇移動率をともなう社会のなかにすでに存在し、その人自身が実際に移動を開始する以前からすでに彼によって内在化もされているそうした解釈枠組は、履歴上の連続性を保証してくれるとともに、首尾一貫性の崩壊が生じたときにも、それを緩和してくれるのである[30]。

これと同様の過程は、変化がかなり激しいものであっても、その持続期間が一時的なものにすぎないと考えられるような状況の下でも起こりうる——たとえば短期の兵役に就くための訓練や短期の入院治療の場合など[31]。ここでは全面的な社会化のやりなおしとの相違は、とりわけ容易に理解することができる——たとえば職業軍人の訓練や長期入院患者の社会化の場合にみられる出来事と比較してみることによって。短期の場合、以前の現実との首尾一貫性とアイデンティティ（一般人ないしは健康な人間としての存在）は、自分がやがてはこうした現実やアイデンティティに戻っていくであろうという予測によって、すでに与えられているのである。

大ざっぱに言えば、上に述べた二つの手続きは対立的な性格をもつものということができる。社会化のやりなおしの場合には、現在の現実に合致するような形で過去が解釈しなおされており、それは当時、主観的には存在しなかったさまざまな要素を過去に投射する、という傾向をもっている。これに対し、第二次的社会化の場合には、現在が過去との連続的な関係にあるものとして理解されており、実際に変化があったとしても、それを小さく見積ろうとする傾向がある。ことばをかえれば、社会化をやりなおすための現実的基礎は現在にあるのに対し、第二次的社会化のそれは過去にある、ということだ。

246

2章　内在化と社会構造

社会化は常にある特定の社会構造の文脈のなかで行なわれる。その内容だけでなく、その〈成功〉の度合も、ともに社会‐構造的な条件と社会‐構造的な結果とをともなっている。ことばをかえれば、内在化という現象の微視社会学的ないしは社会心理学的な分析は、常にその背景として、そうした現象の構造的側面についての巨視社会学的な理解をもっていなければならない、ということである。

ここで意図されている理論的分析のレヴェルにおいては、われわれは社会化の内容と社会構造の成り立ちとの間のさまざまな経験的関係について、立ち入った議論を展開することはできない[32]。しかしながら、社会化の〈成功〉ということのもつ社会‐構造的な側面については、若干の一般的な観察を行なうことはできよう。〈社会化の成功〉ということばでわれわれが意味するのは、客観的現実と主観的現実を行なうこと[33]はもちろんアイデンティティも含まれる）との間に高度の調和が確立される、ということである。反対に、〈社会化の不成功〉というのは、客観的現実と主観的現実との間に不調和が存在すること、として理解しなければならない。すでにみてきたように、全面的な社会化の成功などということは、人間学的にみて不可能である。一方また、社会化の全面的な不成功というのも、少なくとも極めて稀であり、

Ⅲ部　主観的現実としての社会

それは極端な身体の病気のために最小限の社会化すらうまくいかない個人の場合のみに限られている。

それゆえ、われわれの分析は、その極端な両極は経験的には近づき得ない、ある一つの連続線上の諸段階を対象としなければならない。そうした分析は、それが社会化を成功させるための諸条件とその結果についてのいくつかの一般的主張を可能にしてくれるだけに、有益なものである。

社会化が最大限に成功しているという例は、ごく単純な分業しか行なわれておらず、知識の配分も最小限にとどまっているような社会においてみられやすい。そうした条件の下での社会化は、社会によってあらかじめ定義され、はっきりと輪郭が描かれた、諸々のアイデンティティを生み出す。ここではどの個人もすべて社会のなかでのその生活にとって必要な、本質的には同一の制度的プログラムによって、とり囲まれている。それゆえ、制度的秩序の全体の力はどの個人にも多かれ少なかれ等しい重さをもって受けとめられ、客観的現実を内在化させるための強制的な圧力を生み出している。このため、アイデンティティは、それが置かれている客観的現実を完全に表現する、という意味で、極めて明確にその輪郭が描かれることになる。簡単にいえば、どの人もすべて、ほぼ他の人びとからそのような人として想定されている通りの人間なのである。そうした社会においては、アイデンティティは客観的にも主観的にも容易に確認することができる。だれもがだれをもよく知っており、自分が何者であるかを知っている。騎士や農民は、彼ら自身にとっても同様、他者にとっても騎士であり、農民なのである。それゆえ、ここにはアイデンティティをめぐる問題は存在しない。〈自分は何者であるのか〉という問いは、意識にのぼってきそうにもない。というのも、社会的にあらかじめ定められた回答は主観的にも圧倒的に現実性をもっており、すべての意味ある社会的相互作用のなかで一貫して確認されているからである。

248

2章 内在化と社会構造

しかしながらこのことは、個人がそのアイデンティティに満足している、ということを意味するわけでは決してない。たとえば農民であるということは、ありとあらゆる種類の問題、つまり主観的に現実的で、切迫したちがいない。農民であるということは、幸福をもたらすなどということとはほど遠い、さまざまな問題をともなっていた。しかしそれは、アイデンティティの問題はともなってはいなかった。人は哀れむべき農民であったのであり、おそらくはまた反抗的な農民ですらあったであろう。しかし、彼は農民であったのだ。そうした条件の下で育てあげられた人間が、自分たちのことを心理学的な意味での〈隠された深層〉において考えるなどということは、およそあり得ないことである。〈表層〉の自我と〈表層下〉の自我は、いついかなる瞬間においても意識に現前している主観的現実の領域によって区別されるにすぎず、自我の〈諸層〉の永久的な分化によって区別されるなどということはないのである。たとえば農民はその妻を殴打しているときには一つの役割のなかで自己を理解し、その領主の前に平伏するときには、もう一つの役割のなかで自己を理解する。いずれの場合においても、もう一方の役割も決して〈表層下〉に隠れている。つまりそれは農民の意識にはのぼってはこないのである。しかしながら、いずれの役割も〈表層〉の自我、ないしは〈より現実的〉な自我、として考えられているわけではない。換言すれば、そうした社会に住む人間は、ただ単に自分がそのようなものとして想定されているところの人間であるばかりでなく、統一され、〈層化されていない〉状態で、そうした人間としてあるわけである。(34)

そうした条件の下では、社会化の不成功は——生物学的なものであれ、社会的なものであれ——人生遍歴における偶発事の結果としてのみ生じる。一例をあげるならば、たとえば子どもの第一次的社会化

249

が社会的に恥とされる身体的欠陥とか社会的定義に基づく汚名とかによって損なわれたりする場合である。不具者と私生児はこうした二つの場合の原型をなしている。この他にもなお、精神的疾患の場合のように、生物学的障害によって社会化が本質的に阻害されるという可能性もある。こうした事例はすべて個人的な不幸という性格をもっている。それらは対抗的なアイデンティティや対抗的な現実を制度化するための基礎となるような力はもってはいない。実際、こうした力をもたないという事実が、そうした人生経験に存在する不幸を測定するための尺度になっているのである。この種の社会においては、個々の不具者や私生児は、彼らに付与される不名誉なアイデンティティに対し、実質的にはなんらの主観的防壁をもち合わせてはいない。彼は意味ある他者や全体としての共同社会にとってと同様、彼自身にとっても、彼がそのように想定されている通りの人間なのである。もちろん、彼がこうした運命を恨むなり憤るなりして、それに反抗することはあるかも知れない。しかし、彼が恨んだり憤ったりするのは劣等者としてなのである。場合によっては、彼の恨みや憤りは劣等者として社会的に規定された彼のアイデンティティを決定的に認めるものとして作用することさえある。というのも、彼の上位者たちは、定義からして、こうした残酷な感情のうえに立っているからである。客観的現実は、主観的には彼にとってよそよそしく、不完全なものとしてあらわれる。しかし、それにもかかわらず、彼は自分の住む社会の客観的現実のなかに拘禁されている。そうした人間の場合、社会化はおそらくは不成功に終わるであろう。つまり彼が疎遠な世界のなかにでもいるかのような形で事実上囚われている社会的に定義された現実と、その世界をごくわずかしか反映していない彼自身の主観的現実との間には、大きな不調和が存在することになるであろう。しかしながら、この不調和はなんらの累積的な構造的帰結をもた

2章　内在化と社会構造

らしはしないであろう。というのも、それは、それ自身の制度化された一連の対抗的アイデンティティをもつ対抗的世界へと結晶化できるための社会的基礎を、まったく欠いているからである。社会化が不成功に終わる人間自身は、明確に輪郭づけられた一つのタイプに属する人間として、社会的にあらかじめ定義されている——たとえば不具者、私生児、白痴等々として。それゆえ、ときによって彼自身の意識のなかにこれとは逆の自己現認があらわれることがあったとしても、それらは一般的な幻想以上の何ものかに自らを変える信憑性構造をまったく欠いているのである。

現実とアイデンティティについての対抗的定義の萌芽は、そうした諸個人が社会的に持続しうる集団に結集しだすようになるや否や、ただちにあらわれる。これは知識のより複雑な配分をもたらす変動過程の引き金になる。いまや社会化にしくじった人びとから成るマージナルな集団のなかに、対抗的な現実が客観化され始めるかも知れないのである。もちろん、この時点において、その集団がそれ自身の社会化過程に乗り出すことはいうまでもない。たとえば癩病患者やその子孫たちは社会のなかで汚名をきせられることがある。そうした汚名は肉体的にこの病気に苦しんでいる人びととだけにきせられる場合もあれば、社会的なとり決めによって他の人びとにも及ぶ場合もある——たとえば地震の最中に生まれた子どもなど。こうして、人びとは生まれ落ちた瞬間から癩病患者として定義されることになり、この定義は彼らの第一次的社会化に深刻な影響を及ぼすことになる——たとえば子どもたちが狂信的な老婆の保護下に置かれるような場合。というのも、彼女は子どもたちを物理的には生かしておくにしても、共同社会の制度的伝統についても、そのごく一部しか伝達してやらないからである。たとえそうして育てられた人びとがかなりの数にのぼったとしても、彼らが彼共同社会の枠外で生かせておくにすぎず、

Ⅲ部　主観的現実としての社会

ら自身の対抗的社会を形成することのないかぎり、彼らの客観的アイデンティティと主観的アイデンティティは、ともに彼らのためにつくられた共同社会の制度的プログラムにしたがってあらかじめ定義されることになるであろう。彼らは癩病患者になるはずなのであって、それ以外の何者にもなりはしないのである。

しかしながら、規模も大きく、かつまた持続性のある癩病患者のコロニーがあらわれて、それが現実の——そしてまた癩病患者であることの運命の——対抗的定義にとって必要とされる信憑性構造として機能するようになると、状況は変化し始める。生物学的認定によるものであれ、社会的認定によるものであれ、癩病患者であることは、いまや神によって選ばれた人間であることを示す特殊なしるしとして認められることになるかも知れないのである。共同社会の現実を完全に内在化することを阻害された人びとは、いまや癩病患者のコロニーの対抗的現実のなかに社会化されうるようになる。つまり、ある一つの社会的世界への社会化の失敗がもう一つの社会的世界への社会化の成功をもたらしうる、というわけである。こうした変動過程の初期の段階では、対抗的現実と対抗的アイデンティティの結晶化は、より大きな共同社会の目にふれないところで行なわれる可能性もある。それというのも、この大きな社会は、これらの人びとを相変らず癩病患者以外の何者でもないものとして前もって定義しつづけ、たえずそうしたものとして現認しつづけるからである。この社会は彼らが〈本当に〉神によって選ばれた特殊な子どもたちであるのかどうかについては、何も知らない。癩病患者というカテゴリーに入れられた個人は、この時点において自己自身のなかに〈隠された深層〉を発見するのかも知れない。〈自分は何者であるのか〉という問いは、二つの対立し合う回答——つまり狂信的な老婆の回答（〈お前は癩病患者

2章　内在化と社会構造

だ〉）とコロニー自身の社会化担当者の回答（〈お前は神の子どもだ〉）——が社会的に得られるという単純な理由によって、可能になる。ところが、個人がその意識のなかで現実と自己自身についてのコロニーの定義に特権的な地位を与えだすようになると、より大きな共同社会における彼の〈可視的な〉行動と、まったく異なった何者かとしての彼の〈見えざる〉自己現認との間には、一つの分裂が生じることになる。換言すれば、個人の自己理解のなかに〈外観〉と〈本当の姿〉との間の分裂が生じるのである。彼はもはや人びとからそのような人として考えられている人間ではなくなっている。彼は癩病患者として行動する——彼は神の子どもである。この例をさらにもう一段おしすすめてみると、共同社会の現実もまた、この変化によってなんらかの影響を受けるであろうということを理解することは困難ではない。少なく見積ってもある人びととの共同社会にも知られるようになった場合でも、癩病患者として定義されてきた人びとのアイデンティティを確認することは、もはやかつてのように簡単にはいかなくなるであろう——つまりそのように定義づけられた人間が自己自身をそうした形で現認するかどうかについて、人びとは確信をもてなくなるであろう。一方、大きく見積れば、どの人間をとってみても、そのアイデンティティを確認することは、もはやこれまでのように簡単にはいかなくなるであろう——というのも、もし癩病患者たちが人びとが想定しているところのものでなくなるであろう——というのも、もし癩病患者たちが人びとが想定しているところのものであることを拒否するとすれば、他の人びとも自分についてのそれを拒否することができるからである。こうした過程は、一見したところ、夢物語にすぎないように思えるかも知れない。しかしそれが夢物語でないことは、ヒンズー教の不可触賤民に対し、ハリジャン、つまり〈神の子〉という名称を付与したガンジーの例によって、あざやかに示すこ

III部　主観的現実としての社会

とができる。

ひとたび社会のなかに知識のより複雑な配分があらわれだすと、意味ある他者たちがさまざまに異なった客観的現実を個人に媒介することの結果として、社会化がうまくいかないという事態が起こりうる。ことばをかえれば、社会化の失敗は社会化担当者の不統一の結果でもありうる、ということだ。これはさまざまな形をとってあらわれうる。たとえば、第一次的社会化を担当するすべての意味ある他者が一つの共通した現実を仲介しながらも、かなり異なった視点からそれを仲介する、といった状況が考えられよう。もちろん、意味ある他者といえども、それぞれが特殊な経歴をもつ特殊な人間であるという単純な理由からしても、彼らがすべて共通の現実に対してある程度異なっていたとしても不思議はない。しかしながら、われわれがここで念頭に置いている結果というのは、意味ある他者の間での相違によってもたらされるものではあっても、その相違が意味ある他者の個人的な特性に由来するそれではなく、もっぱら社会的類型の違いに由来しているような、そうした場合の結果である。たとえば男性と女性は一つの社会のなかにあっても、かなり異なった社会的世界のなかに〈住む〉場合がある。

そこで、もし男と女の双方が第一次的社会化で意味ある他者として機能することがあるとすれば、彼らはこうした食い違った現実を子どもに媒介することになる。しかしながら、これだけならばまだ社会化の失敗という恐れを招くほどのものではない。現実についての男の見方と女の見方とは社会的に承認されており、この承認もまた、第一次的社会化を通じて子どもに伝えられていくからである。こうして、男児にとってはあらかじめ定められた男の見方の支配というものがあり、女児にもまた同様に、あらかじめ定められた女の見方の支配というものがある。子どもは、それが異性の意味ある他者によって彼に

2章　内在化と社会構造

媒介されてきている程度に応じて、異性のそれに属するものの見方を知りはするであろうが、それに自己を同一化するということはないであろう。たとえわずかでも知識の配分が行なわれていさえすれば、それは共通の現実についての異なった見方に特定の権限を与えるものである。上の例でいえば、女性のものの見方は男児にとってはなんら支配権をもたないものとして社会的に規定されている。通常、異性の現実が占めるべき〈正当な位置〉についてのこうした定義は子どもによって内在化されており、子どもは彼に指定されてきている現実に自らを〈正しく〉同一化するものである。

ところが、もしいくつかの現実定義の間にある種の競合関係が存在し、それらの間での選択可能性を引き起こすような場合には、〈異常事態〉が人生遍歴においても生じうる。というのも、人生にまつわるさまざまな理由によって、子どもが〈誤った選択〉を行なう可能性がありうるからである。たとえば第一次的社会化の決定的な時期に父親が家を留守にし、社会化がもっぱら母親と三人の姉によって担われることになったような場合、男児が女性の世界の〈不適当な〉要素を内在化する、ということもありうるであろう。もちろん彼女たちは、小さな少年が、自分は女の世界に住むことを期待されていない、ということを知ることができるかも知れない。しかし、それにもかかわらず、彼に〈正しい〉管轄上の定義を仲介してやることもできるかも知れない。しかし、それにもかかわらず、彼が女性の世界に自らを同一化するということもありうるそのことの結果として起こる彼の挙動の〈女らしさ〉は、〈目立つ〉場合もあれば、さほど〈目立たない〉場合もある。しかし、いずれにせよ、社会から指定された彼のアイデンティティと彼の主観的に現実的なアイデンティティの間には、不調和が存在することになるであろう。

もちろん、そうした〈異常な〉事態に対処すべく、社会がなんらかの治療対策を講じることはいうま

255

III部　主観的現実としての社会

でもない。われわれはここで治療手続きについて述べてきた事柄を再び繰り返す必要はない。ただ強調しておかねばならないのは、治療機制への要求は社会化に失敗することの可能性が構造的なものに起因することが多ければ多いほど増大する、ということである。上の例でいえば、社会化がうまくいった子どもたちは、社会化を〈誤った〉子どもたちに対し、少なくとも圧力をかけるぐらいのことはするであろう。仲介された現実の諸定義の間に根本的な対立がなく、ただ共通の現実についての見解の相違があるにすぎないような場合には、治療対策が奏功するチャンスは十分にある。

社会化の失敗は、第一次的社会化の時期にさまざまな意味ある他者からひどく内容の食い違った世界を媒介されたことの結果としても起こりうる。知識の配分がますます複雑化するにつれて、矛盾した諸世界に近づくことが可能になり、それらがさまざまに異なった意味ある他者によって第一次的社会化の時期に媒介される、ということがありうるのである。しかし、頻度からすれば、これは上に述べたような状況、つまり一つの共通の世界についての諸見解が社会化担当者の間に配分されているような場合と比べると、起こる回数は少ない。というのも、一つの集団として第一次的社会化という仕事を担当しうるだけの十分な結束力を備えた人びと（たとえば既婚の夫婦）は、自分たちの間にある種の共通の世界をつくり上げてきていることが多いからである。しかしながら、この場合でもやはり社会化の失敗は起こるものであり、しかもまたそれはかなり理論的に興味のあるものなのである。

たとえば、子どもが両親によって育てられるだけでなく、人種的ないしは階級的な下位社会の出であ る乳母によっても育てられる、というような場合がある。この場合、たとえば両親は子どもにある人種の征服者としての貴族的世界を媒介する。これに対し、乳母は征服されたもう一つの人種の農民の世界

256

2章　内在化と社会構造

を媒介する。しかも、場合によってはこの二つの媒介行為がまったく異なったことばを用いて行なわれ、子どもはそれらを同時に習得するが、両親と乳母は互いに相手のそれを理解することができない、というようなことさえ起こりうる。こうした場合、両親の世界が定義づけらからして支配権をもつことはもちろんである。子どもは関係者のすべてから、そしてまた自分自身によって、自分がその両親の集団に属する人間であって乳母のそれに属する人間ではない、ということを認められるであろう。しかしながら、やはり二つの現実のそれぞれの管轄権に関して前もって与えられた定義は、ちょうど先に述べた第一の状況にみられるように、人生経験におけるさまざまな出来事によって混乱させられることがあるわけである——ただし、いまや社会化の失敗は、個人の主観的な自己理解の永久的な特徴として内在化された翻身の可能性をともなう、ということを考えに入れなければならないのだが。子どもが潜在的に選びうる選択肢は、いまやより明確な姿をとってあらわれ、それらは同一の世界についての異なった見解というよりは、むしろ異なった諸々の世界を含むものとなる。もちろん、実際には第一の状況と第二の状況との間にさまざまな段階があることはいうまでもない。

第一次的社会化において著しく矛盾した世界が媒介されるとき、人は彼によって真の人生行路の可能性として理解される、輪郭のはっきりしたいくつかのアイデンティティについて選択を迫られる。彼はＡという人種によって理解される人間になることもできれば、Ｂという人種によって理解される人間になることもできる。こうした選択は真に隠されていたアイデンティティの可能性があらわれるとき、つまり客観的に存在する諸類型によっては容易に理解しえないアイデンティティの可能性があらわれると、き、生じる。換言すれば、〈公的〉な生き方と〈私的〉な生き方との間に社会的に表面化しない不調和が

257

III部　主観的現実としての社会

生じることがある、ということだ。たとえば両親の目から見た限りでは、子どもはいまや騎士になるための予備段階に向けてせっせと準備を行なっている。ところが、子ども自身は〈遊び半分〉でこの過程に参加しているにすぎず、〈実際には〉被征服集団のより高度な宗教的秘儀に入会するつもりで準備をしているのかも知れないのである。しかも両親はこのことには気づいておらず、彼の行為は乳母の下位社会が提供する信憑性構造によって支えられているのである。これと同様の食い違いは、現代社会において、家庭における社会化過程と同輩集団との間で起こりうる。家庭の側から見れば、子どもは中学を卒業するための社会化過程における社会化過程に余念がない。ところが、同輩集団からみれば、彼は車を盗むことによって勇気を試すという最初の重大な試練に備えている。こうした状況が内的葛藤と罪悪感を引き起こす可能性をもっていることはいうまでもない。

一度社会化された人間は、おそらくはすべてが潜在的な〈自己自身への反逆者〉である。しかしながら、そうした〈反逆〉という心のなかの問題は、それがさらにどのくらい〈自己〉がある特定の瞬間に裏切られつつあるのかという問題——この問題はさまざまに異なった意味ある他者との同一化がさまざまに異なった一般化された他者をも含むようになると、ただちにあらわれる——をともなうようになる。たとえば、子どもは宗教的秘儀への参加のために準備しているときにはその両親を裏切っており、騎士になるべく訓練を受けているときにはその仲間を裏切り、自動車に自己を同一化してきているかぎりにおいて、〈自分自身に対する裏切り〉をともなっている。

さらにいっそう複雑なものとなる。たとえば、子どもは宗教的秘儀への参加のために準備しているときにはその両親を裏切っており、騎士になるべく訓練を受けているときにはその仲間を裏切り、自動車に自己を盗むことによってその仲間を裏切り、彼が矛盾した二つの世界に自己を同一化してきているかぎりにおいて、〈自分自身に対する裏切り〉をともなっている。われわれはすでに翻身についての先

2章　内在化と社会構造

の分析で、彼に与えられているさまざまな選択肢について論じてきた——もっとも、これらの選択肢は、それらが第一次的社会化の過程ですでに内在化されているときには、異なった主観的現実性をもつということは明らかであろう。したがって次のように考えておくのが無難である。それは、翻身は、いかなる主観的現実がそうした選択の結果としての葛藤から生じてこようとも、そうした主観的な現実の可能性がもち込まれるときには必ず発生する——ということだ。

〈個人主義〉の可能性（つまり相容れない諸々の現実やアイデンティティの間での個人的選択の可能性）は、直接、社会化の失敗の可能性と結びついている。われわれはすでに社会化の失敗は〈自分は何者であるのか〉という問いを引き起こす、ということを主張しておいた。社会化の失敗がこのような形で認識されるようになる社会ー構造的な文脈のなかでは、これと同様の問いは、社会化に成功した者にとっても起こってくる。というのも、彼もまた社会化に失敗した人たちのことをあれこれ考えざるを得ないからである。彼は遅かれ早かれこうした〈隠された自我〉をもつ人びとや〈裏切り者〉、あるいはまた相容れないいくつかの世界の間にあってその鞍替えを行なったつつある人びと、に出会うであろう。こうして、一種の鏡像効果によって、そうした問いかけは自己自身にも向けられるようになるであろう。それはまず最初は〈私はかく存在するのに、しかし神の恩寵のために〉、という定式で回答が与えられるが、最終的にはおそらく〈彼らがかくあるのに、なぜ私がかくあってはならないのか〉、という形をとるであろう。これは〈個人主義的〉な選択というパンドラの箱を開けることを意味しており、それは、究極的には、その人が歩んできたコースが〈正しい〉選択によって決定されたもの

259

Ⅲ部　主観的現実としての社会

であったか、それとも〈誤った〉選択によって決定されたものであったか、ということとは関係なく、一般化されるようになる。こうして〈個人主義者〉がある独特の社会的類型に属する人間としてあらわれることになる。つまり、いくつかの可能な世界の間を少なくとも行き来できる力をもっており、選択可能な数多くのアイデンティティが提供してくれる〈素材〉をもとに、計画的かつ自覚的に自我を築いてきている人びと、としてあらわれるのである。

社会化の不成功をもたらす第三の重要な状況は、第一次的社会化と第二次的社会化との間に食い違いが生じたときにあらわれる。つまり、第一次的社会化の統一性は維持されていても、第二次的社会化においてこれとは別の現実やアイデンティティが主観的な選択肢としてあらわれる場合である。いうまでもなく、この選択肢は個人が置かれている社会 ― 構造的な文脈によって制限されている。たとえば彼が騎士になることを望んだとしても、彼の置かれた社会的立場はこうした望みをばかげた野心にしてしまう。第二次的社会化がかなり分化してきており、社会のなかにおける自己の〈本来の居場所〉からの主観的離脱が可能になっているにもかかわらず、社会構造が主観的に選ばれたアイデンティティを許可しない、といったような場合には、興味ある事態が発生する。この場合、主観的に選ばれたアイデンティティは、個人の意識のなかでのみその〈真の自我〉として対象化されるにすぎない幻想的なアイデンティティとなる。人間は常にかなえられない目的達成の夢をもつ、と考えてよいのかも知れない。こうした特殊な幻想がもつ特異性は、想像のレヴェルにおけるアイデンティティの対象化、ということにあるが、ここで対象化されるアイデンティティは、客観的に指定され、第一次的社会化の過程においてかつて内在化されたそれとは異質のものである。こうした現象の拡大が社会構造のなかに緊張と不安

2章　内在化と社会構造

をもち込み、制度的プログラムとその自明視された現実を脅かすことは明らかである。

第一次的社会化と第二次的社会化との間に食い違いがあることから生じるもう一つの重要な結果は、個人が互いに矛盾した諸世界に対し、先に述べたような質的に異なった関係をもつことがありうる、ということである。互いに相容れない諸世界における関係とは質的に異なった関係をもつことがありうる、ということである。互いに相容れない諸世界が第一次的社会化の過程のなかにあらわれるとき、個人はいくつかある世界のなかから一つを選び取り、それに自己を同一化する、という方法をとる。この過程は、それが第一次的社会化において生じるという理由から、高度に情緒的な色彩を帯びたものになるであろう。ここでは自己同一化、同一化の放棄、などといったものには、すべて情緒面での危機がともなうであろう。というのも、第二次的社会化において矛盾した諸世界が提示される場合に成立するであろうからである。ところが、第二次的社会化にあっては、内在化は意味ある他者との情緒的色彩を帯びた自己同一化をともなう必要はない。人はさまざまに異なった現実に自己を同一化しなくても、それらを内在化することができるのである。それゆえ、もし第二次的社会化においてもう一つの別の世界があらわれたとしても、人はその世界を操作的に取捨選択することができるであろう。ここでは〈冷静な〉翻身について語ることができる。人は新しい現実を内在化する。しかしその現実は彼の現実であるのではなく、彼が特殊な目的のために利用する現実である。この過程が一定の役割遂行をともなう場合、彼はそれらの役割に対して主観的距離を保ちつづけることになる——つまり彼はそれらの役割を計画的かつ合目的的に〈演技する〉わけである。こうした現象が広く行きわたるようになると、全体としての制度的秩序は相互的な操作の網目としての性格をもち始めるようになる。(37)

Ⅲ部　主観的現実としての社会

市場という土台の上に互いに矛盾し合う諸世界への出入りが一般的に可能であるような社会には、主観的現実とアイデンティティの特殊な構造連関が存在する。ここでは自己自身の世界をはじめ——これはいまでは〈世界そのもの〉として理解されているのではなく、〈一つの世界〉として主観的には理解されている——、すべての世界を相対視する、一般的な意識の高まりがみられるであろう。ここから次のような結果が生じる。それは、人びとが自己自身の制度化された行動を〈一つの役割〉として理解するようになるということ、つまり自己自身の意識のなかではそれから自己を距離化しだすようになる、操作的統制によってそれを〈行動化〉することもできる、一つの役割として理解するようになる、ということである。たとえば貴族はもはや単純に一人の貴族であるのではなく、貴族であることの役割を演じる、といった具合である。それゆえ、こうした状況は、人びとが周りの人間が予想するのとは異なった役割を演じるということの可能性よりも、はるかに重要な意味合いをもっている。しかもまた人びとは、周りの人びとの予想通りに役割を演じもする——これは前者とはまったく質の異なった問題である。こうした状況は現代の産業社会にあってはますます一般的なものになりつつあるのであるが、こうした状況を理解するには、明らかにここでのわれわれの考察の範囲を超えるものであろう。ただ強調しておかねばならないのは、そうした状況の知識社会学や社会心理学的分析にまで立ち入ることは、明らかにここでのわれわれの考察の範囲を超えるものであろう。ただ強調しておかねばならないのは、そうした状況をその社会-構造的な文脈に結びつけないことには不可能だ、ということである。このことは、社会的分業（および社会構造に及ぼすその影響）と知識の社会的配分（および現実の社会的客観化にとってのその影響）との必然的な結びつきから論理的に導き出せるものである。現在の状況の下では、これには産業主義の構造力学、とりわけ産業主義によってもたらされた社会成層の諸形式の力学と関連づけた

2章　内在化と社会構造

現実とアイデンティティの多元主義についての分析が必要になる[39]。

3章 アイデンティティ論

アイデンティティはいうまでもなく主観的現実の基本的要素をなすものであり、すべての主観的現実と同様、社会と弁証法的な関係の下にあるものである。アイデンティティは社会過程によって形成される。アイデンティティは、ひとたび結晶化されると、維持され、修正され、時によっては社会関係によって形成しなおされることさえある。アイデンティティの形成と維持の双方に含まれている社会過程は、社会構造によって規定される。逆に、人間の身体、個人の意識、それに社会構造という三者の相互作用によって生み出されるアイデンティティは、社会構造を維持し、修正し、場合によってはつくり変えるなどして、既存の社会構造に対して逆にはたらきかけもする。それぞれの社会は特定のアイデンティティがその過程のなかで生み出されるそれぞれの歴史をもっている。しかしながら、これらの歴史は特定のアイデンティティをもった人間によって形成されるのである。

この弁証法に留意しておくならば、われわれは永遠の相の下にある〈sub specie aeternitatis〉個人の存在の特異性なるものに依拠することなく、しかも〈集団的アイデンティティ〉という誤解を招きやすい考え方を避けることができる。[40]特定の歴史的な社会構造は、個々の場合についてそれと確認できるさ

3章　アイデンティティ論

まざまなアイデンティティのタイプといったものを生み出す。この意味において、われわれは、アメリカ人はフランス人とは異なったアイデンティティをもっており、ニューヨークの住民は中西部の住民とは異なった、そしてまた行政官は渡り労働者とは異なったアイデンティティをもっている、等々と主張することができよう。すでにみてきたように、日常生活における方針の決定や行動は、こうして類型化されたものをもとにして成立するのである。このことは、アイデンティティの諸類型は日常生活において観察が可能であり、上のような主張は常識をもった普通の人間であればだれによっても証明されうる——あるいは否定されうる——ということを意味している。フランス人は自分たちとは異なっているという主張に疑問をもつアメリカ人は、フランスに出かけていって、それを自分の目で確かめることもできるのである。もちろん、そうした諸類型がもつ地位は社会科学の構成物のそれとは比較しえないということ、そしてまた普通の人間による立証や論駁は科学的方法の規準にしたがって行なわれるわけではないということ、このことはいうまでもない。われわれはここでは日常生活において類型化された図式と科学的構成物との間にはどのような正確な関係が存在するのか、という方法論的な問題については、とり上げている余裕はない（清教徒は彼自身、自分が清教徒であることを知っており、そしてまた、たとえば国教徒などによっても、さほど綿密な検討もなく、清教徒であるものとして認められていた。しかしながら、もし社会科学者が清教徒の倫理についてのマックス・ウェーバーのテーゼを検討しようというのであれば、彼は、ウェーバーの理念型の経験的対応物を〈確認する〉には、これとはいくぶん異なった、より複雑な手続きをとる必要がある）。ここでの文脈で関心があるのは、アイデンティティの諸類型は理論以前の、それゆえにまた科学以前の、経験において〈観察可能〉であり、〈証明可能〉である、

265

Ⅲ部　主観的現実としての社会

ということである。

アイデンティティは個人と社会との間の弁証法にその源をもつ現象である。他方また、アイデンティティの諸類型は社会の産物そのものであり、客観的な社会的現実の比較的安定した構成要素となっている〈安定性の程度もまた社会的に規定されていることはいうまでもない〉。そうしたものとして、アイデンティティの諸類型はいかなる社会にあってもなんらかの形の理論化の対象となっている。このことは、たとえそうした諸類型が安定しており、個人のアイデンティティの形成も比較的問題になりえない場合でも、変わりはない。アイデンティティについての理論は常に現実についてのより一般的な解釈図式のなかに組み入れられている。つまりこれらの理論は象徴的世界とその理論的正当化装置のなかに〈合体されて〉おり、後者の性格が変化するにしたがって自らもまた変化する。それゆえ、アイデンティティの特定のタイプ――およびアイデンティティの諸々のタイプがそのなかに位置づけられることのないかぎり、理解しえないものとしてとどまる。アイデンティティとその諸々のタイプがそのなかに位置づけられている理論的解釈の枠組のなかで行なわれなければならない。われわれはここでもう一度この問題について考えてみよう。

われわれはここでは一つの社会現象としてのアイデンティティ論をとり扱っているのだということ、つまり現代の科学にとってそれが受け容れられるものであるかどうかについて、いっさいの先入観をもたずにそれをとり扱っているのだということを、再度強調しておかねばならない。実際、われわれがとり上げようとしているのはさまざまな〈心理学〉のような理論であり、われわれがそれに含ませようとしているのはアイデンティティについてのすべての理論――つまり、それに基づく説明がいわゆる現代

266

3章　アイデンティティ論

の学問的規準からみて〈妥当〉であると否とを問わず、経験的現象を包括的な形で説明することを標榜するすべての理論——だからである。

ところで、もしアイデンティティに関する諸理論が常に現実について述べたより包括的な諸理論のなかに組み入れられているとすれば、このことは現実の基礎を形づくっている論理を通じて理解されなければならない。たとえばある一定の経験的現象を悪霊ののり移りとして解釈する心理学は、その解釈の基礎として宇宙についての神話的な理論をもっており、この心理学からすれば、そうした現象を電気による脳の攪乱によって解釈する心理学は、その背景として、人間および人間以外の現実についての包括的な科学的理論をもっており、その首尾一貫性をその理論の基礎にある論理から導き出している。簡単にいえば、心理学は常に宇宙論を前提にしている、ということである。

この点については、しばしば用いられる〈現実志向的〉リアリティ・オリエンティッドという精神病理学での用語を引き合いに出せば、うまく説明することができるであろう。精神科医はその精神状態に疑問のある一人の人間を診断しようとするとき、その人の〈現実志向性〉の程度を見きわめるために彼にいくつかの質問をする。この精神科医の目からすれば、今日が何曜日であるかを知らない人や、すでに亡くなっている人びとと話し合ったことを容易に認めたりするような人間には、明らかにどこかおかしいところがある。そして、実際こうした場合には、〈現実志向的〉ということば自体が役に立ちうるのである。しかしながら、社会学者の場合には、さらにもう一つ質問項目をつけ加える必要がある。それは〈どの現実に志向しているのか〉、という問いである。ついでに言っておけば、この追加質問は精神

267

Ⅲ部　主観的現実としての社会

科医にとっても無関係なものではない。実際、精神科医も、もしある人がたった今ジェット機で別の大陸からやってきたばかりで、今日が何曜日かを知らないような場合には、きっとその人が志向している現実が何であるのかについて考えるであろう。その人が今日が何曜日であるのかを知らなかったとしても、それは彼がまだ〈もう一つの時間〉のなかにいる――たとえば東部標準時間のなかにいるのではなく、カルカッタ時間のなかにいる――という単純な理由によるものであるかも知れないからである。同様に、もし精神科医に心理的条件のもつ社会=文化的な脈絡についてなにがしかの理解があれば、彼は死者と対話をする人間についても、その人がたとえばニューヨーク市からやってきたかハイチの田舎からやってきたかによって、異なった診断を下すであろう。人は先の旅行者が〈もう一つの時間のなか〉にいたのと同様の、社会的に客観的な意味において、〈もう一つの現実のなか〉にいることもできるのである。ことばをかえれば、心理的状態に関する問題は、その人の置かれた社会的状況のなかで自明視されている現実定義についての認識を欠いてはいずれとも決定しがたい、ということだ。もっとはっきりいえば、心理状態は現実一般についての社会的定義と相関関係にあり、それ自体が社会によって規定されている、ということである。

心理学の出現によってアイデンティティと社会との間のよりいっそう弁証法的な関係――つまり心理学理論と、心理学理論が規定し説明すると称する、主観的規定の諸要素との間の関係――を明らかにする道が拓かれた。もちろんそうした理論化のレヴェルが、すべての理論的正当化の場合と同様、千差万別であることはいうまでもない。ただし、正当化理論の起源とその諸相について先に述べた事柄は、ここでも同じ妥当性をもって通用する。というのも、心理

3章　アイデンティティ論

学はすべての個人にとって最も大きく、かつまた最も持続的な主観的有意性をもつ現実の次元と関係すからである。それゆえ、理論と現実との間の弁証法は、明らかに直接的かつ強力に個人に影響を及ぼすことになる。

心理学理論が高度の知的複雑性を獲得するとき、それはこの知識体系のために特別に訓練を受けた専門家によって管理されるようになることが多い。こうした専門家たちの社会組織がどのような性格のものであれ、心理学理論は問題的な事例を処理するための解釈枠組を提供することによって、日常生活のなかに再び入り込む。主観的アイデンティティと社会によるアイデンティティの指定との間の弁証法的関係から生じてくる問題や、アイデンティティとその生物学的基礎（これについては後述）との間の弁証法的関係から生じてくる問題は、いずれも理論的項目にしたがって分類することが可能である――いうまでもなく、これがあらゆる治療の前提になっている。こうして、心理学理論は社会のなかに確立されたアイデンティティの維持とアイデンティティの修復のための手続きを正当化するはたらきをする。つまりそれは、社会的に規定されていると同時に主観的にも獲得されている、アイデンティティと世界との間の理論的結びつきを提示するのである。

心理学理論は経験的にみて正しいこともあれば正しくないこともある。しかし、われわれがここで正しいというのは、経験科学の手続き上の規準からみて、という意味においてではなく、むしろ日常生活の経験的現象に対して専門家なり素人なりが適用しうる解釈上の枠組として、という意味においてである。たとえば悪霊ののり移りという説を提唱する心理学理論は、ニューヨーク市に住む中産階級のユダヤ系知識人のアイデンティティ問題を解釈するには、適切であるとは思われない。これらの人びとは、

269

Ⅲ部　主観的現実としての社会

はっきりいえば、そのように解釈できる現象を生み出しうるアイデンティティなどはもってはいないかられである。悪霊——もしそうしたものがあるとすれば——は、彼らを避けて通っているように思われる。他方、田舎のハイチ人のアイデンティティ問題を解釈するには精神分析学は適しているようには思われないが、ある種のヴーダン（ハイチ人の信じる憑物の名——訳者）心理学ならば、高度の経験的正しさを備えた解釈図式を提示することができるかも知れない。これら二つの心理学ならば、それぞれの概念枠組の存在論的地位が論証されるというわけではない。しかし、適用可能だからといって、それらは社会的に定義されてその経験的正しさの証とするわけではない。ヴーダンの神々もリビドー的エネルギーも、ともにそれぞれの社会的文脈において定義された世界のなかにだけ存在するにすぎず、それ以外のところには存在しないかも知れないのである。しかしながら、こうした文脈のなかにおいては、それらは社会的に定義されることによって実際に存在するのであり、社会化の過程を通じて内在化されているのである。田舎のハイチ人はものの怪にとり憑かれており、ニューヨークの知識人は神経症的なのである。このように、ものの怪のとり憑きと神経症は、こうした文脈のなかにおいては、客観的現実をつくり上げていると同時に、主観的現実をもつくり上げている。この現実は日常生活において経験的に出会うことのできるものなのである。それぞれの心理学理論はまさしく同一の意味で経験的に正しいわけである。心理学理論がさらに発展すれば、こうした社会｜歴史的相対性をのり超えることができるのかどうか、そしてまたそれはいかにして可能なのか、という問題は、ここではとり上げる必要はない。

心理学理論がこの意味において正しいものであるかぎり、それらは経験的論証に耐える力をもっている。ただし、繰り返しておかねばならないのは、ここで問題にしているのは科学的意味における論証と

3章 アイデンティティ論

いうことではなく、日々の社会生活の経験のなかでの検証である、ということだ。たとえばその月のある一定の日に生まれた者はものの怪にとり憑かれやすい、とか、横暴な母親をもった人は神経症になりやすい、とかいわれたりすることがある。そうした主張は、それが上に述べたような意味での正しい理論に属するものであるかぎり、経験的に立証することができる。そうした立証は当の社会状況への参加者によって行なわれることもあれば、外部の観察者によって行なわれることもある。たとえばアメリカの民族学者がヴーダンののり移りという現象を経験的に発見することができるのとまったく同様に、ハイチの民族学者もまた、ニューヨークの神経症を経験的に発見することができるのである。彼にその心理学に対してより一般的な認識論的妥当性を認める意思があるかどうかということは、直接的な経験的研究にとっての前提条件になっているのは単純に次のこと、つまり外部の観察者が当の研究にあたってその地に固有の心理学の概念機構を採用しようとする意思をもっていること、これである。そうした発見の前提条件になっているのは単純に次のこと、つまり外部の観察者が当の研究にあたってその地に固有の心理学の概念機構を採用しようとする意思をもっていること、これである。

　心理学理論が正しいということを別のことばで表現するとすれば、それは、心理学理論はそれらが説明すると称する心理学的現実を反映している、ということである。しかしながら、もしこれで問題がすべて解決されてしまうのであれば、ここでの理論と現実との間の関係は弁証法的なものにはならないであろう。心理学理論には実現化という力があるからこそ、真の意味での弁証法が問題になってくるのである。心理学理論が現実の社会的定義の要素であるかぎり、そうした理論がもつ現実創造力は、それが他の正当化理論と共有する一つの特徴となっている。しかしながら、心理学理論がもつ実現化という力は、とりわけ大きなものだ。というのも、この力は情緒的色彩を帯びたアイデンティティ形成の過程に

III部　主観的現実としての社会

よって現実化されるからである。心理学はいったん社会的に確立されるようになると（つまり、もしそれが客観的現実の正しい解釈として一般的に受け容れられるようになると)、それが説明すると称する現象のなかで強力に自己を実現しようとする傾向をもつ。心理学の内在化は、それが内的現実と関係するという事実によって促進され、その結果、個人はそれを内在化するという他ならぬこの行為のなかで、それを実現化するのである。繰り返せば、心理学はその定義からしてアイデンティティの問題と関係せざるを得ないがゆえに、その内在化は同一化をともないやすく、それゆえ、実際問題として、アイデンティティの形成にも結びつきやすい、ということである。内在化と同一化がこうして密接に結びつく、という点において、心理学は他の型の理論とはかなり異なったものとなっている。この種の理論化をもたらす最も強力な要因が社会化の失敗という問題であることを考えれば、心理学理論が他の諸理論よりも大きな社会化効果をもつことが多いとしても、なんら驚くべきことではない。しかしこのことは、心理学は自己立証的である、ということと同じことではない。すでに指摘しておいたように、立証は心理学理論と経験的に観察可能な心理学的現実とをつき合わせることによって得られるものなのである。心理学は一つの現実をまた心理学の正しさを立証するための基礎になる。換言すれば、われわれがここで扱っているのは弁証法なのであって、同義反復ではないのである。

ヴードゥ心理学を内在化している田舎のハイチ人は、ある一定の明確に定義されている徴候を発見するや、ただちにものの怪にとり憑かれるであろう。これと同様に、フロイト心理学を内在化しているニューヨークの知識人は、一定のよく知られた徴候を自分のなかに発見するや、たちまちのうちに神経症的になるであろう。実際、ある一定の生活史上の背景があると、徴候なり症候なりが個人自身によって

3章　アイデンティティ論

つくり出される、ということは可能なのである。上の例でいえば、ハイチ人は神経症の症候はつくり出さなくても、ものの怪にとり憑かれたときの徴候はつくり出すであろうし、一方ニューヨークの住民は、周知の症候論に合致するような形で自分の神経症をつくり上げるであろう。しかし、ここでこのことはヘマス・ヒステリー〉とは何の関係もないし、いわんや仮病をつかうこととも関係はない。ここで問題なのは、常識をもった通常の人間の個々の主観的現実のうえに社会的アイデンティティの型が刻印される、ということだ。先にも述べたように、自己同一化の度合は内在化の諸条件が異なるにしたがって——たとえばそれが第一次的社会化において行なわれるか、それとも第二次的社会化において行なわれるか、によって——異なってくるであろう。心理学の社会的確立——これはまた理論とその治療への応用を管理する人物への一定の社会的役割の付与をともなっている(43)——は、当然のことながら、さまざまな社会-歴史的条件に依拠しているであろう。しかしながら、心理学が社会のなかで確固とした地位をもつようになればなるほど、それが解釈に努める現象もまた増えるであろう。

われわれはある種の心理学は実現化の過程において正しいものになりうる、ということを指摘しておいた。しかし、こうした主張には、未だ正しからざる理論（この過程の初期の段階においては理論はそうしたものであらざるを得なかったであろう）がなぜ最初に成立するのか、という問題への問いかけが含まれている。もっと簡単にいえば、なぜ一つの心理学が歴史のなかでもう一つのそれにとって代わるのか、という問題である。これに対する一般的な回答としては、そうした変化は、その理由が何であれ、心理学的現実と社会過程との弁証法から生じてくることもある。たとえば社会構造の急激な変化（たと

273

III部　主観的現実としての社会

えば産業革命によってもたらされたような変化）は、それとともに心理学的現実の変化をもたらすであろう。このような場合には、古い理論ではもはや当面の経験的現象を正しく説明しえないという理由から、新しい心理学理論が生み出されるであろう。このとき、アイデンティティについての理論化は、実際に生じたアイデンティティの変化を認識することに努めるとともに、自らもまた、この過程を通じて変えられていくであろう。しかしながら、一方でまたアイデンティティは、理論自体のレヴェルからみても、つまり理論の内的発展の結果としても、問題化することがありうる。この場合、心理学理論はいわば〈事実を前にして〉構築しなおされる、ということになるであろう。こうした理論の爾後の社会的確立とそれにともなう現実創造力は、理論化担当者とさまざまな社会的利害とのいろいろな結びつきによってもたらされるであろう。政治的な利害集団による計画的なイデオロギー操作も、歴史的に可能なその一つの例である。

4章 身体とアイデンティティ

われわれは先に現実の社会的構成にとっての身体的前提とその限界について議論した。そこで、いまや次のことを強調しておくことが重要になる。それは、身体は現実を構成する人間の活動のあらゆる局面に影響を及ぼしつづけると同時に、逆にまた、身体自身もこの活動によってなんらかの影響を受ける、ということである。大ざっぱな言い方をすれば、人間の動物性は社会化過程において変化していくが、だからといってそれが消失してしまうわけではない、ということだ。こうして、たとえば人間の腹の虫は、たとえ主人が世界の建設という大切な仕事に携わっているときにさえ、ごろごろと鳴りつづけたりするのである。反対に、この仕事の成り行き、つまりその産物は、その腹の虫の鳴り具合を激しくしたり弱めたり、あるいはまた異なった鳴り方をさせたりすることがある。人間は食べることと理論化することを同時にやることさえできるのである。いまもつづいている人間の動物性と社会性との共存という事実は、夕食を囲んでの一家団欒をみればよく理解できるであろう。

自然と社会との間の弁証法について語ることは可能である。(44)この弁証法は人間の存在条件そのもののなかに与えられており、個々の人間のなかにそのつど新たな形をとってあらわれる。むろん、個々の人

III部　主観的現実としての社会

間にとっては、この弁証法はすでに構成されたものとしてある社会 ― 歴史的状況のなかで展開される。個々の人間という動物とその社会 ― 歴史的状況との間には不断の弁証法が存在しており、それは社会化が始まる最初の段階とともに出現し、社会における個人の存在の全体を通して自らを展開しつづける。一方、内側からみれば、これは個々の人間という動物と社会的世界との間の弁証法である。外側からみれば、それは個々の人間の生物学的基礎と社会的に形成されたその人間のアイデンティティとの間の弁証法である。

外的側面についてみてみれば、身体は社会的に可能なものに対して限界を設定する、と主張することはなおいぜんとして可能である。イギリスの憲法学者が言っているように、議会は男に子どもを産ませること以外は何でもできるのである。もし議会が男に子どもを産ませようとしても、その計画は人間生物学のどうにもならない事実によって失敗に帰するよりほかないであろう。生物学的要因は、すべての個人に開かれたさまざまな社会的可能性の領域に対し、限界を設定する。しかし、どの個人にも先立って存在する社会的世界もまた、身体にとって生物学的に可能なものに限界を設定する。弁証法は身体と社会との相互の限界づけのなかにその姿をあらわすのである。

身体の生物学的可能性に対する社会の限界づけを示す良い例は、寿命の問題である。寿命の長さは社会での位置づけが異なるにしたがって変化する。現代のアメリカ社会においてさえ、下層階級の人間と上層階級の人間の平均寿命の間には、かなりの程度の格差がある。さらにまた、罹病率と病気の性格も社会での位置づけが異なるにしたがって変化する。下層階級の人間は上層階級の人間よりもより病気にかかりやすいのである。しかもまた、彼らは上層階級の人びとのそれらとは異なった病気をもっている。

276

4章　身体とアイデンティティ

ことばをかえれば、社会は個々人の身体がどれだけ長く、またどのような仕方で生きながらえるかを決定する、というわけである。こうした決定は、たとえば法律制度にみられるように、社会統制の操作のなかに制度的にプログラム化されている場合もある。社会は人間を不具にしてしまうこともできれば、殺してしまうこともできるのである。実際、社会が個人に対するその究極的な支配力を顕わにするのは、その生殺与奪権を通してなのである。

さらにまた、社会は身体のはたらきのなかにも最も重要なのは性行動と食行動に関するものである。性行動も食行動もともに生物学的衝動にその基礎をもってはいるが、人間という動物の場合、これらの衝動は極めて可塑性に富んでいる。人間はその生物学的構成によって、性の充足と食物を求めるべく衝動づけられている。しかしながら、人間の生物学的構成はどこに性の充足を求めるべきであり、何を食べるべきか、については何も語ってはくれない。放っておかれたならば、人間はほとんどどんな対象に対しても性的にふるまうことになるかも知れず、彼の生命を脅かすものは食べてしまうことも完全にできるのである。性行動と食行動は生物学的にではなく社会的にある特定の方向へと回路づけられており、この回路づけはこれらの行動に対して制限を加えるだけでなく、身体のはたらきにも直接影響を与えるのである。こうして、社会化がうまく行なわれた人間は〈間違った〉性的対象に対しては性的にふるまうことができなくなり、〈間違った〉食物に出くわしたときには嘔吐を催すことにもなるわけである。すでにみてきたように、行為の社会的な回路づけは制度化の最も基本的な要素をなしており、制度化はまた現実の社会的構成の土台になっている。それゆえ、社会的現実はただ単に行為と意識とを決定するだけでなく、かなりの程度、身体のはたらきをも決定する、ということが

Ⅲ部　主観的現実としての社会

できよう。このように、オルガズムや消化のような本質的に生物学的なはたらきも、実は社会的に構成されているのである。同様に、社会は行為のなかで身体が使われる場合のその使われ方をも規定する。つまり、表現の仕方、歩きぶり、身ぶり等々もまた社会的に構成されているのである。このことから導き出される身体の社会学の可能性については、ここでは論じる必要はない。(45)ここで重要なのは、身体が社会に制限を加えるように、社会もまた身体に制限を加える、ということだ。

内的側面からみると、この弁証法は社会による鋳造に対する生物学的基底の抵抗としてあらわれる。(46)もちろん、この現象が第一次的社会化の過程に最も明白にあらわれることはいうまでもない。子どもをはじめて社会化するときに出会う困難は、単に学習過程に固有の問題のみによって説明することは不可能である。それというのも、小さな動物というものは、いわば抵抗するのが常だからである。子どもはこの闘いに敗れるべく運命づけられてはいるものの、だからといってこのことは、ますます強く押し入ってくる社会的世界の力に対するその動物としての抵抗を排除するものではない。たとえば子どもは自分の身体の自然的時間構造に対して、社会の時間的構成が押しつけられることに抵抗する。(47)彼は生物学的に与えられた身体の欲求に基づく食事や睡眠に対しては抵抗しないが、時間で決められた食事や睡眠に対しては抵抗する。こうした抵抗は社会化の過程を通じて徐々にうち破られてはいくが、社会が飢えた人間に食事を禁じ、眠りたい人間に睡眠を禁じたりするときには、いつでも欲求不満として残存しつづける。社会化は必然的にこの種の生物学的な欲求不満をともなわざるを得ない。社会のなかでの存在は、生物学的な基礎づけをもつ個人の抵抗をたえず鎮圧することのうえに成り立っており、これが正当化や制度化をもたらすのである。こうして社会は個人に対し、なぜ一日に三回食事をとらねばならず、

278

4章　身体とアイデンティティ

空腹を感じ次第ものを食べる、というわけにはいかないのか、ということについて、さまざまな説明理由を提示したり、またさらにいっそう強い調子でもって、なぜ彼が妹と一緒に寝てはならないのか、ということについて、その理由を説明したりするのである。身体を社会的に構成された世界のなかに適応させるというこれと同様の問題は、第二次的社会化の場合にも存在する。もっともこの場合、生物学的な欲求不満の度合は前者よりも軽くてすむことが多いのはもちろんである。

完全に社会化された人間にあっては、アイデンティティとその生物学的土台との間には不断の内的弁証法が存在する。(48) 人は社会的由来をもつ自己自身についての客観像から離れて、あるいは、ときによってはそれに反逆しつつ、自らを一個の身体として経験しつづける。この弁証法はしばしば〈より高級〉な自我と〈より低級〉な自我との間の闘いとして理解されており、前者は社会的アイデンティティと等置され、後者は前社会的――というより、おそらくは反社会的――な動物性と等置されたりもする。〈より高級〉な自我は〈より低級〉な自我に対して繰り返し自己を主張しなければならず、ときにはそれは力の批判的立証という形をとって行なわれることもある。たとえば人は、戦場にあっては、死に対する本能的な恐怖を勇気によって克服しなければならない。ここでは〈より低級〉な自我は〈より高級〉な自我に叱咤されてその支配に服するわけであるが、これは兵士としての社会的アイデンティティを客観的にも主観的にも維持しようとするかぎり必要不可欠な、生物学的基底に対する〈より高級〉な自我の支配権の宣言を意味している。同様に、丈夫の鑑としての自己のアイデンティティを維持するためには、人は生理学的倦怠からくる気だるさを払いのけ、性的に行動することを自らに強要するかも知れない。ここでもまた、〈より低級〉な自我は〈より高級〉な自我のために奉仕すべく、抑圧されるのである。恐

Ⅲ部　主観的現実としての社会

怖に対する勝利と性的無気力に対する勝利は、ともに生物学的基底がどのように抵抗し、それが人間の内にある社会的自我によってどのように打ち負かされていくか、を明らかにしてくれる。いうまでもないことだが、日常生活の過程には——小さな敗北もあれば大きな敗北もあるのとまったく同様に——日々獲ちとられていく数々のこうした小さな勝利があるのである。

人間は他者とともに一つの世界を構成し、そのなかに居住すべく、生物学的に宿命づけられている。この世界は彼にとって支配的で決定的な現実となる。この世界の限界は自然によって定められている。しかしながら、いったん構成されると、この世界は自然に対して逆にはたらきかけもする。自然と社会的に構成された世界との間の弁証法のなかで、人間の身体自身もまたつくり変えられてゆく。そして他ならぬこの弁証法のなかで、人間は現実を創造し、それによって自己自身をも創造するのである。

結論 ── 知識社会学と社会学理論

これまでの論考で、われわれは社会における知識の役割について、一般的で体系的な説明を行なおうと努めてきた。われわれの分析が完全なものでないことは明らかである。しかし、われわれは知識社会学のための体系的理論を発展させようとするわれわれの試みが、批判的議論と経験的研究の双方を引き起こす刺激剤になってくれることを望んでいる。われわれが確信していることが一つある。それは知識社会学の問題と課題についての再定義があまりにも長く放置されてきた、ということだ。われわれは、われわれの分析が、今後の研究がそれに沿って実り豊かに推進されるための、一つの道筋を示すものであってくれることを望んでいる。

しかしながら、知識社会学についてのわれわれの考えには、社会学理論および社会学的研究一般に対するいくつかの一般的な示唆が含まれており、またそれは社会学的に興味のある多くの個別分野についても、一つの異なった視座を提示している。

客観化、制度化、それに正当化などについての分析は、そのまま言語社会学の諸問題、社会的行為と制度についての理論、それに宗教社会学等々にも応用できるものである。知識社会学についてのわれわ

れの理解からは、次のような結論が得られる。それは、言語社会学や宗教社会学を社会学理論そのものにとってあまり興味のない、周辺的な特殊分野として考えてはならず、むしろ社会学理論の構築にとって必要不可欠な寄与をなすものとして考えねばならない、ということである。こうした考えは何も新しいものではない。デュルケームとその学派はすでにそうした考えをもっていた。ところが、こうした考えは理論とは無関係のさまざまな理由によって見すてられてしまったのである。われわれは本書で、知識社会学は言語社会学を前提とし、また宗教社会学を欠いては知識社会学は不可能である（そしてまた逆も真である）ということを明らかにしえたものと期待したい。さらにまた、われわれは、ウェーバーとデュルケームの理論的立場を、それぞれの内的論理を見失うことなく、一つの包括的な社会的行為の理論のなかにそれを結びつけるにはどうすればよいか、を示しえたものと考える。最後に、われわれがここでそれを果たすべく導かれてきた一つの接合――つまり知識社会学とミードならびにその学派の思想の理論的核心との接合――は、もしこう言ってよければ、社会学的心理学とでも呼べる興味ある学問の可能性を示唆している、と主張したい。これはその基本的視座を、人間の存在条件についての社会学的理解から導き出してくる心理学である。ここで提示されたいくつかの考えは、理論的成果を約束してくれそうな一つのプログラムのことを指している。

より一般的にいえば、われわれは個人と社会とのあいだのアイデンティティと社会構造との間の弁証法、における知識の役割の分析は、社会学のすべての分野にとって極めて重要な補完的視座を与える、と主張したい。もちろんこのことは、社会現象についての純粋に構造的な分析が社会学的研究の広い領域――つまり小集団の研究から経済や政治のように大きな制度的複合体の研究に至

結論　知識社会学と社会学理論

るまでの広い領域——にとって、完全にふさわしいものであることを否定するものではない。知識社会学的な〈視角〉がなんらかの形ですべてのそうした分析にとり入れられねばならないとする主張ほど、われわれの真意からかけ離れたものはない。多くの場合、こうした視角はこれらの研究が目指している認識目標にとっては不必要なものであるだろう。そうではなくて、われわれがいいたいのは、社会学理論の体系のなかにそうした分析の成果を統合するには、明らかにされた構造的与件の背後にある〈人間的要因〉に、時として払われる思いつき的な敬意以上のものが払われる必要がある、ということだ。そうした統合を行なうには、構造的現実と現実を構成する人間的企図との間にある弁証法的関係——しかも歴史におけるそれ——についての体系的な考察が必要になるのである。

われわれは本書を執筆することになんらの論争的関心をももってはいなかった。しかしながら、社会学理論の現状に対するわれわれの懸念が極めて抑制されたものであることを否定するのは愚かなことであろう。たとえばわれわれが行なってきた制度的過程とそれを正当化する象徴的世界との間の相互関係についての分析も、その一例である。ここでわれわれが示そうとしたのは、なぜわれわれが社会諸科学における機能主義的な説明の標準的な見解を理論的なごまかしとして考えねばならないか、ということであった。さらにまた、われわれは、純粋に構造主義的な社会学が、その持ち前の性格からして、社会現象を物象化してしまう危険性をもつ、というわれわれの信念を基礎づけるための根拠を示しえたものと思う。そうした社会学は、たとえ自己の構成物に単なる発見学的地位しか認めないという、謙虚な姿勢で出発したとしても、それ自身の概念構成物と世界の法則とを混同するという結果に終わることがあまりにも多すぎるのである。

現代社会学におけるいくつかの支配的な理論化様式とは異なり、われわれがその展開を試みてきた考えは、没歴史的な〈社会体系〉を主張するものでもなければ、没歴史的な〈人間の本性〉を主張するものでもない。ここでわれわれが採ってきた接近法は非‐社会学主義的なものであると同時に、非‐心理学主義的なものでもある。われわれは、社会学は社会〈体系〉と心理〈体系〉との間のいわゆる〈力学〉にその対象を設定すべきである、とする考え――ここではこれら二つの〈体系〉がポスト・ホックに、つまり時間的生起によって因果律を説明するような、疑わしい関係のなかに置かれている――には与しがたい（ちなみに、これら二つの用語が学問的にたどってきた道を調べてみることは、経験的な知識社会学の事例研究に値するものである）。

歴史における社会的現実と個人の存在との間の弁証法的関係についての洞察は、決して新しいものではない。もちろん、この洞察はマルクスによって近代の社会思想のなかに最も強力に導入されたものである。しかしながら、必要なのは、社会諸科学の理論的方向づけのなかに弁証法的なものの見方を植えつけることである。いうまでもなく、われわれの念頭にあるのは、社会学理論のなかにマルクスの考えを何がしか教条主義的な形で導入することではない。同様に、上に述べた介証法が事実としても、そしてまた一般的にも、存在する、ということをただ単に主張するだけでは、そこにはなんらの意味もない。必要なのは、ただそれを主張するだけにとどまらず、さらに一歩すすんで、社会学的思考の偉大な伝統と調和する概念枠組のなかで、そうした弁証法的過程の詳しい検討に向かうことである。教条主義的なマルクス主義者が通常行なっているような、弁証法についての単なる説法は、社会学者にとってはおそらく反啓蒙主義の変形そのものとして映るにちがいない。われわれはマルセル・モースが〈総体的・

結論　知識社会学と社会学理論

〈社会的事実〉と名づけたものを理解することだけが、社会学者が社会学主義と心理学主義という二つの誤った物象化に陥ることから守ってくれるものと信じている。われわれが本書の理解を期待するのは、こうした二重の危険性が非常に現実的であるような知的状況を背景にしてのことである。

われわれの試みは理論的なものであった。しかしながら、いかなる経験的学問においても、理論は二重の意味でその学問の守備範囲として定められた〈データ〉に適合したものでなければならない。つまり、理論はデータに見合ったものでなければならないと同時に、さらにそれ以上の経験的研究にも使えるものでなければならないのだ。知識社会学には経験的問題の広大な領域が開かれている。しかし、ここではこうした問題のうちでわれわれが最も興味あると考えるものについて、目録を提示するわけにはいかないし、いわんや特定の仮説を提唱したりするわけにもいかない。われわれはすでに理論的主張のいくつかの説明のなかで、われわれが考えているものについて若干の示唆は行なってきた。ここではわれわれは次のことだけをつけ加えておきたい。それは、われわれの見解からすれば、諸々の制度とそれらを正当化する象徴的世界との間の関係についての経験的研究は、現代社会の社会学的理解を大きく前進させることになるであろう、ということである。ここで解明されるべき問題は数多くある。たとえば現代社会を《世俗化》、《科学時代》、《大衆社会》、あるいは反対に、《自律的個人》、《無意識の発見》等ということばであらわしたとしても、それらは問題を解明するというよりは、むしろ曖昧にしてしまうものである。これらのことばは、科学的解明を必要とする諸問題の大きさを示唆しているにすぎないのだ。一般的にみて、現代の西欧社会の人間が、それに先行するいかなる世界とも非常に異なった世界のなかに住んでいる、ということは、容易に認めることができる。しかしながら、これらの人間がその

日常生活を過ごし、彼らの危機がそこで生起する現実——客観的および主観的現実——という点からみた場合、彼らが従来の世界とは異なった世界に住んでいるということが一体何を意味するのか、ということについては、まるで解明されてはいないのである。多かれ少なかれ知的な思弁とは異なったこうした問題についての経験的研究は、まだやっと一緒についていたばかりなのである。われわれは、われわれが本書で試みてきたような知識社会学の理論的視座の解明が、他の理論的視座の下においては容易に無視されてしまうような問題を、そうした経験的研究のために提示しているものと期待したい。ほんの一例として、たとえば精神分析学に由来する諸理論に対する昨今の社会科学者の関心の高まりを挙げることができよう。これなども、もしこれらの理論が、積極的にしろ消極的にしろ、〈科学〉の命題として受けとられるのではなく、現代社会における非常に特殊な、そしてまたおそらくは極めて意味深い、現実構成の正当化装置として分析されるならば、ただちに非常に異なった色合を帯びてくるであろう。そうした分析は、いうまでもなく、これらの理論の〈科学的妥当性〉の問題を括弧に入れ、それらを単にデータとして、つまりそうした理論がそこから生まれ、逆にまたそれらに対してはたらきかける、主観的現実と客観的現実を理解するためのデータとして、とり扱うことになるであろう。

われわれは知識社会学についてのわれわれの考え方に含まれている方法論上の意味を跡づけることについては、ことさらそれを控えてきた。しかしながら、もし実証主義を、社会諸科学の対象をその最も重要な問題を排除してしまうような形で定義する哲学的立場である、と理解するならば、われわれの接近法が実証主義的なものではないということが明らかになるはずである。とはいうものの、われわれは社会諸科学における経験的研究という規準を再定義するにあたって、広く解釈された〈実証主義〉とい

286

結論　知識社会学と社会学理論

うもののもつ利点を決して過小評価するものではない。

知識社会学は人間的な現実を社会的に構成された現実として理解する。ところで、現実の構成という問題は伝統的に哲学の中心問題であったという理由から、この理解には一定の哲学的な意味合いが含まれている。しかし、現代哲学においては、この問題は、それにともなうすべての疑問点とともに、軽視されてしまうという根強い傾向がみられてきた。それゆえ、ことによると、社会学者が——おそらくは彼にとっても驚きであろうが——専門の哲学者がもはや考えることに興味を失っている哲学的問題の後継者になる、ということも考えられるのである。本書のいくつかの部分、とりわけ日常生活における知識の基礎の分析と、人間存在の生物学的前提条件との関連からみた客観化と制度化についての議論のなかで、われわれは社会学的に方向づけられた思考が哲学的人間学のためになしうる寄与について、若干の指摘をしておいた。

要するに、知識社会学についてのわれわれの考え方は、社会学一般についてのある特殊な考え方を示している。しかしそれは、社会学は科学ではない、とか、その方法は経験的なものとは異なったものであるべきだ、とか、あるいはまた社会学は〈価値自由〉ではあり得ない、とかいったことを意味するものではない。それが意味しているのは、社会学は人間を人間としてとり扱う諸科学の一団のなかにその定位置をもっているということ、つまりこうした特殊な意味において、それは人間主義的な学問である、ということである。こうした把らえ方から導き出される重要な結論は、社会学は歴史学と哲学という二つの学問との不断の対話のなかで作業をすすめなければならず、このことを忘れると、社会学はその本来の研究対象を見失ってしまう、ということである。この対象というのは、人間によってつくり出され、

人間によって居住され、そしてまた逆に人間をつくり出しながら不断の歴史的過程のなかにある、人間的世界の一部としての社会である。この驚くべき現象に改めてわれわれの驚異の目を見開かせたのは、人間主義的な社会学の決して小さくはない成果である。

原注

序論——知識社会学の問題

(1) Max Scheler, *Die Wissensformen und die Gesellschaft* (Bern, Francke, 1960)を参照。一九二五年にはじめて出版されたこの論文集には、知識社会学の基本的定式化をとり扱った「知識社会学の諸問題」(Probleme einer Soziologie des Wissens) と題する論文が収められている。この論文は最初、論文集が刊行される一年前に発表された。

(2) Wilhelm Windelband and Heinz Heimsoeth, *Lehrbuch der Geschichte der Philosophie* (Tübingen, Mohr, 1950), pp. 605ff. を参照。

(3) Albert Salomon, *In Praise of Enlightenment* (New York, Meridian Books, 1963); Hans Barth, *Wahrheit und Ideologie* (Zurich, Manesse, 1945); Werner Stark, *The Sociology of Knowledge* (Chicago, Free Press of Glencoe, 1958), pp. 46ff.; Kurt Lenk (ed.), *Ideologie* (Neuwied/Rhein, Luchterhand, 1961), pp. 13ff. を参照。

(4) *Pensées* v. 294.

(5) Karl Marx, *Die Frühschriften* (Stuttgart, Kröner, 1953)『経済学および哲学に関する手稿』(*Economic and Philosophical Manuscripts of 1844*) は二二五ページ以下に収録されている。

(6) マルクスの下部構造-上部構造 (*Unterbau / Ueberbau*) については Karl Kautsky, "Verhältnis von Unterbau und Ueberbau," in Iring Fetscher (ed.), *Der Marxismus* (Munich, Piper, 1962), pp. 160ff.; Antonio Labriola, "Die Vermittlung zwischen Basis und Ueberbau," *ibid.*, pp. 167ff.; Jean-Yves Calvez, *La pensée de Karl Marx* (Paris, Editions du Seuil, 1956), pp. 424ff. 等を参照。二十世紀におけるこの問題の最も重要な再定式化はルカ

ーチ (György Lukács) によってその著書『歴史と階級意識』(*Geschichte und Klassenbewusstsein* [Berlin, 1923]) のなかで行われている。本書は今日ではフランス語訳の方が入手しやすい。*Histoire et conscience de classe* (Paris, Editions de Minuit, 1960)。マルクスの弁証法概念についてのルカーチの理解は、それが『経済学および哲学に関する手稿』の再発見にほぼ十年も先立つものであるがゆえに、なおいっそう注目すべきものである。

(7) 知識社会学にとってニーチェの業績のなかで最も重要なのは『道徳の系譜学』(*The Genealogy of Morals*) と『権力への意志』(*The Will to Power*) である。補足的な議論としては以下のものを参照。Walter A. Kaufmann, *Nietzsche* (New York, Meridian Books, 1956); Karl Löwith, *From Hegel to Nietzsche* (English translation—New York, Holt, Rinehart and Winston, 1964).

(8) 知識社会学へのニーチェ的思考の最初の、そしてまた最も興味ある応用の一つは、ザイデル (Alfred Seidel) の『運命としての意識』*Bewusstsein als Verhängnis* (Bonn, Cohen, 1927) である。ウェーバーの学生であったザイデルは、意識の根本的な社会学的批判によってニーチェとフロイトの二人を結びつけようとした。

(9) 歴史主義と社会学との関係についての最も示唆的な議論の一つはアントーニ (Carlo Antoni) の『歴史主義から社会学へ』(*Dallo storicismo alla sociologia* [Florence, 1940]) にみられる。なおまた H. Stuart Hughes, *Consciousness and Society* (New York, Knopf, 1958), pp. 183ff. をも参照。ここでのわれわれの考察にとって最も重要なディルタイ (Wilhelm Dilthey) の著書は『精神諸科学における歴史的世界の構成』(*Der Aufbau der geschichtlichen Welt in den Geisteswissenschaften* [Stuttgart, Teubner, 1958]) である。

(10) シェーラーの知識社会学の把らえ方に関するすぐれた議論としては Hans-Joachim Lieber, *Wissen und Gesellschaft* (Tübingen, Niemeyer, 1952), pp. 55ff. を参照。なおまた Stark, *op. cit., passim* をも参照のこと。

(11) この時期におけるドイツ社会学の全体の発展については Raymond Aron, *La sociologie allemande contemporaine* (Paris, Presses Universitaires de France, 1950) を参照。知識社会学に関して、この時期における重要な寄与としては Siegfried Landshut, *Kritik der Soziologie* (Munich, 1929); Hans Freyer, *Soziologie als Wirklichkeitswissenschaft* (Leipzig, 1930); Ernst Grünwald, *Das Problem der Soziologie des Wissens* (Vienna, 1934);

原　注

(12) Karl Mannheim, *Ideology and Utopia* (London, Routledge & Kegan Paul, 1936); *Essays on the Sociology of Knowledge* (New York, Oxford University Press, 1952); *Essays on the Sociology of Culture* (New York, Oxford University Press, 1956). 知識社会学におけるマンハイムの最も重要な著作をまとめたもの——これはヴォルフ（Kurt Wolff）によって編纂されており、彼の手になる有益な序文がついている——は、Karl Mannheim, *Wissenssoziologie* (Neuwied / Rhein, Luchterhand, 1964) である。マンハイムの知識社会学の考え方についての補足的な議論としては Jacques J. Maquet, *Sociologie de la connaissance* (Louvain, Nauwelaerts, 1949); Aron, *op. cit.*; Robert K. Merton, *Social Theory and Social Structure* (Chicago, Free Press of Glencoe, 1957), pp. 489ff.; Stark, *op. cit.*; Lieber, *op. cit.* 等を参照。

Alexander von Schelting, *Max Webers Wissenschaftslehre* (Tübingen, 1934) 等を参照。なお、最後に挙げた本は今日でもなおウェーバーの方法論に関する重要な議論となっているが、この本は当時シェーラーとマンハイムの二人による定式化に集中されていた知識社会学についての議論を念頭に置いて理解されなければならない。

(13) 知識社会学の最初の二つの定式化についてのこの特徴づけは、Lieber, *op. cit.* のなかで行なわれている。

(14) Merton, *op. cit.*, pp. 439ff. を参照。

(15) Talcott Parsons, "An Approach to the Sociology of Knowledge," *Transactions of the Fourth World Congress of Sociology* (Louvain, International Sociological Association, 1959), Vol. IV, pp. 25ff.; "Culture and the Social System," in Parsons et al. (eds.), *Theories of Society* (New York, Free Press, 1961), Vol. II, pp. 963ff. を参照。

(16) Talcott Parsons, *The Social System* (Glencoe, Ill., Free Press, 1951), pp. 326ff. を参照。

(17) C. Wright Mills, *Power, Politics and People* (New York, Ballantine Books, 1963), pp. 453ff. 参照。

(18) Theodor Geiger, *Ideologie und Wahrheit* (Stuttgart, Humboldt, 1953); *Arbeiten zur Soziologie* (Neuwied / Rhein, Luchterhand, 1962), pp. 412ff. を参照。

(19) Ernst Topitsch, *Vom Ursprung und Ende der Metaphysik* (Vienna, Springer, 1958); *Sozialphilosophie zwischen Ideologie und Wissenschaft* (Neuwied / Rhein, Luchterhand, 1961)を参照。トーピッチュに重要な影響を与えているのはケルゼンをはじめとする法実証主義の学派である。知識社会学に対してもつ後者の意味についてはHans Kelsen, *Aufsätze zur Ideologiekritik* (Neuwied / Rhein, Luchterhand, 1964)を参照。

(20) Daniel Bell, *The End of Ideology* (New York, Free Press of Glencoe, 1960); Kurt Lenk (ed.), *Ideologie*; Norman Birnbaum (ed.), *The Sociological Study of Ideology* (Oxford, Blackwell, 1962)等を参照。

(21) Stark, *op・cit.*を参照。

(22) Alfred Schutz, *Collected Papers*, Vol. I (The Hague, Nijhoff, 1962), p. 149. 傍点は引用者。

(23) *Ibid.*, Vol. II (1964), p. 121.

(24) 知識社会学に対するデュルケーム社会学の意味についての議論としてはGerard L. DeGré, *Society and Ideology* (New York, Columbia University Bookstore, 1943), pp. 54ff.; Merton, *op. cit.*; Georges Gurvitch, "Problème de la sociologie de la connaissance," *Traité de sociologie* (Paris, Presses Universitaires de France, 1960), Vol. II, pp. 103ff. 等を参照。

(25) われわれの知るかぎりでは、知識社会学の問題に対するシンボリック・インタラクショニズムの立場からの最も綿密な検討はTamotsu Shibutani, "Reference Groups and Social Control," in Arnold Rose (ed.), *Human Behavior and Social Processes* (Boston, Houghton Mifflin, 1962), pp. 128ff. に見出せるように思う。シンボリック・インタラクショニストたちがミード (George H. Mead) の社会心理学と知識社会学との結びつきを明らかにできなかったのは、いうまでもなく、アメリカにおいては知識社会学の〈普及〉が限定されたものであった、という事実と関係している。しかしながら、このことのもっと重要な理論的原因は、ミード自身と彼の後継者たちが社会構造についての正しい考え方を発展させなかった、という事実に見出すことができる。われわれが考えるには、まさしくこうした理由から、ミードの接近法とデュルケームの接近法の統合が極めて重要になるのである。知識社会学に対するアメリカの社会心理学者たちの無関心が、彼らの視点を巨視社会学的な理論に結びつけることを妨げてきているのと

292

原　　注

まったく同様に、ミードに対する全面的無視が今日のヨーロッパにおけるネオ・マルクス主義の社会思想の重大な理論的欠陥になっていることを、ここで指摘することができよう。近ごろネオ・マルクス主義の理論家たちが、彼ら自身の接近法にとってはかり知れないほどより有効な手がかりを与えてくれる、社会と人間との間の弁証法についてのミードの理論の存在をまったく忘れ去り、フロイトの心理学（これは根本的にマルクス主義の人間学的前提とは相容れないものだ）との結びつきを求めてきているということは、かなり皮肉な事実である。この不可思議な現象とは相反の例としては Georges Lapassade, *L'entrée dans la vie* (Paris, Editions de Minuit, 1963) を参照。この本は他の点では極めて示唆に富む本ではあるが、いってみれば、どのページにおいてもミードによる救いを求めている。知的背景の断絶からくるこれとは異なった文脈においてではあるが、これと同様の皮肉は、マルクス主義とフロイト主義の和解を求める最近のアメリカ人たちの努力のなかにもみることができる。社会学理論の構築にあたってミードとミードの伝統を極めて重視し、またそれをとり入れることに成功してきているヨーロッパの社会学者はテンブルック (Friedrich Tenbruck) である。これについては彼の『歴史と社会』(*Geschichte und Gesellschaft*〔*Habilitationsschrift*, University of Freiburg, 近刊〕)、とくに「現実」(Realität) と題された章節を参照のこと。テンブルックはわれわれのそれとは異なった体系的文脈においてではあるが、われわれ自身の接近法とも極めて一致するところの多い論法でもって、現実の社会的起源と現実を維持するための社会─構造的な基礎について論じている。

(26) Talcott Parsons, *The Structure of Social Action* (Chicago, Free Press, 1949), p. v.
(27) Emile Durkheim, *The Rules of Sociological Method* (Chicago, Free Press, 1950), p. 14.
(28) Max Weber, *The Theory of Social and Economic Organization* (New York, Oxford University Press, 1947), p. 101.

I 部　日常生活における知識の基礎

（1）本書のこの章節の全体は、目下出版準備中の Alfred Schutz and Thomas Luckmann, *Die Strukturen der Lebenswelt* に基づいている。こうした理由から、われわれはこれと同じ問題が論じられているシュッツの公刊本にお

ける引用箇所をいちいち列挙することはさし控えておいた。ここでのわれわれの主張は、上述の著書でルックマンによって展開されたシュッツの議論に全面的に依拠している。これまでに公刊されたシュッツの業績について知りたい読者は、次のものを参考にすればよいであろう。Alfred Schutz, *Der sinnhafte Aufbau der sozialen Welt* (Vienna, Springer, 1960); *Collected Papers*, Vols. I and II. シュッツによる社会的世界の分析への現象学的方法の適用について興味のある読者には、とくに次のようなものが参考になる。*Collected Papers*, Vol. I, pp. 99ff. および Maurice Natanson (ed.), *Philosophy of Social Sciences* (New York, Random House, 1963), pp. 183ff.

II部　客観的現実としての社会

(1) 動物界において人間が占める特異な地位に関しての最近の生物学的研究としては Jakob von Uexküll, *Bedeutungslehre* (Hamburg, Rowohlt, 1958); F. J. J Buytendijk, *Mensch und Tier* (Hamburg, Rowohlt, 1958); Adorf Portmann, *Zoologie und das neue Bild vom Menschen* (Hamburg, Rowohlt, 1956) などがある。哲学的人間学の立場からみて、これらの生物学的観点のなかでも最も重要な価値をもつのはプレスナー (Helmuth Plessner) のそれ (*Die Stufen des Organischen und der Mensch*, 1928 and 1965) とゲーレン (Arnold Gehlen) のそれ (*Der Mensch, seine Natur und seine Stellung in der Welt*, 1940 and 1950) である。これらの観点を社会学的な制度論の立場からさらにいっそう発展させたのはゲーレンであった (とくに彼の *Urmensch und Spätkultur*, 1956 を参照)。後者の紹介としては Peter L. Berger and Hansfried Kellner, "Arnold Gehlen and the Theory of Institutions," *Social Research* 32: 1, 110ff. (1965) を参照。

(2) 〈種に固有の環境〉ということばはユクスキュールから借用した。

(3) 〈世界開放性〉(world-openness) ということばがもつ人間学的な意味合いは、プレスナーとゲーレンの両者によって展開されている。

(4) 個体発生的な基礎づけをもつという人間の身体の特異性は、とくにポルトマン (Portmann) の研究によって明らかにされている。

原注

(5) 人間の胎児期は生後一年目にまで及ぶという考えは、ポルトマンによって提唱された。彼はこの時期を〈子宮外胎児期〉(extrauterine Frühjahr) と名づけている。

(6) 〈意味ある他者〉(significant others) ということばはミードから借用した。ミードにおける自我の個体発生論についての有益な補足としては、彼の Mind, Self and Society (Chicago, University of Chicago Press, 1934) を参照。ミードの著書についての有益な補足としては Anselm Strauss (ed.), George Herbert Mead on Social Psychology (Chicago, University of Chicago Press, 1964) を参照。示唆的な補足的議論としては Maurice Natanson, The Social Dynamics of George H. Mead (Washington, Public Affairs Press, 1956) を参照のこと。

(7) 自己創造的な存在という人間の把らえ方と〈人間の本性〉という把らえ方との間には、基本的な相違がある。このことが、一方ではマルクスと本来の意味での社会学的な観点(とくにミードの社会心理学に基づいた観点)との間の、そして他方ではフロイトと大部分の非フロイト的な心理学的観点との間の、人間学上の決定的な相違点となっている。この相違点の解明は、もし社会学と心理学の領域の間に有意義な対話が求められるべきだとすれば、極めて重要なものになる。社会理論自体のなかでは、〈社会学的〉な極に近い立場と〈心理学的〉な極とを区別することができる。パレート (Vilfredo Pareto) の立場は、おそらく社会学理論そのもののなかでは、最も精巧な〈心理学的〉極への接近法を示すものである。なおまた、〈人間の本性〉という前提を採るか採らないかということも、政治的イデオロギーとの関連からみて興味ある問題を含んでいるが、この点についてはここでは展開することはできない。

(8) この点に関するものとしてはマリノフスキー (Bronislaw Malinowski)、ルース・ベネディクト (Ruth Benedict)、マーガレット・ミード (Margaret Mead)、クラックホーン (Clyde Kluckhohn)、マードック (George Murdock) 等々の研究を参照することができる。

(9) 人間の性的柔軟性に関してここで示された見解は、リビドーの性格について、それが最初から形成されたものとしてあるのではない、としたフロイトの考え方と共通するものをもっている。

(10) この点は自我の社会的発生についてのミードの理論のなかで明らかにされている。

(11) 〈離心性〉(eccentricity) ということばはプレスナーから借りている。同じような見方は哲学的人間学に関するシェーラーの後期の著作のなかにも見出すことができる。これについては Max Scheler, *Die Stellung des Menschen in Kosmos* (Munich, Nymphenburger Verlagshandlung, 1947) を参照。

(12) 人間の自己創造行為のもつ社会的性格については、マルクスによって『ドイツ・イデオロギー』(*The German Ideology*) のなかのシュティルナー批判の部分で最も鋭く定式化されている。ジャン-ポール・サルトルの初期の実存主義から後期のマルクス主義的修正に至るまでの発展、つまり『存在と無』(*L'être et le néant*) から『弁証法的理性批判』(*Critique de la raison dialectique*) に至るまでの発展は、社会学的にみて重要なこうした洞察という点で、現代の哲学的人間学における最も印象的な例である。巨視的な社会 - 歴史的過程と個人の生活史との間の〈媒介〉という点についてのサルトル自身の関心は、ミードの社会心理学をとり入れることによって、さらにいっそう内容豊かなものになるであろう。

(13) 人間の人間性とその社会性との間の密接不可分な関係については、デュルケームによって、とくにその著書『宗教生活の原初形態』(*Formes élémentaires de la vie religieuse*) の最終章において、最も鋭く説明されている。

(14) 社会秩序はいかなる〈自然法則〉にも依拠しない、と主張するからといって、われわれは事実上、〈自然法〉についての形而上学的な考え方で一つの立場を採っているわけではない。われわれの主張は経験的に近づきうる自然の諸事実のみに限定されている。

(15) 社会秩序がもつ独特の性格を最も強調したのはデュルケームであり、とくにその著書『社会学的方法の諸規準』(*Règles de la méthode sociologique*) のなかでこれを強調した。外化という現象の人間学的な必然性については、ヘーゲルとマルクスの二人によってこれが展開された。

(16) 外化の生物学的基礎と制度の出現に対するその関係については、ゲーレンによって展開されている。

(17) 〈知識在庫〉(stock of knowledge) ということばはシュッツから借りている。

(18) ゲーレンは衝動過剰 (Triebüberschuss) と負担免除 (Entlastung) という概念を用いてこれを説明している。

(19) ゲーレンは背後充足 (Hintergrunderfüllung) という概念を用いてこれを説明している。

原　　注

(20) 状況の定義という考えはトマス（W. I. Thomas）によって形成され、彼の社会学的研究の全体を通じて発展させられた。

(21) われわれは制度についてのこうした考え方が、現代社会学で支配的なそれよりも広義なものであることをよく知っている。われわれは、そうしたより広い考え方の方が基本的な社会過程を包括的に分析するには有効であると考える。社会統制については Friedrich Tenbruck, "Soziale Normen," *European Journal of Sociology* 等を参照。

(22) 〈他者の役割を取得する〉（taking the role of the other）ということばはミードから借りている。われわれはここでは社会化についてのミードの思考枠にしたがっており、それを制度化というより広い問題に応用している。こうした主張はミードとゲーレンの二つの接近法の基本的特徴を結びつけるものである。

(23) これとの関連では二者関係から三者関係への拡大についてのジンメルの分析が重要になる。以下の主張は社会的現実の客観性に関するジンメルの把らえ方とデュルケームの把らえ方とを結びつけたものである。

(24) デュルケームのことばでいえば、このことは二者関係および三者関係がそれ以上の関係へと拡大されていくにつれて、はじめての形成物が本当の意味での〈社会的事実〉（social facts）になるということ、つまりそれらが物性（chose ̂ité）を獲得する、ということを意味している。

(25) ここでは幼児の〈リアリズム〉についてのピアジェ（Jean Piaget）の考えを参照してみるのがよいであろう。

(26) 現代家族におけるこの過程の分析としては Peter L. Berger and Hansfried Kellner, "Marriage and the Construction of Reality," *Diogenes* 46 (1964), 1ff. を参照。

(27) 以上の記述は社会的現実についてのデュルケームの分析に正確にしたがっている。しかしこのことは、社会のもつ意味的な性格というウェーバーの考えと矛盾するものではない。社会的現実は常に意味ある人間の行為に由来するもの以上、それはたとえある時点において個人にとっては不透明なものであろうとも、意味を帯びつづける。当初の意味は、まさしくウェーバーが理解（Verstehen）と名づけたものによって再構成することができるのである。

(28) 〈客観化〉（objectivation）ということばは、ヘーゲル＝マルクス的な意味での Versachlichung から借りてきて

いる。

(29) 現代のアメリカ社会学には第一の契機を考慮に入れない傾向がある。それゆえ、社会についてのその見方はマルクスが物象化（Verdinglichung）と呼んだものに陥る傾向がある。つまり、それは人間による不断の創造物としての社会的現実を忘れ去り、その代わり、それを自然界にのみ妥当する事物にも似た人間化のカテゴリーとして把らえることによって、社会的現実を非弁証法的に歪めてしまうのである。こうしたやり方に含まれている非人間化が、より大きな社会の伝統に由来する諸価値によって緩和されている、という事実はあるものの、それはおそらくは道徳的には幸運であっても、理論的には無関係である。

(30) ここでは制度の〈論理〉についてのパレートの分析が適切である。われわれの考えによく似た指摘は、フリードリッヒ・テンブルックの前掲書によっても行われている。なおまた彼は、〈首尾一貫性を求める傾向〉（strain towards consistency）は人間の行為の有意味的性格に基礎づけられている、と主張している。

(31) いうまでもなく、この点はすべての機能主義的方向をとる社会学の基本的な弱点となっている。この点についてのすぐれた批判としては Claude Lévi-Strauss, *Tristes tropiques* (New York, Atheneum, 1964), pp. 183ff. におけるボロロ社会についての議論を参照。

(32) 〈処理的知識〉（recipe knowledge）ということばはシュッツから借りている。

(33) 〈対象化〉（objectification）ということばはヘーゲルの *Vergegenständlichung* ということばから借りている。

(34) 〈沈澱化〉（sedimentation）ということばはエドムント・フッサールから借りている。このことばは社会学的文脈においてはシュッツによって最初に用いられた。

(35) これはフッサールの〈直截的取得〉（monothetic acquisition）ということばが意味するものである。

(36) 全体としての自我に対峙する〈社会的自我〉については、デュルケームの〈二重人〉（homo duplex）という概念とともにミードの〈客我〉（me）という概念を参照。

(37) われわれの議論はミードとは無関係のことばを用いてはいるが、役割についてのわれわれの考え方は彼のそれ

原　　注

(38) 〈表現〉あるいは〈代表的具現〉(representation) ということばは、ここではデュルケームの使用法と密接に結びついてはいるが、それが意味するものの範囲はもっと広い。

(39) 〈統合する〉(binding together) というこの過程はデュルケーム社会学の中心的な関心——つまり連帯性を生み出すことを通じての社会の統合——の一つである。

(40) 統合を象徴的に表わすものが、デュルケームが〈宗教〉(religion) と呼んだものである。

(41) 知識の社会的配分という考えはシュッツに由来するものである。

(42) 〈媒介〉(mediation) ということばはサルトルによって使用されてきているが、彼の場合には、役割理論がそれに与えうる具体的な意味はもってはいない。このことばは役割理論と知識社会学との間の一般的な結びつきを示唆するうえでも十分に役に立つ。

(43) この問題は制度的秩序の〈密度〉に関する問題として表わすこともできる。しかし、このことばは示唆的ではあるが、われわれは新しいことばを導入することは避けるようにしてきており、このことばは用いないことにした。

(44) これはデュルケームが〈有機的連帯〉(organic solidarity) として説明したものである。レヴィ-ブリュール (Lucien Lévy-Bruhl) は未開社会における〈神秘的な融即〉(mystic participation) を語ることによって、デュルケームのこの概念にさらに心理的な内容を与えている。

(45) ここではヴェーゲリン (Eric Voegelin) が使う〈こぢんまりさ〉(compactness) と〈分化〉(differentiation) という概念が参照できよう。彼の *Order and History,* Vol. I (Baton Rouge, La. Louisiana State University Press, 1956) を参照。タルコット・パーソンズはその著書の随所で制度の分化について論じてきている。

(46) 分業と制度の分化との関係については、マルクス、デュルケーム、ウェーバー、フェルディナント・テンニエス (Ferdinand Tönnies)、タルコット・パーソンズ等々によって分析されてきている。

(47) 詳しくみれば解釈の違いはあるが、この点については社会学理論の全歴史を通じて高度の意見の一致が存在す

(48) 〈純粋理論〉(pure theory) と経済的余裕との間の関係を最初に指摘したのはマルクスである。

(49) 制度がもつ存続化への傾向については、ジンメルが〈誠実〉(faithfulness) という概念を用いてこれを分析している。*Soziologie* (Berlin, Dunker Humblot, 1958), pp. 438ff. を参照。

(50) 制度の解体というこの概念はゲーレンから借りてきている。

(51) 私的領域における制度解体の分析はゲーレンの近代社会の社会心理学における中心課題となっている。*Die Seele im technischen Zeitalter* (Hamburg, Rowohlt, 1957) を参照。

(52) もし更なる新語の使用に我慢してもらえるならば、この問題は制度的秩序の〈融合〉(fusion) ないしは〈分節化〉(segmentation) の程度についての問題、といってもよいであろう。文字通り受けとれば、この問題は社会の〈機能的統合〉についての構造‐機能主義的な関心と同じものにみえるかも知れない。しかしながら、〈機能的統合〉ということばは、社会の〈統合〉は社会の諸制度の外部のはたらきを研究する外部の観察者によって決定されうる、という前提に立っている。これとは反対に、われわれは〈機能〉も〈逆機能〉ももともに意味のレヴェルにおいてのみ分析しうる、ということを主張したい。それゆえ、〈機能的統合〉とは――もしこのことばを使いたいというのであれば――さまざまな正当化過程を通じての制度的秩序の統合を意味している。ことばをかえれば、統合とは諸制度のなかにあるのではなく、それらの正当化のなかにこそある、ということだ。構造‐機能主義者の場合とは異なり、このことは、制度的秩序は正しく理解することはできない、ということを意味している。

(53) この問題は〈イデオロギー〉の問題とも結びついているが、これについては後にもっと狭義に規定された文脈のなかでとり上げる。

(54) ウェーバーはとくにその比較宗教社会学のなかで、さまざまな集団を、われわれがここで意味の下位世界と名づけたものの〈担い手〉(Träger) として、繰り返し引き合いに出している。この現象の分析は、いうまでもなくマルクスの下部構造‐上部構造という図式とも関係してくる。

(55) 意味の下位世界同士の間での多元的競争は、現代社会の経験的知識社会学にとって最も重要な問題の一つとな

300

原　注

っている。われわれは宗教社会学を扱った他の研究でこの問題をとり上げたことがあるが、本書にはこの分析の発展に役立つような部分はどこにもない。

(56) この主張をマルクスのことばに置きかえるとすれば、下部構造と上部構造との間には弁証法的な関係が存在する、と言えばよいであろう──これはごく最近に至るまでのマルクス主義の主流において広く忘れられてきたマルクスの洞察である。社会的に拘束されない知識の可能性の問題は、いうまでもなく、シェーラーやマンハイムによって定義されたかぎりでの知識社会学にとって、中心的な課題となっていた。われわれの場合には、われわれの一般的な理論的接近法に固有の理由からして、こうした可能性の問題には、そのような中心的位置を与えるつもりはない。理論的な知識社会学にとって重要な問題は、知識とその社会的基礎との間の弁証法である。〈存在に拘束されないインテリゲンチャ〉(unattached intelligentsia) に関してマンハイムが提起したような問題は、具体的な歴史的、経験的現象に関する知識社会学の応用に関する問題である。こうした現象に関する提言は、われわれがここでとり扱っているものよりも、はるかに理論的一般性のレヴェルの低いところで行なわれねばならないであろう。これに対し、社会 科学的知識の自律性に関する問題は、社会諸科学の方法論の文脈でとり扱われねばならない問題である。この領域については、われわれは序論で述べた理論的理由から、知識社会学の範囲に関するわれわれの定義からは除外してきている。

(57) これはオグバーン (Ogburn) 以来のアメリカ社会学で通常〈文化的遅滞〉(cultural lag) の名で呼ばれてきている現象である。われわれはこのことばが進化論的で、暗に評価的な意味合いを含むという理由から、その使用は控えてきている。

(58) 物象化 (Verdinglichung) という概念は重要なマルクスの概念であるが、とくにそれは『資本論』(*Das Kapital*) において〈商品の物神的性格〉ということばによって発展させられていった。マルクス主義理論におけるこの概念の最近の展開としては György Lukács, *Histoire et conscience de classe*, pp. 109ff.; Lucien Goldmann, *Recherches dialectiques* (Paris, Gallimard, 1959), pp. 64ff.; Joseph Gabel, *La fausse conscience* (Paris, Editions de Minuit, 1962) および

Formen der Entfremdung (Frankfurt, Fischer, 1964) 等を参照。非教条的な知識社会学の内部でのこの概念の適用可能性についての広範な議論としては Peter L. Berger and Stanley Pullberg, "Reification and the Sociological Critique of Consciousness," *History and Theory* IV : 2, 198ff. (1965) を参照。マルクスの概念枠組において、物象化の概念は疎外 (Entfremdung) という概念と密接に結びついている。最近の社会学文献においては、後者の概念はアノミー (anomie) から神経症に至るまでの諸現象と混同されてきており、用語上の原点復帰がほとんど不可能なところにまできてしまっている。いずれにせよ、われわれは本書はそうした原義回復を試みるべき場所ではないと考えており、それゆえここでは疎外という概念の使用は控えることにした。

(59) デュルケーム社会学に対する最近のフランスの批評家たち——たとえばモネロ (Jules Monnerot, *Les faits sociaux ne sont pas des choses*, 1946)、キュヴィリエ (Armand Cuvillier, "Durkheim et Marx," *Cahiers internationaux de sociologie*, 1948) など——は、それを社会的現実についての物象化された見方だとして非難してきている。換言すれば、彼らはデュルケームのいう物性 (chosétié) が事実上、物象化に他ならない、と主張してきているのである。しかしながら、デュルケーム解釈においてこのことに何といおうとも、〈社会的事実はモノである〉 (social facts are things) と主張し、しかもそのことによって人間的所産 (human products) としての社会的事実の客観性ということだけを意図するのであれば、それは原理的には可能である。この問題を解くための鍵は客観化 (objectivation) と物象化 (reification) とを区別することにある。

(60) これについては『弁証法的理性批判』におけるサルトルの〈実践的惰性態〉 (pratico-inert) という概念を参照せよ。

(61) こうした理由から、マルクスは物事を物象化して把らえる意識を虚偽の意識と名づけた。この概念はサルトルの〈自己欺瞞〉 (mauvaise foi) ということばと結びつけることができよう。

(62) 系統発生的なものであれ、個体発生的なものであれ、原型的物象化 (protoreification) を理解するための基礎としてはルシアン・レヴィ=ブリュールとジャン・ピアジェの研究を挙げることができよう。なおまた Claude Lévi-Strauss, *La pensée sauvage* (Paris, Plon, 1962) をも参照。

原　　注

(63) 〈地上界〉と〈天上界〉との平行関係についてはMircea Eliade, *Cosmos and History* (New York, Harper, 1959)を参照。同様の指摘は、ヴェーゲリンの前掲書によっても、〈宇宙論的文明〉に関する議論のなかで行なわれている。
(64) アイデンティティの物象化についてはサルトルの反ユダヤ主義の分析を参照せよ。
(65) 物象化からの解放条件についてはBerger and Pullberg, *loc. cit.* を参照。
(66) 〈正当化〉(legitimation)ということばはウェーバーから借りたものであるが、彼にあってはこのことばはとくに彼の政治社会学の文脈で展開されている。われわれは、ここではそれをウェーバーのそれよりもずっと広い意味で使ってきている。
(67) 〈説明〉としての正当化については〈派生体〉(derivations)についてのパレートの分析を参照せよ。
(68) マルクスとパレートは、ともにわれわれが正当化図式(legitimations)と呼んできたものが自律性をもちうることに気づいていた（マルクスにおける〈イデオロギー〉とパレートにおける〈派生体〉）。
(69) 〈象徴的世界〉(symbolic universe)というわれわれの概念は、デュルケームの〈宗教〉という概念に非常に近い。〈限定された意味の領域〉(finite provinces of meaning)とそれら相互間の関係についてのシュッツの分析と、〈全体化〉(totalization)というサルトルの概念とは、この点についてのわれわれの主張にとって極めて適切なものであった。
(70) 〈マージナルな状況＝限界状況〉(Grenzsituation)ということばはカール・ヤスパースによってつくられた。われわれはこのことばをヤスパースのそれとはまったく異なる意味で用いるつもりである。
(71) ここでのわれわれの主張はデュルケームのアノミーの分析の影響を受けている。しかしながら、われわれは社会におけるアノミックな過程に対してよりも、ノミックな過程の方により大きな関心をもっている。
(72) 日常的現実がもつ至高の地位については、シュッツがこれを分析している。とくに論文 "On Multiple Realities," *Collected Papers*, Vol. I, pp. 207ff. を参照。
(73) 主観的アイデンティティの不安定性については、すでに自我の発生についてのミードの分析のなかで示唆され

(74) ハイデッガーはすぐれた意味でのマージナルな状況としての死について、最近の哲学では最も精巧な分析を行なっている。〈原本的な不安〉(fundamental anxiety) というシュッツの概念もこれと同じ現象を指している。葬いの儀式がもつ社会的機能についてのマリノフスキーの分析もまた、この点で示唆的である。

(75) 実存哲学によって発展させられた〈不安〉(Angst) についての一定の視座の応用は、アノミーについてのデュルケームの分析をより広い人間学的な準拠枠組のなかに置くことを可能にしてくれる。

(76) Lévi-Strauss, *op. cit.* を参照。

(77) 集団的記憶については Maurice Halbwachs, *Les cadres sociaux de la mémoire* (Paris, Presses Universitaires de France, 1952) を参照。なおまたアルバックスは記憶についてのその社会学理論を *La mémoire collective* (1950) および *La topographie légendaire des Évangiles en Terre Sainte* (1941) でも展開している。

(78) 〈先行者〉(Predecessors)、〈後続者〉(successors) という概念はシュッツから借りてきている。

(79) 社会の超越的性格という考えは、とくにデュルケームによって展開された。

(80) 〈投企〉(projection) という概念は、最初フォイエルバッハによって展開され、やがて非常に異なった方向においてではあるが、マルクス、ニーチェ、フロイト等々によって発展させられていった。

(81) ウェーバーの〈担い手〉という概念をもう一度参照せよ。

(82) 現代のアメリカ文化人類学における〈文化的接触〉(culture contact) の分析がここでは示唆的である。

(83) 現代のアメリカ文化人類学における〈文化的衝撃〉(culture shock) という概念を参照せよ。

(84) マルクスは実質的な権力と〈思想の面での成功〉との間の関係をかなり詳細に展開した。これについては『ドイツ・イデオロギー』のなかの有名な定式——「支配階級の思想はいつの時代においても支配的な思想である」(*Frühschriften*, Kröner edition, p. 373)——を参照。

原注

(85) パレートは社会学的用語による思想史の記述に非常に近いところまで来ており、このことが、彼の理論的な準拠枠組には留保をつける人があったとしても、それとは無関係に、パレートを知識社会学にとって無視できぬ人物に仕立て上げている。Brigitte Berger, *Vilfredo Pareto and the Sociology of Knowledge* (unpublished doctoral dissertation, New School for Social Research, 1964) を参照。

(86) これはオーギュスト・コントの〈三段階の法則〉(law of the three stages) を想い起こさせるかも知れない。もちろんわれわれはこの法則を受け容れるわけにはいかない。しかし、それでもなお、それは意識が歴史的に確認しうる諸段階を通じて発展する、ということを示唆している点において、有益である——もっとも、この段階はコントのような形で考えることはできないのではあるが。この点についてのわれわれ自身の考えは、人間の思想の歴史性に対するヘーゲル―マルクス的な接近法により近い。

(87) レヴィ=ブリュールとピアジェは、ともに神話が思想の発展における必然的な段階を形づくるものであることを示唆している。神話的‐呪術的思考の生物学的基礎に関する示唆的な議論としては Arnold Gehlen, *Studien zur Anthropologie und Soziologie* (Neuwied / Rhein, Luchterhand, 1963), pp. 79ff. を参照。

(88) 神話についてのわれわれの考え方は、リューウ (Gerardus van der Leeuw)、エリアーデ、ブルトマン (Rudolf Bultmann) 等々による研究の影響を受けている。

(89) 神話的知識における社会の秩序と宇宙の秩序との連続性については、再びエリアーデとヴェーゲリンの研究を参照せよ。

(90) ここで〈知識人の社会学〉の問題に詳しく立ち入ることはまったくできないということは、われわれの理論的前提からして明らかであろう。この領域におけるマンハイムの重要な研究(これはとくに『イデオロギーとユートピア』と『文化社会学論集』*Essays on the Sociology of Culture* にみられる)以外には、Florian Znaniecki, *The Social Role of the Man of Knowledge* (New York, Columbia University Press, 1940); Theodor Geiger, *Aufgaben und Stellung der Intelligenz in der Gesellschaft* (Stuttgart, 1949); Raymond Aron, *L'opium des intellectuels* (Paris, 1955); George B. de Huszer (ed.), *The Intellectuals* (New York, Free Press of Glencoe, 1960) 等を参照。

(91) 制度的な〈惰性〉(ジンメルのいう〈誠実〉を強化する究極的な正当化機構については、デュルケームとパレートの両者を参照のこと。
(92) 制度についての機能主義的解釈の最大の弱点はまさしくこの点にある。というのも、こうした解釈には実際には存在しない実用性(practicalities)を求めようとする傾向があるからである。
(93) バラモン—クシャトリア間の抗争についてはウェーバーのインドについての宗教社会学の研究を参照せよ。
(94) 経験的に立証することの困難な主張の社会的承認については Leon Festinger, *A Theory of Cognitive Dissonance* (Evanston, Ill, Row, Peterson and Co., 1957)を参照のこと。
(95) 〈親和性〉(Wahlverwandschaft)ということばは、シェーラーとウェーバーから借りてきている。
(96) 未開社会や古代社会における現実の独占的定義については、デュルケームとヴォーゲリンの両者を参照せよ。
(97) ラダン(Paul Radin)の研究が示すところによると、懐疑的思考はそうした独占的状況の下においても可能であるという。
(98) 〈寄留民〉(Gastvölker)ということばはウェーバーから借りてきている。
(99) 政治的に保守的な勢力と宗教的独占者(〈教会〉)との結びつきについては、僧侶政治についてのウェーバーの分析を参照せよ。
(100) 〈イデオロギー〉ということばはあまりにもさまざまな意味で使われすぎており、それをなんらかの厳密な方法で使うことは諦めざるを得ないような状況である。われわれはこのことばを狭く定義された意味で用いることに決定した。というのも、それはこうした形の解釈の方が有用であるし、新しいことばをつくり出すよりはまだしもましだからである。しかし、ここではマルクス主義と知識社会学の双方の歴史におけるこのことばの意味変化について論じている余裕はない。これについてはマルクス主義の便利な概要としては Kurt Lenk (ed.), *Ideologie* を参照のこと。
(101) キリスト教のブルジョワ・イデオロギーのとり扱い方に関する便利な概要は、選集 *Marx and Engels on Religion* (Veblen) の双方を参照のこと。マルクスにおける宗教のとり扱い方に関する便利な概要は、選集 *Marx and Engels on Religion* (Moscow, Foreign Languages Publishing House, 1957)から得ることができる。

原　注

(102) Thomas Luckmann, *Das Problem der Religion in der modernen Gesellschaft* (Freiburg, Rombach, 1963) を参照。
(103) 知識人を〈望まれていない専門家〉(unwanted expert) として把らえるわれわれの立場は、知識人のマージナルなあり方に固執するマンハイムの考え方とさほど異なるものではない。われわれの考えからすれば、社会学的にみて有効であるように知識人を定義するには、このタイプの人びとを一般的な〈博識家〉(man of knowledge) からはっきりと区別することが重要である。
(104) 知識人のもつマージナルな性格については、他所者がもつ〈客観性〉についてのジンメルの分析と、ユダヤ人が果たした知的役割についてのヴェブレンの分析を参照のこと。
(105) Peter L. Berger, "The Sociological Study of Sectarianism," *Social Research*, Winter 1954, 467ff. を参照。
(106) 革命的知識人についてのマンハイムの分析を参照のこと。革命的知識人のロシア的原型については E. Lampert, *Studies in Rebellion* (New York, Praeger, 1957) を参照。
(107) 革命的知識人から現状の擁護者への変身については、ロシア共産主義の展開のなかに実際、〈純粋〉な形で研究することができる。この過程に対するマルクス主義の立場からの鋭い批判としては Leszek Kolakowski, *Der Mensch ohne Alternative* (Munich, 1961) を参照。

Ⅲ部　主観的現実としての社会

(1) 〈他者の理解〉というわれわれの概念は、ウェーバーとシュッツの両者から借りてきている。
(2) 社会化とその二つの下位タイプについてのわれわれの定義は、社会諸科学における最近の用法にほぼしたがっている。われわれは、ただわれわれの全体的な理論枠組に一致させるという目的でのみ、このことばを採用してきている。
(3) ここでのわれわれの記述は、いうまでもなくミードの社会化論に大きく立脚している。
(4) 〈媒介〉の概念はサルトルから借りている。しかし、彼の場合にはそれにふさわしい社会化論が欠けている。

307

(5) 初期の学習過程における情緒的次元の問題については、とくにフロイトの児童心理学によって強調されたものである。もっとも、これについては、彼の主張を裏づけるような行動主義的学習理論のさまざまな発見があるのではあるが、われわれは、ここでのわれわれの主張においては、いずれか一方の心理学派の理論的前提を受け容れるというつもりはない。

(6) 自我の反省的性格というわれわれの把らえ方は、クーリー (Cooley) とミードの両者から借りてきている。その基礎はウィリアム・ジェームズ (*Principles of Psychology*) の〈社会的自我〉(social self) の分析に見出すことができよう。

(7) ここではこの問題を詳しく展開することはできそうにもないが、真に弁証法的な社会心理学の可能性を示唆するような主張は、すでに十分なされてきているものと思う。そうした心理学は社会学にとってと同様、哲学的人間学にとっても、等しく重要なものになるであろう。社会学に関してみれば、そうした社会心理学（基本的方向としてはミード的なものになるであろうが、これに社会心理学的思考の他の流れからの重要な要素がつけ加わるであろう）は、理論的に支持することのできないフロイト的、ないしは行動主義的な心理学主義との結びつきを求める努力を不必要なものにするであろう。

(8) 命名法については Claude Lévi-Strauss, *La pensée sauvage*, pp. 253ff. を参照。

(9) 〈一般化された他者〉(generalized other) という概念は、ここでは完全にミード的な意味で使われている。

(10) 社会の内にあると同時に社会の外にもあるものとしての人間の自己理解については、ジンメルを参照。プレスナーの〈離心性〉という概念は、ここでもまた適切である。

(11) 子どもの世界がもつ圧倒的な現実性についてはピアジェを参照のこと。

(12) ピアジェのいう幼児の〈リアリズム〉の系統発生学的な類似物については、レヴィ・ブリュルを参照せよ。

(13) Philippe Ariès, *Centuries of Childhood* (New York, Knopf, 1962) を参照。

(14) この点に関しては、思春期と結びついた〈通過儀礼〉についての文化人類学の分析を参照せよ。

(15) 〈役割からの距離〉(role distance) という概念はゴフマン (Erving Goffman) によって、とくに *Asylum* (Garden

原　　注

City, N. Y., Doubleday-Anchor, 1961)のなかで展開されている。そうした距離は第二次的社会化において内在化された現実との関係でのみ可能であることを示している。もしそれが第一次的社会化で内在化された現実にまで拡大されるならば、われわれはアメリカの精神医学が〈心理療法〉と名づけている領域に足を踏み入れていることになり、これはアイデンティティの不十分な形成を意味することになる。われわれの分析によって示されたもう一つの非常に興味ある問題は、社会的相互作用についての〈ゴフマン的モデル〉もそのなかで生きてくるような構造的限界に関するもの——つまり、客観化された現実の決定的要素が第二次的社会化で内在化されるように構成されている社会——である。なおまた、こうした考察はゴフマンのモデル（つけ加えておけば、このモデルは現代産業社会の重要な側面を分析するには極めて有用なものである）と〈ドラマ的モデル〉とをそのまま同一視することに警告を与えてくれるはずである。要するに、〈印象の操作〉（impression management）に縛りつけられている現代の組織人のドラマ以外にもドラマはあった、ということである。

(16)　職業社会学の研究、とくにヒューズ（Everett Hughes）によって展開されたそれは、この点に関して興味ある素材を提供してくれている。

(17)　Talcott Parsons, *Essays in Sociological Theory, Pure and Applied* (Chicago, Free Press, 1949), pp. 233ff. を参照。

(18)　ガース（Hans H. Gerth）とミルズ（C. Wright Mills）は *Character and Social Structure* (New York, Harcourt, Brace and Co., 1953)において、児童期以後の人生で現実の維持に携わる意味ある他者を示すものとして、〈親密な他者〉（intimate others）ということばを示唆している。われわれがこのことばの使用を好まないのは、それが最近ドイツ語圏の社会でさかんに用いられてきていることばで、しかもそれとはかなり異なった意味合いをもつ〈親密圏〉（Intimsphäre）という用語と紛らわしいからである。

(19)　この点については再びゴフマンと、それにリースマン（David Riesman）を参照。

(20)　〈第一次集団〉と〈第二次集団〉という概念はクーリーから借りてきている。われわれはここでは最近のアメリカ社会学での用法にしたがっている。

(21) 〈会話装置〉(conversational apparatus) という概念についてはPeter L. Berger and Hansfried Kellner, "Marriage and the Construction of Reality," *Diogenes* 46 (1964), 1ff. を参照。フリードリッヒ・テンブルック(前掲書)は、共通の現実を維持していく場合の意思疎通網のはたらきについて、いくぶん詳しく論じている。
(22) 交通についてはGeorg Simmel, *Soziologie*, pp. 287ff. を参照。
(23) これとの関係では〈準拠集団〉(reference group) という概念が適切である。マートンがこれについて『社会理論と社会構造』のなかで行なった分析を参照せよ。
(24) Peter L. Berger, *Invitation to Sociology* (Garden City, N. Y., Doubleday-Anchor, 1963), pp. 54ff. を参照。
(25) 精神分析学の〈転移〉(transference) という概念がまさしくこの現象にあてはまる。しかし、このことばを用いる精神分析家たちが理解していないのは、いうまでもなく、この現象は社会化のやりなおし——これにはその結果として生じる、その任を帯びた意味ある他者への自己同一化がともなっている——のどの過程にも見出すことができる、ということであり、それゆえ、精神分析学的状況の下で生じる〈洞察〉の認知的妥当性に関しては、〈転移〉という現象からはなんらの結論も引き出せない、ということである。
(26) これはデュルケームが宗教のもつ必然的に社会的な性格について分析したときに触れた問題である。しかしながら、われわれは宗教の〈道徳的共同体〉を指示するのに彼が用いた〈教会〉ということばは、使わないでおきたい。というのも、それは宗教の制度化における歴史的に特殊な事例についてのみあてはまるものだからである。
(27) 中国共産党の〈洗脳〉の技術についての研究は、翻身の基本的形態を正確に描き出している。これについては、たとえばEdward Hunter, *Brainwashing in Red China* (New York, Vanguard Press, 1951)を参照。ゴフマンは『収容所』のなかで、アメリカにおける集団心理療法との手続き上の類似性を指摘するようなことをやっている。
(28) 相互に矛盾した現実定義を回避することについては、再びフェスティンガーを参照のこと。
(29) Thomas Luckmann and Peter L. Berger, "Social Mobility and Personal Identity," *European Journal of Sociology* V. 331ff. (1964)を参照。
(30) この点についてはリースマンの〈外部志向〉の概念とマートンの〈先を見越した社会化〉(anticipatory socializa-

原　　注

(31) Arnold Rose (ed.), *Human Behavior and Social Processes* におけるフライドソン (Eliot Freidson)、リットマン (Theodor J. Litman)、ロス (Julius A. Roth) 等々の医療社会学についての論文を参照。
(32) われわれの主張は制度化の分析には巨視社会学的な背景、つまり制度化がそのなかで生じる社会構造の理解が必要であることを示している。今日のアメリカ社会心理学は、そうした背景を大きく欠いているという事実によって、ひどく欠陥の多いものになっている。
(33) Gerth and Mills, *op. cit.* を参照。なおまたテンブルックの前掲書をも参照。彼は未開社会、伝統的社会、近代社会のその類型学において、パーソナリティの構造的基礎に重要な地位を与えている。
(34) このことは、現代の科学的心理学のモデルをも含む大部分の心理学的モデルが、限られた社会‐歴史的な応用可能性しかもち合わせていないという重要な指摘を含んでいる。さらにまた、それは、社会学的心理学は同時に歴史心理学でもあらねばならない、ということをも意味している。
(35) Erving Goffman, *Stigma* (Englewood Cliffs, N.J., Prentice-Hall, 1963) を参照。なおまた A. Kardiner and L. Ovesey, *The Mark of Oppression* (New York, Norton, 1951) をも参照。
(36) Donald W. Cory, *The Homosexual in America* (New York, Greenberg, 1951) を参照。
(37) われわれはここで分析の〈ゴフマン的モデル〉の応用可能性に対する社会‐構造的条件の重要性について、再び強調しておきたい。
(38) シェルスキー (Helmut Schelsky) は現在の〈諸世界の市場〉(market of worlds) に対する心理学的同族語として〈持続的反省〉(Dauerreflektion) という示唆的なことばをつくり上げた ("Ist die Dauerreflektion institutionalisierbar?", *Zeitschrift für evangelische Ethik*, 1957)。シェルスキーの主張の理論的背景にあるのは、現代社会における〈主観化〉(subjectivization) についてのゲーレンの一般理論である。この問題はさらにルックマン（前掲書）によって現代宗教の社会学という形で展開されている。
(39) Luckmann and Berger, *loc. cit.*, を参照。

(40) 〈集団的アイデンティティ〉について語ることは、それが誤った（そして物象化された）実体化を生み出す危険性があるだけに、推奨するわけにはいかない。そうした実体化の極端な例は一九二〇年代から一九三〇年代にかけてのドイツにおける〈ヘーゲル的〉社会学（たとえばシュパン Othmar Spann の研究など）である。こうした危険は大なり小なりデュルケーム学派やアメリカ文化人類学の〈文化とパーソナリティ〉学派のさまざまな研究のなかにも見出せる。

(41) ここで意味されているのは、いうまでもなくフロイトの〈現実原則〉に対する社会学的批判である。

(42) Peter L. Berger, "Towards a Sociological Understanding of Psychoanalysis," *Social Research*, Spring 1965, 26ff. を参照。

(43) *ibid.* を参照。

(44) ここで論じられている自然と社会との間の弁証法は、決してエンゲルスや後のマルクス主義によって展開された〈自然の弁証法〉と等置されてはならない。前者が強調しているのは、（一般に自然に対すると同様に）自己自身の身体に対する人間の関係それ自体も、すぐれて人間的な関係である、ということだ。これに対し、後者の場合はすぐれて人間的な現象を非人間的な自然に投射し、次いで人間を自然の力とか自然法則とかの対象にすぎないものとして把らえることによって、理論的に人間を非人間化する。

(45) こうした〈社会身体学〉(sociosomatics) の可能性については Georg Simmel, *op. cit.*, pp. 483ff.（〈感覚の社会学〉についての論考）; Marcel Mauss, *Sociologie et anthropologie* (Paris, Presses Universitaires de France, 1950), pp. 365ff.〈身体の技術〉についての論考）; Edward T. Hall, *The Silent Language* (Garden City, N. Y., Doubleday, 1959) 等を参照。性行動の社会学的分析は、おそらくそうした学問に最も豊かな経験的素材を提供してくれるであろう。

(46) これについては社会化に関するフロイトの考え方のなかで非常にうまく把らえられている。この点はマリノフスキー以来、フロイト理論の機能主義的応用において過小評価されてきたものである。

(47) ここではアンリ・ベルグソン（とくにその持続の理論）、モーリス・メルロー=ポンティ、アルフレッド・シュッツ

原　　注

(48) これについてはフロイトとともに、デュルケームとプレスナーの両者をも参照のこと。ツ、ジャン・ビアジェ等々を参照。

新版訳者あとがき

本書は一九七七年に『日常世界の構成―アイデンティティと社会の弁証法』という表題の下に翻訳・出版された Peter L.Berger and Thomas Luckmann, *The Social Construction of Reality—A Treatise in the Sociology of Knowledge*, New York, 1966 の新版である。今回、表題を『現実の社会的構成―知識社会学論考』と原著のそれに戻したのは、内容からみて原題に捨て難い魅力があること、それに読者からの指摘をいただいたことである。人々の共働の産物としてある社会的現実というニュアンスを伝えるためには、やはり原題に忠実であった方がいいと考え、今回、それに復することにした。

改めて著者の略歴を記しておきたい。

まずピーター・L・バーガーは一九二九年にウィーンで生まれ、一九四六年にアメリカに移り住み、市民権を得て今日に至っている。ワグナー大学およびニュー・スクール・フォア・ソーシャル・リサーチで社会学を学び、以後、ジョージア大学、母校のニュー・スクール大学院、ラトガーズ大学などで教鞭をとってきた。一九六五―七〇年にかけて雑誌 *Social Research* の編集者をつとめ、その後、*Worldview* の編集にも手を貸した。主な著書としては本書以外に次のようなものがある。

The Precarious Vision—A Sociologist Looks at Social Fictions and Christian Faith, (1961)
The Noise of Solemn Assemblies, (1961)
Invitation to Sociology—A Humanistic Perspective, (1963) 邦訳『社会学への招待』水野節夫・村山研一訳、思索

社、一九七九年。
The Sacred Canopy—Elements of a Sociological Theory of Religion. (1967) 邦訳『聖なる天蓋』薗田稔訳、新曜社、一九七九年。
A Rumour of Angels—Modern Society and the Rediscovery of the Supernatural. (1969) 邦訳『天使のうわさ』荒井俊次訳、ヨルダン社、一九八二年。
Sociology—A Biographical Approach. (1972, with B. Berger) 邦訳『バーガー社会学』安江孝司他訳、学習研究社、一九七九年。
The Homeless Mind—Modernization and Consciousness. (1973, with B. Berger and H. Kellner) 邦訳『故郷喪失者たち』高山真知子他訳、新曜社、一九七七年。
Pyramids of Sacrifice—Political Ethics and Social Change. (1974) 邦訳『犠牲のピラミッド』加茂雄三他訳、紀伊國屋書店、一九七六年。
Facing up to Modernity—Excursions in Society, Politics and Religion. (1977)
The Heretical Imperative—Contemporary Possibilities of Religious Affirmation. (1980) 邦訳『異端の時代』薗田稔・金井新二訳、新曜社、一九八七年。
Sociology Reinterpreted—An Essay on Method and Vocation. (1982, with H. Kellner) 邦訳『社会学再考』森下伸也訳、新曜社、一九八七年。
The Capitalist Revolution—Fifty Perspectives about Prosperity, Equality and Liberty. (1986)
Redeeming Laughter—The Comic Dimension of Human Experience. (1997) 邦訳『癒しとしての笑い』森下伸也訳、新曜社、一九九九年。
みられるように、守備範囲は非常に広く、社会学理論や宗教社会学はもとより、知識社会学や〈ユーモア〉の社会

新版訳者あとがき

学、それにアイデンティティ論や第三世界論に至るまでその論考は及んでいるが、本書との関係で注目を集めたものとして Stanley Pullberg との共筆になる次のものがあることを記しておきたい。"Reification and the Sociological Critique of Consciousness," *History and Theory*, Vol. IV, 1965（拙訳「物象化と意識の社会学的批判」『現象学研究』二号、一九七四年）。この論文は本書への橋渡しという意味でも、一読する価値のあるものである。

もう一人の著者であるトーマス・ルックマンは一九二七年に旧ユーゴスラヴィアのイェセニッツェで生まれ、インスブルック、ウィーン、それにニュー・スクールなどで哲学および社会学を学んだ。一九六〇―六五年にかけてニュー・スクールで教壇に立ち、その後ドイツのフランクフルト大学に迎えられ、一九七〇年以後はコンスタンツ大学で教鞭をとった。専門領域は理論社会学、宗教社会学、職業社会学、それに言語社会学などである。著書としては次のようなものがある。

Zum Problem der Religion in der modernen Gesellschaft—Institution, Personen und Weltanschauung. (1963) 邦訳『見えない宗教』赤池憲昭・ヤン・スィンゲドー訳、ヨルダン社、一九七六年。

The Structures of the Life-World. (1973, with A. Schutz)

The Sociology of Language. (1975)

Lebenswelt und Gesellschaft. (1980)

Theorie des sozialen Handelns. (1992)

Wissen und Gesellschaft. (2002)

いわゆる〈現象学的社会学〉を代表する二人の人物によって著された本書の内容を、ここで詳しく〈解説〉することは控えておきたい。下手な解説をするよりも、本書を読んでもらった方がわかりいいと思われるからである。ただ本書の副題につけられた〈知識社会学論〉ということばについてだけ、一言つけ加えておきたい。

この副題をみるかぎりにおいては、本書は社会学のなかでの一特殊分野をとり扱ったものとしてのみ理解されるおそれがある。知識社会学というのは、従来は一種の観念の整理学のようなものとして考えられてきた。つまり、それはさまざまな観念（思想やイデオロギー）をその内在的な論理や価値にしたがって研究するのではなく、それらを生み出したと考えられるさまざまな理論外的要因（たとえば社会・経済的要因）にそれらを帰属化させる、いわゆる観念の〈外在的観察法〉（Außenbetrachtungsweise）の適用例として考えられてきた。しかも、そのさい対象とされる観念は、おおむね思想家や理論家によって形成され、体系化されたところの思想やイデオロギーであった。知識社会学はこうした思想やイデオロギーの社会的要因による〈存在拘束性〉（Seinsgebundenheit）を研究する学問として一般に理解されてきたのである。

ところが、本書の著者たちが企図する知識社会学はこうした意味でのそれではない。著者たちが序論のなかで強調しているように、彼らがとり上げる〈知識〉というのは思想家や理論家によって形成され、体系化された諸観念ではなく、ごく平凡な日常生活を営みつつある普通の人間がその社会についてもっている常識的な〈知識〉なのである。しかも彼らがこの種の常識的知識をテーマとしてとり上げるには、それなりに正当な理由がある。というのも——そしてまたここに、本書が現象学的アプローチを採ることになった根拠の一つがあるのだが——理論化され、体系化された思想や観念というものは、一般に〈知識〉として社会のなかで通用しているもののなかでもその一部を占めるにすぎず、しかもその重要性においても、必ずしも常に日常的知識よりも上位にあるとは限らないからである。あるいは、著者たちのことばをかりれば、理論化されたさまざまな観念体系が成立しうるのもそれらが理論以前のがもつ〈有意性構造〉（relevance structure）や〈信憑性構造〉（plausibility structure）に支えられているからであって、観念体系に究極的な妥当性を付与するのは、理論以前の常識的な〈知識〉であるからである。現象学でいうところの科学以前の〈生活世界〉とそれを自明のものとして生きつつある〈自然的態度〉を構成するものとしての〈知識〉こそ、すぐれた意味で知識社会学の主題となるべきなのであって、従来、あまりにもこのことが無視されつづけ

318

新版訳者あとがき

てきた、と著者たちは主張するわけである。

しかし、著者たちは、常識的な〈知識〉による社会的現実の構成という、主観（体）的側面のみを強調するわけではない。現象学的アプローチをとる社会学がともすれば陥りやすいこの一面性を、著者たちはいわゆる〈社会化〉論を導入することによって慎重に避けている。日常的な〈知識〉は社会的現実を構成するだけでなく、逆に社会的現実によって構成されもするという、弁証法的な視点を導入することによって、著者たちは客観的な現実へと内在化されてゆくプロセスをも重視するわけである。こうして著者たちは、社会学の伝統における〈社会唯名論か社会実在論か〉、あるいは〈ウェーバーかデュルケームか〉という方法論上の二者択一を克服する途をめざすことになる。

このように、副題に〈知識社会学論〉と書かれていても、本書は決して狭い意味での〈知識社会学論〉として理解されるべきではない。著者たちがいうように、ここでは知識社会学は従来のような社会学における一特殊分野、ないしは社会学におけるマージナルな分野として考えられているのではなく、個人と社会とのあり方についての一つの新らしいアプローチの仕方として把らえられているのである。社会学と哲学の成果を結びつけることによって、社会学がその研究対象とする社会なるものの最も基本的でア・プリオリな構成のされ方を明らかにしようとするものであるかぎりにおいて、本書は一種のメタ社会学を企図するものとして理解してよいのかも知れない。

本書は一九六六年に出版されて以来、大きな反響を呼んできた。いささか大げさで、宣伝臭くなるかも知れないが、本書は一九六〇年代のアメリカ社会学が生み出した最大の成果の一つであり、いまではすでに一種の〈準古典〉にさえなったかの感がある。ドイツ語、イタリア語、デンマーク語、スペイン語等にもすでに翻訳されて多くの読者を獲得してきていることも、このことを裏書きしているように思われる。もちろんその評価はさまざまである。〈科学性〉という規準を重視する人々からみれば、科学を憑依論や神話体系と機能的に同等視しかねないような本書の主張は受け容れがたいであろうし、マルクス主義の観点からすれば、たとえば物象化の問題を人間学的レヴェルにまで一般化

してしまうようなやり方には問題が残るかもしれない。一方また、従来の社会学の立場からすれば、本書は〈現象学〉ということばにともすればつきまとう反科学的な印象を和らげてくれる一方で、はたしてこの種の理論が、それが主張するような、従来の社会学理論の〈欠陥〉を補いうるものかどうか、という問題が起こってこよう。他方、ラディカルな〈現実構成主義者〉からみれば、本書はあまりにもオーソドックスな社会学に妥協しすぎており、〈過社会化された人間〉像をそれとなくもち込むことによって、現象学的アプローチがもっていた従来の社会学に対する批判的視点を曇らせてしまっている、という批判も出てこよう。

こうしたさまざまな評価が生まれてくるのも、その原因の一つは、本書がさまざまな立場の――たとえばマルクス主義と現象学との、社会学と哲学との、ウェーバーとデュルケームとの、そしてまたパーソンズとG・H・ミードとの――概念折衷法（conceptual eclecticism）を採っているからであり、評者の理論的アイデンティティの在処が異なれば、その評価も当然のことながら異なってこざるを得ないからである。それゆえ、これらの評価のいずれが正しいのか即断することは避けて、読者一人ひとりの判断に委ねておくことにしたい。

ここで訳語の修正について若干つけ加えておきたい。みられるように、本書にはヘーゲルやマルクスに由来するいくつかのことばが、基本用語として用いられている。このうち、externalization は Entäußerung の英訳と考えて〈外化〉と訳しておいた（わが国ではこの語は〈対象化〉Vergegenständlichung と互換可能なような用い方をされているが）。次に Objectivation であるが、これは原注で Versachlichung の訳語である旨が記されている。日本ではこの語を〈物象化〉と訳すことも多いようであるが、本書でのそれは人間の外化活動によって何らかの客観的な現実なり事象なりがつくり出されること、そして objectivations は、こうしてつくり出された現実や事象のことを意味している。旧訳では objectivation〈対象化〉、externalization と区別しがたいような形で用いられていたため、objectivation に〈対象化〉、objectivations に〈対象化された事物〉、〈対象化過程の産物〉等々という訳語を当てていたが、読者か

320

新版訳者あとがき

　らの指摘もあり、今回はそれぞれ〈客観化〉と、〈客観化された現実〉あるいは〈客観化過程の産物〉等々と訳し替えてみることにした。もう一つの基本用語である objectification は Vergegenstandlichung の訳語であるとされているので（旧訳書ではこれを〈客観化〉と訳したのであるが）、文字通り〈対象化〉と訳し替えることにした。〈客観化〉されたものを意識や認識の対象にするという意味で用いられていると解したためである。このように訳し替えたからといって、いつもこれらの訳語がピッタリ当てはまる、というわけではない。原著自身の用語法にも疑問を抱かせる箇所がいくつかあるからである。無責任なようであるが、疑問を感じる箇所があれば原著にあたっていただきたい。

　これ以外にも訳語を替えたものがいくつかある。また原著には多くのラテン語の慣用語句が使われているが、とくに意味のあることばを除いて、ルビをつけたり原語を示すようなことはしなかった。なお、原文のイタリックの部分は訳語に傍点を付し、〝……〟の部分は──なかに文章が入るような場合は「……」とした他は──すべて〈……〉で通すことにした。

　本訳書の旧版が世に出てからでもすでに四半世紀が経ち、原著の出版は四〇年近い過去に遡る。いくつかの問題点を含みながらも、なお本書が読み継がれてきているのは、本書が経験科学の理論の書でありながら、同時に、社会と人間との間に成立している anthropological necessity としての弁証法の三つの契機（外化、客観化、内在化）──「社会は人間の産物である。社会は客観的現実である。人間は社会の産物である」──を剔出することによって、人間の世界経験の永遠の相の一端に迫ることに成功しているからであろう。社会と人間の関係に関心をもち、しかも客観主義（科学主義）でもなければ主観主義でもない、柔軟で、弁証法的な思考を社会学に求める人々によって、本書がこれからも末永く読み継がれていくことを期待したい。

　二〇〇二年秋

山口節郎

事項索引

命名法 201

もっともらしさ 141
物事は手順にしたがって 41
物の怪のとり憑き 270

や　　行

厄払い 236
役割 87f.101,113ff.139,142f.157,262

有意性 69,89,109,118f.124,155,210,224,234,269
有意性構造 70,97f.111,122
友人 229f.
ユートピア的思考 14
夢 31,34,62,147,153,223,226,260

予測可能性 88

ら　　行

理解 32,197
領有権 90
理論 37f.101,110,124,133,145,177,268

類型 48,156
類型化 50f.60,63,84f.87ff.111,113
類型化図式 46ff.66,107,113
ルサンチマン 9
ルーティーン 65f.91,108,112,149,154,161,225f.231,238

歴史 10,85,143,156,162,193,264,273
歴史主義 7,10
歴史性 10,41,85,90

労働 9,90
論理 99f.127,267

跳躍 38
直接的な会話 261
地理 74
治療 171ff.191,241,256,270,273
沈澱化 104ff.

通過儀礼 108,145,152,219,258

哲学 2f,10,29,62,287
伝統 95,104ff.143f.162f.167,178,183f.

動機 198
統合 24,36,38,61,101,106,109,116f.125,
   129,142,154
洞察力 173
同時代人 49
統制 85,93,96f.109,114
同輩集団 258
動物 74f.156
独占状態 184
独特の現実性 25
匿名化 106,160
匿名性 48ff.60,105f.216
匿名的 48ff.
ドラマ 115

　　　　　な　行

内在化 94,102f.113,172,196ff.261
なにげなさ 231

日常生活 22,28ff.
担い手 203,210
入院治療 246
人間という動物 276ff.
人間の身体 75ff.
認識論 17ff.

年齢 207f.

　　　　　は　行

媒介者 117,214
背景 83,89
パーソナリティの発達 152
反逆者 258

美学 38
引き継ぐ 197
美的経験 38
病気 248,276
病理学 172

部外者 133,191
普通の人間 120,137
物象化 135ff.283,285
物神 109
不信の術 10
プラグマティズム 33,59,64,177ff.
分業 89,103,119,124,177,189ff.209f.248,
   262
分節化 126,129f.
文通 44,46,233f.
文法 63
文明化された社会 156
分離可能性 56ff.62

変化 237ff.
弁証法 8,94f.102,120,196f.200,229,264,
   266ff.268f.283f.

方向づけの喪失 42
方向づけのやりなおし 42
方法論 19f.
法律 116
翻身 237ff.258f.
本性 77f.
本能 75,77f.83

　　　　　ま　行

魔術 56
マージナルな状況 147,150,152,223ff.
   236

未開社会 123,151,155,183
身ぶり 58,278
未来 156
民話 144

無意味 69
無効化 171,173ff.191,236,240f.244

事項索引

象徴的世界　141ff.212,266,283
情緒的要素　200
職業　63
食事　275,277ff.
処方的知識　65,101
神学　169ff.
神経症　270ff.
親族　144
親族関係　111
親族構造　144,159
身体　39f.53,56,75ff.203,275ff.
信憑性構造　238ff.258
シンボリック・インタラクショニズム学
　派　23
親密　63
親密性　50,63,66
心理学　83,88,99,147,266ff.282
心理療法　240
神話　127f.151,153,159,167ff.267

睡眠　278

性　63,77f.254
生活史（個人史、人生遍歴）　60,63,95,
　100ff.104,125f.143,149,192,240ff.
生活における位置　10
政治　117,157,174,187,239
性行動　77f.86,90,97f.118f.126f.143,171f.
　208,232,277,279
制裁　115,235
制裁機構　85
制裁措置　96
精神医学　153
精神的疾患　250
精神病理学　267
精神分析　171
正当化　95f.101,107,109ff.129f.133f.
　141f.241,266,268,281
正当化機能　206
正当化図式　96,100f.107,110,116
制度化　84ff.281
生物学　23,75,79ff.207,213,277
西洋文明　207,285
世界開放性　75,77f.80,158

世界観　20,121,132,151,154
世界閉鎖性　80
セクト　191
先行者　51
潜在的機能　15
専制君主　68f.
選択　33,83,97
宣伝　128,134
洗脳　244
専門化　119f.145,168
専門知識　71,120,177

相関主義　13
相互類型化　84ff.
相対主義　10,13,22
総体の社会現象　285
相対的に自然な世界観　11
僧侶　130,220
存在拘束性　6

た　　行

第一次の社会化　196ff.224,249f.254,
　260f.278
待機　40
対象化　32,34,60f.103,106,111ff.135,137
第二次的社会化　199,204,209ff.260f.273,
　279
タイプ　108,113,265f.
対面的状況　43f.53,57f.
多元主義　189f.263
多元性　230
多元的社会　189,220,230
惰性　178
立場による拘束　10
タブー　85

知識　1ff.13,17,20f.100ff.108ff.117ff.122
知識在庫　64,66ff.70f.83,100,104ff.113f.
　117ff.177,124f.208
知識社会学　1f.4ff.121
知識人　28,119,190ff.270
知識の社会的配分　6,23,70f.118f.262
中世社会　170,184,186
超越　61f.90

虚偽意識　8f.13
寄留民　184
儀礼　235
禁忌　236
近親相姦　5f.143,148,279

空間的構造　39
区別　130ff.
君主　117

経済的余裕　124,130f.177
芸術　38,62
劇場　37
結婚　138
決断　83
権威　134
言語　38,57,62,105,115,208
顕在的機能　15
現在形　11
現実　1ff.
現実志向的　267
現象学的分析　29f.
現前化　7,61
幻想　147,153,260
限定された意味の領域　37f.
現認　78,198ff.
権力　165,179,183f.

語彙　32,63,111,144,210
行為　25,84,100,111ff.
交渉関係　47
個性化　48,50f.
構造-機能主義理論　15
後続者　51
行動　113f.277
構文　63
護教論　174
ここといま　32,34,43,50,56ff.61
心の治療　171
個人主義　259
古代文明　123,183
ことば　57f.92,100,102,105,156f.202,
　205,211,217,257
ことばの共通性　232

子ども　75,90ff.95f.110,144,161,213ff.
　254ff.
孤立状態　80,84

　　　　　　さ　行

刷新　89
サンガ　239
産業革命　186
産業社会　131,189,262

死　40,154ff.225,236,276f.279
自我　78f.86,112f.139,260ff.
時間　40
時間性　39f.197
時間的構造　39ff.
事実性　135f.
至上（至高）の現実　31,37f.155
至上の地位　38
自然的態度　32,34f.
実在的要因　11
社会化　91f.94ff.100,102f.110,196ff.
社会階級　182,200,208,210,256,276
社会科学　19,128,133,284
社会学　2,8,18ff.28
社会的移動　244
社会統制　84f.96,179,277
種　74
習慣化　82f.97f.114,143,178
宗教　38,62,109,117,186ff.220,225,230,
　243,282
宗教的経験　38
集団的アイデンティティ　264
自由に浮動するインテリゲンチア　14
主観的現実　30,196ff.
呪物　212
呪物崇拝　212
寿命　276
準拠集団論　15
消化　278
症候学　172
定式　108
常識　22,28,34,36
情緒　250,271
象徴　62f.109,115ff.117,132,134

事項索引

あ　行

アイデンティティ　78,103,139,152f. 247ff.264ff.
悪夢　155
悪霊の憑依　172,175,267
遊び　37
新しい世代　91,95f.142,161
アノミー　155,157
暗黙の了解事項　210

位階的秩序　154,156
医学　131,134
怒り　53,56
意識　7,30f.104,112,120,127,136f.
意識の流れ　39
意志疎通　34
意思表出　43,57,278
移住　171
威信　134,214
異端　162,174,184
異端者　190,236
逸脱　96,102,148,162,192,250ff.
一般化された他者　203,209
一般の人　1
イデオロギー　8,13f.16,20,186ff.192f.
意味ある他者　76,78,199f.202,204,226ff. 240,254,256
意味論の領域　63

ウンマ　239
疑いの停止　35
宇宙論　148,267
裏切り者　259

男らしさ　279
汚名（スティグマ）　250
親　90,214ff.245,254,256
オルガズム　278

女らしさ　255

か　行

外化　79,81,94,102,158,196
外国人　236
下位社会　191f.
下位世界　130ff.192,210
概念化　177ff.
会話　230ff.240f
カオス　157
科学　62,103,132,134,146,148,265ff.
格言　144
革新　189
革命　191
革命家　219f.
隔離　184ff.240
活動　9,74,81ff.94
家庭　222,258
下部構造-上部構造　8f.11
神　138,153,164f.252f.
環境　74ff.
観念的要因　11

記憶　61,104,143,234f.
危機　225,235
記号　55ff.63
記号体系　56ff.104f.
儀式　210ff.236
疑似プラグマティズム　181
偽善的態度　46
機能性　109f.
規範　201
客観化　29,53f.59,94,96,102,104f.112, 114
客観的現実　91ff.95ff.203,247f.
教育　108,110
鏡像　45,91
恐怖　150,155
狂気　37,150

Lukács, G. 289,301

Malinowski, B. 295,304,312
Mannheim, K. 12ff,291,301,305,307
Maquet, J. J. 291
Marx, K. 8f.11ff.23,289,295,296,297, 298,299,300,301,302,303,304,305,306
Mauss, M. 311
Mead, G. H. 23,292,293,295,296,297, 303,307,308
Mead, M. 295
Merleau-Ponty, M. 312
Merton, R. K. 15f.291,292,310
Mills, C. W. 16,291,309,311
Monnerot, J. 302
Murdock, G. 295

Natanson, M. 294,295
Nietzsche, F. W. 7f.290,304

Ogburn, W. F. 301
Ovesey, L. 311

Pareto, V. 8,295,298,303,305,306
Parsons, T. 15f.24,291,293,299,309
Pascal, B. 7
Piaget, J. 297,302,305,308,313
Plessner, H. 23,294,296,308,313
Popitz, H. 297
Portmann, A. 294,295
Pullberg, S. 302,303
Radin, P. 306
Riesman, D. 309,310
Rose, A. 292,311
Roth, J. A. 311

Salomon, A. 289
Sartre, J-P. 296,299,302,303
Scheler, M. 5,8f.10ff,289,290,291,296, 301,306,307
Schelsky, H. 311
Schelting, A. von 291
Schutz, A. 22f,292,293,294,296,298,299, 303,304,307,312
Seidel, A. 290
Shibutani, T. 292
Simmel, G. 297,300,306,307,308,310, 311
Spann, O. 312
Stark, W. 17,289,290,291,292
Strauss, A. 295,304

Tenbruck, F. 293,297,298,310,311
Thomas, W. I. 297
Tönnies, F. 299
Topitsch, E. 16,292

Uexküll, J. von 294

Veblen, T. 306,307
Voegelin, E. 299,303,305,306

Weber, A. 14
Weber, M. 8,23,25,291,293,297,299,300, 303,304,306,307
Windelband, W. 289
Wolff, K. 291

Znaniecki, F. 305

序論および原注の人名索引

Antoni, C. 290
Ariès, p. 308
Aron, R. 290,291,305

Barth, H. 289
Benedict, R. 295
Berger, B. 305
Berger, P. L. 294,297,302,303,307,310,311
Bergson, H. 312
Birnbaum, N. 292
Bultmann, R. 305
Buytendijk, F. J. J. 294

Calvez, J-Y. 289
Comte, A. 305
Cooley, C. H. 308,309
Cory, D. W. 311
Cuvillier, A. 302

DeGré, G. L. 292
Dilthey, W. 10,14,290
Durkheim, E. 8,23,25,292,293,296,297,298,299,302,303,304,306,310,313

Eliade, M. 303,305
Engels, F. 306,312

Festinger, L. 306,310
Feuerbach, L. 304
Freidson, E. 311
Freud, S. 290,293,295,304,308,311,313
Freyer, H. 290

Gabel. J. 301
Gehlen, A. 23,294,296,297,300,305,311
Geiger, T. 16,291,305
Gerth, H. H. 309,311
Goffman, E. 304,308,309,310,311

Goldmann, L. 301
Grünwald, E. 290
Gurvitch, G. 292

Halbwachs, M. 304
Hall, E. T. 311
Hegel, G. W. F. 296,297,298,305
Heidegger, M. 304
Heimsoeth, H. 289
Hughes, E. 309
Hughes, H. S. 290
Hunter, E. 310
Husserl, E. 298
Huszar, G. B. de 305

James, W. 308
Jaspers, K. 303

Kardiner, A. 311
Kauffmann, W. A. 290
Kautsky, K. 289
Kellner, H. 294,297,310
Kelsen, H. 292
Kluckhohn, C. 295
Kolakowski, L. 307

Labriola, A. 289
Lampert, E. 307
Landshut, S. 290
Lapassade, G. 293
Leeuw, G. van der 305
Lenin, N. 8
Lenk, K. 289,292,306
Lévi-Strauss, C. 298,302,304,308
Lévy-Bruhl, L. 299,302,305,308
Lieber, H-J. 290,291
Litman, T. J. 311
Löwith, K. 290
Luckmann, T. 293,294,307,310,311

I

訳者紹介

山口節郎（やまぐちせつお）
- 1940年　大阪に生まれる
- 1963年　名古屋大学文学部卒業
　　　　東京大学大学院社会学研究科を経て
　　　　大阪大学教授
- 2011年　死去
- 主　著　『社会と意味』（勁草書房）
　　　　『現代社会のゆらぎとリスク』（新曜社）
- 訳　書　ハーバマス、ルーマン『批判理論と社会システム理論』（共訳、木鐸社）
　　　　ハーバマス『コミュニケイション的行為の理論』（共訳、未来社）など

新曜社　現実の社会的構成
　　　　知識社会学論考

初版第1刷発行	1977年6月5日
新版第1刷発行	2003年2月20日
新版第7刷発行	2016年1月10日

著　者　ピーター・L.バーガー
　　　　トーマス・ルックマン

訳　者　山口節郎

発行者　塩浦　暲

発行所　株式会社新曜社
　　　　〒101-0051 東京都千代田区神田神保町3-9
　　　　電話（03）3264-4973・Fax（03）3239-2958
　　　　URL　http://www.shin-yo-sha.co.jp/

印刷所　太洋社

製本所　イマヰ製本

©Peter L. Berger, Thomas Luckmann,
　Setsuo Yamaguchi, 2003 Printed in Japan
ISBN978-4-7885-0839-2　C1036

現代社会とメディア・家族・世代	NHK放送文化研究所編	A5判 352頁 本体3300円
現代社会のゆらぎとリスク	山口節郎	四六判 296頁 本体2800円
懐疑を讃えて　節度の政治学のために	バーガー、ザイデルフェルト　森下伸也訳	四六判 216頁 本体2300円
退屈させずに世界を説明する方法　バーガー社会学自伝	P・バーガー　森下伸也訳	四六判 364頁 本体3800円
空間管理社会　監視と自由のパラドックス	阿部潔・成実弘至編	四六判 272頁 本体2400円
ジェンダー家族を超えて　近現代の生/性の政治とフェミニズム	牟田和恵	四六判 280頁 本体2400円
理論社会学の可能性　客観主義から主観主義まで	富永健一編	A5判 332頁 本体4300円
思想としての社会学　産業主義から社会システム理論まで	富永健一著	A5判 824頁 本体8300円

新曜社刊